编 委 会

北京市社会科学界联合会
社会组织重点资助项目

李建平·主编

北京城市历史文脉研究

BEIJING CHENGSHI
LISHI WENMAI YANJIU

中国财经出版传媒集团
经济科学出版社
Economic Science Press

前　言

　　北京是中华人民共和国的首都，是全国的政治中心和文化中心，还是国际交往中心和科技研发中心。同时，北京还是国际化大都市，世界著名的历史文化名城。

　　作为古都，北京风貌主要有城墙、城门、胡同、四合院、商铺、寺庙。这些建筑的基础色调是灰墙灰瓦；在城市正中一条长达 8 公里的中轴线，不仅是北京作为历史文化名城的重要载体，也是体现古代帝王都城的重要象征。这条中轴线南起永定门，途经天桥、正阳门、大清门、天安门、端门、午门，经紫禁城内正中皇帝的金銮宝殿——太和殿、中和殿、保和殿，然后是皇帝、皇后的寝宫——乾清宫、交泰殿、坤宁宫，进入御花园内还有宗教建筑钦安殿，皇宫后门神武门，景山万春亭，一直延伸到皇城后门地安门、万宁桥、鼓楼、钟楼。北京城中轴线不仅建筑形体突出、高大，而且在城市中心区域呈现红墙黄琉璃瓦，彰显北京古都风貌的鲜明特征。北京城中轴线被誉为北京城市的脊梁，城市的精、气、神，老北京人更愿意称之为"龙脉"。本课题组研究后认为北京旧城中轴线不仅是北京城的"龙脉"，同时也是北京城市的历史文脉。

　　习近平总书记在 2014 年 2 月 24 日主持党的十八届中央政治局第十三次集体学习时指出：要讲清楚中华优秀传统文化的历史渊源、发展脉络、基本走向，讲清楚中华文化的独特创造、价值理念、鲜明特色，增强文化自信和价值观自信。① 在 2014 年 2 月 25 日视察北京工作时又指出，北京是世界著名古都，有着 3000 多年建城史和 860 多年建都史，蕴含着丰富的历史文化遗产和深厚的历史文化底蕴，具有得天独厚的优势。特别是历史上的北京城，城市布局严谨、中轴明显、左右对称，在世界范围内独树一帜。历史文化是城市的灵魂，要像爱惜自己的生命一样保护好城市历史文化遗产。北京是世界著名古都，丰富的历史文化遗产是一张金名片，传承保护好这份宝贵的历史文化遗产是首都的职责，要本着对历史负责、对人民负责的精神，传承历史文脉，处理好城市改造开发和历史文化遗产保护利用的关系，切实做到在保护中发展、在发展中保护②。本文试图根据北京城市与周边的自然环境，揭示北京城市历史文脉传承的源流、特点、传承现状、面临的挑战，提出对策建议。特别是在城市近代化和现代化过程中，北京作为历史文化名城在整体保护和文化传承方面面临诸多问题，有些还是棘手的问题，例如城市建筑新与旧交织在一起，文化遗产本身的保护、利用等矛盾，尤其是城市现代化建设的快速推进和人民群众迫切要求改善生活环境的诸多需求等，使北京城市发展面临严峻挑战。最近，党中央又提出京津冀协同发展、建设大北京，疏解北京非首都功能和城市人口，治理北京大城市病等，北京城市发展又面临难得的机遇。这种机遇表现为两个方面：一是疏解北京非首都功能和城市人口腾出的空间，有利于传统建筑和文物得到有效保护，特别是一些企事业单位占据的古代建筑可以有舒展的空间；二是加强首都意识、首都核心功能区建设中更好地传承北京文脉，让北京这张金名片更加艳丽、让首都北京更加美好。

《北京城市历史文脉传承的现状、挑战与对策研究》课题组
2016 年 12 月

---

① 详见《习近平谈治国理政》，外文出版社 2014 年版，第 163～154 页。"培育和弘扬社会主义核心价值观"，即 2014 年 2 月 24 日习近平在主持十八届中央政治局第十三次集体学习时的讲话要点。

② 详见《北京日报》，2014 年 2 月 27 日第 1 版。

目 录

上 篇

下　篇

上

篇

第一章　北京城市历史文脉

第一节　什么是文脉

什么是文脉？开始研究这个问题时，才发现对这个问题众说纷纭。由于看待问题视角不同，研究者学科背景不同，对文脉的定义也就不同。研究北京城市历史文脉也是一样，我们在前期案头文献收集过程中，同样发现由于专家学者学科背景不同，看待问题角度也不同，所持学术观点也不同。本调研报告是由北京史研究会承担，是从北京历史文化视角加以研究的，所提出的思路、观点、结论与其他学科背景专家学者很可能不一致，只能作为一家之言，并敬请各行各业专家学者批评指正。

文脉在互联网百度中有三种解释：一是文章的线索；二是城市记忆的延续；三是在风水学上，"文脉"为龙脉的一种。

收集一些专家学者的观点认为，城市文脉是一个城市诞生和演进过程中形成的生活方式以及不同阶段留存下的历史印记，文脉是城市特质的组成部分，是城市彼此区分的重要标志。例如：

北京联合大学北京学研究所所长张宝秀教授认为：文脉，就是文化脉络，既包括文化的时间脉络，也包括文化的空间脉络。城市是人类文明的产物，文化是城市发展的重要推动力，文化是城市的精气神儿，是城市的灵魂和魅力所在。城市文脉就是城市文化要素在时间上的历史传承关系和在空间上文化要素之间及其与环境要素之间的网络系统关系，是城市赖以生存、发展的有机时空背景[1]。

---

① 详见《北京日报》2014年5月5日理论版。

北京青年政治学院刘绮菲教授认为：所谓文脉，是历史的、现在的文化的实物表象及其产生并涵养的生态、环境、风貌等一脉相传的文化传统，凝聚了以往社会人们生产、生活的丰富信息，形成的文化记忆与文化传承，承载着人们的精神、灵魂、品质、审美、追求、习惯、价值取向等。对于一座城市来说，城市过去的文化与现代的文化相承接而成为传统，传统代代延续成为城市文脉。城市文脉是一座城市生命力的体现，只有形成了自己的文脉，并且得到延续，城市的功能才能得到充分的发挥，才能可持续发展。①

中国人民大学金元浦教授认为：对于一个城市，历史文脉的意义，可以这样形容，它是体现城市独一无二、卓尔不群的性格特质。如果说文化是一个城市的精神灵魂，那么文脉就是一个城市精神传承的遗存，这种遗存是由这个城市的历史积淀形成的。历史学家怀特将人类文化结构划分为三个层次：哲学层次是上层、社会学层次是中层、技术层次是下层。按怀特的这种划分，城市文化结构系统可以相应地划分为：精神文化、制度文化和物质文化三个层次。其中精神文化或文脉是城市文化结构系统中的最高层次，是城市文化的内核或深层结构。②

在课题研讨过程中，课题组成员北京市公园管理中心副主任、教授级高级工程师高大伟认为，在研究城市历史文脉的时候，不能静止地看待文脉，文脉一定是在传承、发展中，如果没有发展、传承，就成了死脉，就失去了研究价值。由此，希望本课题研究要特别关注北京城市历史文脉的传承和发展变化，包括发生在北京旧城中轴线上的变化，例如建筑和文化景观的保护、传承与创新。课题组成员、北京市文物局信息中心原主任、编审陈晓苏认为，北京城市历史文脉不仅包括城市中轴线，还有围绕中轴线的城市街巷胡同，这些城市纹理也是北京城市历史文脉研究的重要内容。

综合上述专家学者的观点，我们的观点概括：我们认为：文脉是指人类文化活动，包括思想、思路发展的脉络。城市是人类文明的产物，

---

①② 详见《北京日报》2014 年 5 月 5 日理论版。

城市历史文脉是城市文化建设的结晶，它包括城市建筑的风采，城市内在的精气神儿。简单说，城市文脉就是城市的特色、城市的灵魂、城市的魅力所在，城市历史文脉既包括城市时间流逝的脉络，也包括城市空间延续的脉络。城市历史文脉就是城市在历史长河中不断传承、延续的文化现象。在历史文化名城北京，最体现城市历史文脉的就是北京旧城的中轴线，以及围绕城市中轴线所形成的城市规划格局、街巷胡同肌理，河流水系等。

城市不断传承、积累下来的建筑风貌，也就是我们习惯说的"旧貌"就是城市历史文脉考察的重要依据。城市旧貌变新颜，可以变，但不能彻底变，也就是说可以有创新，但是不能刨根，不能割断城市发展的脉络，在创新中也要有城市文化的延续和传承。北京作为历史文化名城，更不能丢掉原有的城市建筑风貌和城市原有的规划格局，也就是城市肌理。这是因为，一座没有文脉延续的城市是没有根基的城市，犹如水中浮萍，缺乏根基和灵魂。对历史文化名城进行大拆大建，就会割断文脉，就会使历史文化名城变成砖瓦木料的城市，或钢筋水泥的城市，无法让人们从外观或内涵上解读城市文化、城市精神。有文脉延续的城市，才有文化和精神，才有北京人说的精、气、神。

一座北京城，半部中华史，北京是中华民族融合交流最后选定的政治中心和文化中心，由此，了解北京城市历史文脉必然要从中华大地和中华民族融合的大背景、大时空的文化视野中去探索、去追寻。同时，北京又有悠久的历史和灿烂的文化积淀，北京的文脉——北京城市中轴线和北京城市肌理经过元、明、清、民国、中华人民共和国800多年的历史延续，文脉在传承过程中也有发展、变化和创新之举，这些内容不仅是本课题研究的对象，也是本项研究与以往研究的不同和创新点。

第二节　"来龙去脉"

关于北京城市历史文脉的"来龙"可以说是众说纷纭。但是，从中国的地形空间、历史空间去考察，发现北京城市历史文脉是有迹可寻的。中华民族的历史文化不仅博大精深，历史悠久，内容十分丰富，而且是参天大树有根，大江大河有源，高山大川有巅。在中华文化中，在古代先民的眼界中，最壮观的山脉、最接近天并且能和天沟通的是昆仑山脉，昆仑山主峰深入云端，与上天元气相通，是世界屋脊，也是中国神话的源头，是中华文化的"龙脉之祖"。由此，中国神话、中国古代文化认定昆仑山为中华文脉的源头，中国神话起源在昆仑山，在昆仑山地区有王母娘娘，有天山、天池等。具体到中国历代古都的出现，更是与昆仑山有着密切的联系。要研究北京城从哪里来，到哪里去，厘清北京的来龙去脉，也要从中华文化的高地、源头说起。这也是研究北京城市历史文脉的视角之一。

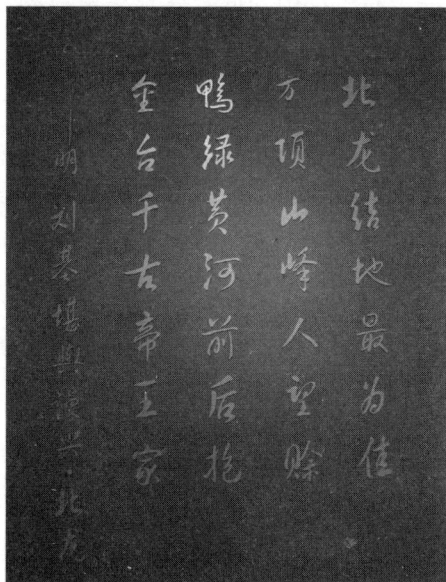

▲拍摄于首都博物馆"地域一体、文化一脉——京津冀历史文化展"中制作的明代学者刘基在《堪舆漫兴·北龙》中的赞美词。

从中华大地山水的走向来看，西北高，东南低。由此，古人认为，从西北高原的昆仑山脉向东南平川延伸有三条"龙脉"，大江大河也由西北高原的"三江源"奔向东南平川，然后汇入大海。这三条"龙脉"，山借水势,水借山形形成脉。第一条为"中龙",由岷山入关中,至六盘山、秦岭,造就了中国古代社会早期都城西安(古称"长安")、洛阳等;另一条为"南龙",连接云贵高原,由湖南至福建、浙江入海,连接有巫山、雪峰山、武夷山、南岭,造就的都城有南京、临安(杭州);最重要的是第三条"北龙",从昆仑山脉到秦岭,经中条山、太行山、燕山,造就了800年古都北京。为此,唐代地理学家杨益认为:"燕山最高,象天市,盖北干之正结。其龙发昆仑之中脉,绵亘数千里……以地理之法论之,其龙势之长,垣局之美,干龙大尽,山水大会……最合法度。"

▲位于北海公园永安寺内的昆仑石,石为山,下面水纹象征大海,表明北京作为都城与昆仑山脉有着渊源和文化上的内在联系。

明代大学问家刘基在《堪舆漫兴·北龙》中讲"北龙结地最为佳,万顷山峰人望赊,鸭绿黄河前后抱,金台千古帝王家。"

探寻从昆仑山脉向东北延伸出来的"北龙",尤其是延伸出来的山脉河流,最能理解北京作为古代帝王都城的原因。宋代理学家朱熹认为:"冀都是天地间好个大风水。山脉从云中发来,前面黄河环绕,泰山耸左为龙,华山耸右为虎,嵩山为前案,淮南诸山为第二重案,江南五岭为第三重案,故古今建都之地,皆莫过于冀都。""冀"指华北大平原。在华北大平原中北京小平原又有独特的地理环境。北京城市西部是太行山余脉,北部是燕山山脉的军都山脉,两山在南口关沟相交汇,形成一个向东南展开的半圆形大山湾,人们称之为"北京湾",它所围绕的小平原即为北京小平原。

综观北京小平原地形,是山水环抱,依山向阳,腹地平坦辽阔,周边山势雄浑险峻。在山川襟带之间,北京小平原前面(东南)有茫茫渤

▲故宫珍宝馆内的镇馆之宝——用昆仑山的精华和田玉雕刻的大禹治水，表明北京帝都文化不仅与昆仑山有着渊源，还是中华民族文化的正统。这是因为大禹的父亲——鲧，姓姬，字熙，是黄帝的曾孙、昌意（黄帝次子）的孙子、颛顼的儿子、大禹之父、夏启的祖父。大禹是黄帝的后代，是三皇五帝的正统血脉的传承。

海，又有潮白河、永定河、拒马河以及北运河等五大水系穿流而过，后面（西北）则有绵延不断的燕山山脉及太行山脉为依托，地形是虎踞龙盘，天然形胜。北京小平原土地肥沃，气候温润，物产丰饶，不仅藏风聚气，符合堪舆学的要求，更利于生态平衡和人类居住。在中华古代九州之中，冀州名列首位，就是因为从地理形胜上占据优势，而北京又居其地势之中，自然成为首善之区，北京成为建城立都最理想的地方。从中国古代堪舆学视角来看，北京城坐北朝南，是"坐满朝空"，也就是说北京城背后是山，左右是山，而且是群山环绕；前面向阳，是一马平川。这样的地势为"正龙"。与北京地势相反的是"坐空朝满"，例如古代的长安城（今西安），面对终南山，背后为黄河的支流——渭水，这样的地势为"倒骑龙"，也可以建都，但是不如北京地势更为理想，更为长久。

北京城市文化来源于西北山脉，西山（太行山余脉）、燕山（天寿山）是京城右臂，而从山涧流出的河水与北京城市关系更为密切，是"来龙去脉"中的"去脉"，也就是"水脉"。北京的水脉有规律，从西北流向东南。这是因为北京小平原与全国地形相似，西北高、东南低。特别是从西北群山中流经的永定河、潮白河、拒马河等于西北群山有着直接联系。据《北京水史》介绍："距今 2500 万年，即新生代第三纪后期的渐新世，又一次大规模的造山运动——喜马拉雅运动进入高潮。北京西部、北部山地进一步抬升隆起，山前平川再次沉降。山间盆地拉胀下陷，形成湖泊。此时气候湿润，降雨丰沛，这些湖盆积水越来越多。在永定河上游流域形成的大同古湖，地跨今日的河北、山西两省北部，东西长约120公里，南北宽约40公里，据说面积有9000多平方公里。其下的古怀来湖，覆盖今日河北宣化、涿鹿、怀来及北京市延庆诸县，面积也有数千平方公里。此外，还有阳原、蔚县、燕落（密云）大湖。以这些烟波浩渺的大湖为中心，出现一些区域性内陆河流，注入大湖形成各自独立的内陆水系。在这些内陆河中，就有桑干河、洋河、白河、潮河的雏形河道。""此后2000万年的时光流逝，喜马拉雅运动从未停止，到了距今300多万年前的第三纪上新世末，喜马拉雅山强烈隆起，造山运动影响北京湾地区，西部、北部山区又一次抬升，形成众多1000～2000多米的高山，平原继续沉

▲"大禹治水"细部。用和田玉（白色羊脂玉）制作的"大禹治水"，是清朝乾隆皇帝根据宋代画本《大禹治水》制作，不仅工艺精湛，而且玉的质地精美。这一切都宣示着中华上下五千年文化的一脉传承和华夏文明与正统。同时，大禹治水还表明中华民族也像世界其他民族和地区一样，经历了大洪水时期，经历了与大洪水的搏斗，最终人类战胜了洪水，不仅造福人类，还造就了领袖，培育了中华民族。由此，大禹为中华民族无可争议的领袖，黄河为中华民族的母亲河。

▲北京城"坐满朝空"示意图

降。下游河谷因河水下切越来越深，向上溯源加速加剧。高悬于下游河谷之上的几个大湖，湖水压力巨大，湖岸不断向下崩塌侵蚀，上游下切侵蚀，下游溯源袭夺，势不可挡，永定河、潮白河、拒马河等终于上下

贯通，于崇山峻岭之间冲出汹涌澎湃的大河"。①

北京的地势与中华的地势一样，也是西北高、东南低，西北山脉成为屏护北京城的主要山脉，自古北京西山犹如一只强大的臂膀，护佑着北京城，因此被誉为"京城右臂"或"神京右臂"。

▲西安（古代称"长安"）古城"坐空朝满"示意图

北京大学侯仁之教授认为，最早来到北京湾的古人类，是从南方向北方迁徙的，他们是沿着太行山的沟壑向北方进发，最后来到了太行山的余脉——北京的大西山进入北京湾的，然后在西山、燕山山前地带定居下来，传递火种，开始生存、繁衍。在这一带，有位于周口店的"北京人"、"山顶洞人"、"东胡林人"、"王府井古人类活动遗址"等。北京城市的诞生，也与从西北山脉流出的主要河流，特别是孕育北京城的母亲河——永定河有关。永定河原来叫"无定河""浑河"等，出山后流经北京湾，由北向南形成扇面形摆动。古人类既离不开水源，又经不起洪水泛滥，于是，只能在永定河摆动中的高地修建最初的城邑或居住区。北京地区最早形成的城池蓟城就受永定河泛滥影响，建立在"蓟丘"之上。

据司马迁《史记》记载，周武王灭商后，封帝尧（一说为黄帝）之后于蓟。蓟为我国商代北方一个由尧的后裔建立的奴隶制邦国，城址在今广安门外，受封后臣属于西周天子。在蓟城南面，还有一个小的邦国，名"燕"，也是受周武王分封的，经过一段时间发展，特别是在防御北部山区山戎南下的侵扰，出现了"燕都蓟城"的结果。据《史记正义》解释原因是"蓟微燕盛，乃并蓟居之"。

---

① 详见北京市政协文史和学习委员会编：《北京水史》（上册），中国水利水电出版社2013年版，第9～10页。

▲矗立在广安门外滨河绿地中"蓟城纪念柱"。原宣武区政府（今归西城区）专门请侯仁之撰文，何润芝老先生书写了字，刻在石柱上。柱铭："北京城区，肇始斯地，其时惟周，其名曰蓟"。

说北京有 3000 多年的建城历史是有根据的。一方面是历史文献的记载，一方面是考古发现。古代文献记载除了有司马迁写的《史记·周本纪》中记载，周武王灭商后，进行了分封，其中封"帝尧之后于蓟""封召公奭（音 shi）于燕"，在孔子的《礼记》也有记载，说武王克商后"封黄帝之后于蓟"。武王克商的时间，距今有 3000 多年。目前，"燕"已经有考古发现，发现了燕侯的墓葬、车马坑以及城址遗迹等，北京市文物局在出土重要器物的地方修建了"西周燕都遗址博物馆"。

蓟城在哪？北京大学侯仁之教授经过考证认为，"蓟这个地方有一个高地，这个高地叫作蓟丘，离莲花池很近，这在蓟城选址上是十分重要的"。① 他还进一步指出"从蓟城发展的初期来说，她的地理位置是相当优越的。她

---

① 见侯仁之著：《北京城的生命的印记》，生活·读书·新知三联书店 2009 年版，第 309 页。

建筑在一个面积不大的平原上，这就是今天所说的北京小平原。

▲西周燕都遗址博物馆

　　北京小平原三面有重山环绕，只有正南一面开向平坦辽阔的华北大平原。不过在古代，有一大片沼泽分布在北京小平原的东南一带，因而成为从北京小平原通向华北大平原的极大障碍。幸而西南一角因为接近太行山的东麓，地势比较高通行也比较方便，因此就成为当时北京小平原南通华北大平原的唯一门户，而蓟城又正是出入这一门户的要冲。其次，蓟城背后，在三面环抱的重山中，有一些天然峡谷，形成了南北往来的通衢，其中最有代表性的，一是西北角的南口（现在北京城西北大约一百里），一是东北角的古北口（现在北京城东北大约二百里）。通过南口，经过口内的居庸关、八达岭，然后穿行一系列宽窄不等的山间盆地，可以径上蒙古大高原。通过古北口，越过高低不同的丘陵和山地，又是通向松辽大平原的捷径。这样北京小平原就成为山后地区和广大平原之间南来北往所必经的地方，而蓟城正是其交通枢纽。"①以后，根据史书记载"燕都蓟城"，蓟城又得到巩固和加强，作为古代燕国的上都得到进一步发展。蓟城到隋唐时被称为"幽州"，到辽时被称为陪都"南京"或"燕京"，金朝时正式作为首都，称"中都"。随后，蒙古骑兵南

____

　　① 见侯仁之著：《北京城的生命的印记》，生活·读书·新知三联书店2009年版，第3~4页。

下，占据中都城，又在其城北修建大都，中都为南城。以后，北京城市沿着元大都的规划布局和城市肌理，进一步拓展，建设成为明北京城、清北京城，北京逐步成为统一的多民族国家的首都，成为国家的政治中心和文化中心。这种历史发展脉络，不仅是城市发展史上的一脉相承，也是文化上的一脉相承，而且是节节上升。

第三节　文脉的形成

一、北京城市历史文脉的形成与北京逐步成为都城有着密切关系

北京作为都城，除了山川地脉的优势，还有民族交融的区位优势。可以说，北京成为多民族国家的首都是多民族融合的最终选择。由此，北京城市历史文脉的形成又是多民族的智慧结晶。北京成为都城和都城文化建设是从辽、金、元时期开始的，从这一时期开始北京就上升为中华民族南北文化交流、融合的主阵地。

北京地处中国南北文化交汇带，是中国西北草原文化、东北山林文化、中原农耕文化、东南沿海文化汇聚的核心，是多民族交往的所在地。其中，最为突出的是中原农耕民族与西北草原民族、东北山林民族的交往、博弈和融合，造就了北京城市历史发展文脉。

作为民族融合，首先是华夏民族在北京地区的民族融合。在北京平谷、延庆、门头沟等地都有关于黄帝的传说。在平谷渔子山有黄帝陵，在延庆张山营有黄帝和炎帝征战的上、下板泉村，在门头沟灵山有黄帝城、二帝山等传说。表明北京这一地区是黄帝氏族活动的区域，这里曾经是炎黄民族融合的圣地。

作为民族融合，在北京这个平台上你来我往的记载非常丰富。辽为中国北方契丹民族建立的政权。公元936年，后晋的石敬瑭投靠契丹，把幽云十六州割让给辽，中原人眼中的北方民族——北胡，或称胡人作

为统治者进驻北京地区。辽政权得到幽云十六州后，于公元938年升幽州为五京之一的南京，又称"燕京"，推行"胡汉分治"的办法，在统治中央分设北、南两枢密院，北院统治契丹和北方游牧民族；南院统治汉人。出现了幽燕地区汉民族与契丹等北方游牧民族共同的生活和民族间的交往，城市建设、房屋修建、礼仪制度都体现汉民族与契丹民族的融合。南京（燕京）城市建设也有了帝王范儿。北京大学历史系的教授们在编写《北京史》时指出"辽的南京大体仍沿袭唐代藩镇城的旧有规模，但在辽的五京中，它却又是最大和最繁富的一个。城周二十余里，城墙高三丈，宽一丈五尺，配置有坚固的敌楼战橹九百一十座，地堑三重。设八门：东为安东、迎春、南为开阳、丹凤，西为显西、清晋，北为通天、拱辰。大内在城的西南角，罗郭而成，幅员五里。正南为启夏门，东为宣和门。中有元和、仁政、

▲位于北京延庆灵山深处的"二帝山"景区内黄帝、炎帝塑像。

▲每年门头沟都举行隆重的对黄帝、炎帝、蚩尤的祭祀活动

洪政（武）诸殿，建筑颇称壮丽"。① 武汉大学考古专业王光镐教授认为，"至于北京，姑且不论距今3000多年的燕国都城乃至更早的蓟国都城，但从事实上起到辽朝正都作用的南京城算起，北京的建都史也有了

---

① 北京大学历史系《北京史》编写组著：《北京史》（增订本），北京出版社2012年版，第72页。

一千余载。辽朝升燕京为南京是在公元938年，正是在这之后的千余年光阴，使北京成了整个东方唯一一座持续了上千年的古都。"①

二、金兵南下和金中都建立对北京龙脉形成起到促进作用

1127年，金兵南下，一举灭亡了北宋，俘虏了宋徽宗、钦宗两位皇帝，同时还有后妃、皇子、公主以及宗室贵戚等三千余人，并席卷了汴京宣和殿、太清楼和龙图阁的图书、珍宝和多年收藏的文物北上到燕京，也就是今日的北京。据《北京史》介绍，在这些珍贵文物中，"其中包括著名的天文仪象之器、歧阳石鼓、九经石刻，宋仁宗篆书的针灸经石刻，定武兰亭石刻等珍贵文物。这些文物除少数途中散失外，后来都置放在燕京。"② 此外，金人还俘虏了大批工匠、优娼人等，他们也大多被安置在燕京。

▲在今北海公园琼华岛上堆叠着众多的各种形式的太湖石，它们是宋徽宗赵佶政和七年（公元1117年）在汴梁城（今河南开封）内建造"艮岳"皇家禁苑时，从江南太湖地区采集，用以点缀园林自然景观。金大定年间（公元1163～1179年），金世宗在北海建大宁宫时，要求军民从汴梁"艮岳"将这些太湖石运到琼华岛上，增色皇家园林景观。

---

① 王光镐：《北京历史文化特征新探》，载《北京日报》2015年6月29日第21版。
② 北京大学历史系《北京史》编写组著：《北京史》（增订本），北京出版社2012年版，第82页。

▲在琼华岛永安寺内专门介绍"太湖石"来历的时候，原来用"折粮石"（如上图），即运送太湖石可以折粮食、赋税，故俗称"折粮食"。现在感觉在正规场合用俗称不规范，又改用"太湖石"名称，但是这一历史现象仍然在历史记载中。

▲辽金时期给我们留下很多遗迹，其中最重要的一个遗迹就是广安门外的天宁寺古塔，它是辽金城市中心区域的标志性建筑。这座古塔建筑高大，人物、文饰雕刻精美，至今保存完好。看到古塔，人们就知道辽金时期的燕京或中都城的宗教信仰和文化。

　　由此可见，金兵南下的掠夺，客观上造就了大规模中原先进文化集中北上，唐宋以来形成的灿烂的中原封建社会的优秀文化遗产被金朝统治者用武力、战争掠夺到今日北京地区，为北京地区民族融合、文化发展起到了推进作用。

　　金攻占宋都汴京后，于1151年（金天德三年）由海陵王（完颜亮）颁发《议迁都燕京诏》，不仅商议将都城由黑龙江阿城迁到燕京，还要求在燕京修建的都城和宫阙制度按照宋的都城汴京的规模来建造。为了做到准确翔实，还派画工到汴京绘制宫殿图样。扩建城池和修建皇宫用了三年时间，动员人力一百多万，宫殿修建的壮丽辉煌。其中最值得关注的是学习唐宋延续下来的城市中轴线，宋都称"御路""御街"，皇宫在中轴线核心位置上，形成帝都龙脉，城市文脉。

▲在岩山寺壁画中的金代宫殿。

三、元大都的规划营建为北京文脉形成奠定了基础

　　1211年，蒙古部族首领成吉思汗统领大军击败金兵主力部队，从太行山与燕山交汇的关沟直趋进入今日昌平区南口，攻打金中都城。

1213 年，蒙古骑兵再次突破关沟居庸关，从南口南下，于 1214 年攻占金中都城。中都城陷落后，受到毁灭性破坏，财物被洗劫一空，城市建筑，特别是皇城宫殿毁于战火。

又过了 40 年左右，元世祖忽必烈来到中都城，看到城池已经残破，于是派人将金代的中都城外的离宫——琼华岛加以修缮，成为驻跸之所。然后，又将琼华岛改名为万岁山，成为蒙古部族在北京兴起、定都的圣山。

▲安放在团城琉璃亭子内的"渎山大玉海"，供游人瞻仰。

▲透过玻璃可以清楚地看到珍贵的文物——忽必烈与群臣欢宴的玉缸（渎山大玉海）。

四、北京旧城中轴线的确定时间为元大都

按照北京市文物专家王世仁研究认为，北京古都的中轴线是在忽必烈至元四年（1267 年）开始营建大都城时确定的，至明朝嘉靖三十二年（1553 年）拓展京师外城后定型，距今已有 747 年。不难看出，中轴线不仅是古代都城城市文脉的主脉，同时汇集了古代城市最重要的建筑景观，

是封建文化物化的象征和集大成。明代的北京城又把中轴线继续升华，使其达到中国古代都城营造的巅峰。北京的母亲河——永定河出西北群山进入北京小平原。从永定河历史变迁留下的扇面形摆动的古河道来看，北京城的成长与永定河有着密切的关系。今日北京的玉渊潭、紫竹院、长河、什刹西海、什刹后海、什刹前海、北海、中海、南海、陶然亭、龙潭湖等水域都是永定河故道留下的水洼湿地，尤其是北京旧城内的六海水系（南海、中海、北海、什刹前海、什刹后海、什刹西海）更是直接孕育了北京旧城的城市规划格局以及城市阴阳和谐文化的界定，同时，也时北京帝都龙脉——北京旧城中轴线在元大都城市确定的依据，这就是北京城六海水域的最东端——万宁桥。

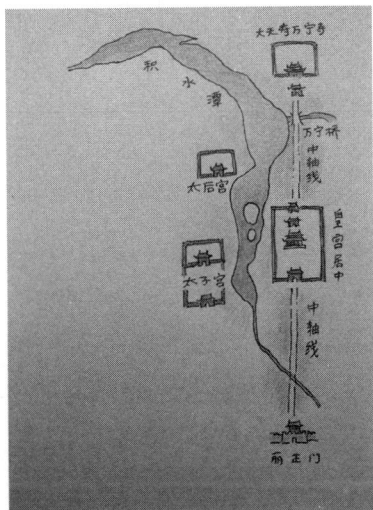

▲万宁桥与元大都城市中轴线的确定。

　　万宁桥位于什刹海东，桥下是流经的御河，可以说是北京城"来龙去脉"中"水脉"中最重要的一个结点。元大都城规划的中心位置，特别是城市南北中轴线，也就是龙脉的定位节点在这里。从这里向东南流经的御河，也是元大都城内通惠河的一部分，一直流向通州张家湾，连接北运河，可以连接京杭大运河，直下江南。江南的漕粮，包括修建北京城、皇宫所用的大木料、砖石等也是利用这条水脉运送到北京城。由此，有"漂来的北京城"的说法。北京城民俗中还有"火烧潭柘寺，水淹北京城"的说法，也说明万宁桥与北京城和水的密切联系。

▲从北向南看中轴线与北京城六海（南海、中海、北海、什刹前海、什刹后海、什刹西海）水域的关系。

20世纪70年代中国考古研究所和北京市文物部门联合对景山公园后山中央的位置进行钻探，得到了进一步的印证。在考古发掘中发现了元代大型建筑夯土基址，又在景山公园北墙外面发现了元代一段宽18米左右的大路基础，这一切都表明今日北京旧城的中轴线与元大都城市中轴线是吻合的，是在一条线上。

▲位于北京旧城鼓楼前的万宁桥，俗称"后门桥"现状

五、元大都城的规划建设体现了中国西北草原民族文化与中原农耕文化的完美结合

蒙古民族草原文化的特点是游牧，逐水草而居，心胸开阔，豪迈，不拘一格。忽必烈来到北京，仍然保留着蒙古民族文化特点。他首选居住地是今北海琼华岛，当时是金中都城北部偏东的郊野，既有前朝皇帝的离宫，又有大片湿地和水源。这种优越的自然环境成为大都城修建的基础。建大都城的时候，根据忽必烈选择圣山和水源，大都城规划有了中心、灵感。大都城市规划者刘秉忠是个奇才，他将大片水域留在今日旧城西城区内，充分满足了从西北草原走来的蒙古民族的生活习性和对环境的追求。同时，水是城市的魂，有水源、河流的城市才有灵气和脉络。北京城内水域称"海"也是蒙古民族对水源的称呼。

▲西北草原蒙古民族的大汗——
忽必烈

▲元大都城的设计者刘秉忠

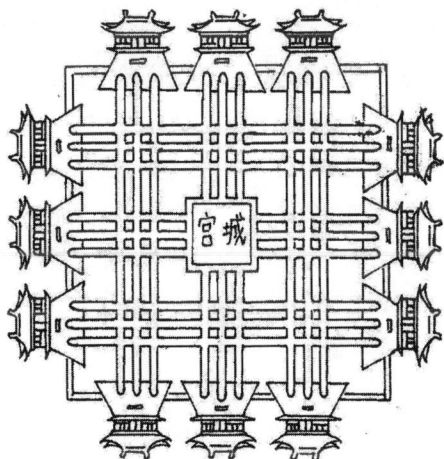

▲据《周礼·考工记》的记载："匠人营国，方九里，旁三门，国中九经九纬，
径涂九轨，左祖右社，面朝后市，市朝一夫"这是中原汉文化描绘的古代帝
王都城的理想蓝图。

中原农耕文化的特点是追求凝聚、向心、中正、对称，讲究南北居
于中正，朝向太阳，同时左、右形成对称，达到阴、阳平衡。通过长期

的农耕文化形成了中华独具特色的阴阳、五行、周易、八卦学说。精通这一学说的刘秉忠（河北邢台人士，是中原文化的集大成者）做过道士、僧人，在辅佐忽必烈定都建元和修建元上都、元大都城时学问得到了充分运用和发挥，造就了北京城市独特的城市肌理和审美文化。

▲现今北京市西城区白塔寺的白塔是忽必烈亲自督建的体现草原民族信仰的宗教建筑。塔的修建比大都城修建还要早，是先建塔，后建寺庙，然后修建大都城，是大都城内标志性宗教建筑，也是元大都城多元文化融合的最鲜明见证。

▲北京市西城区西四丁字街的砖塔胡同是元大都传承下来的胡同格局和名称，被称为北京最早的胡同，被誉为北京胡同之根。

北京文脉的形成是中华多民族文化融合的结晶，尤其体现了西北草原文化与中原汉文化的密切结合。在北京旧城，还有很多建筑体现着民族文化的交流与融合，例如北京旧城内的白塔和砖塔就是体现元代民族文化交融的两处经典建筑。

六、北京胡同的名称也展现了蒙汉民族文化的融合

已故北京史研究会会员曹尔驷在《北京胡同丛谈》中认为，胡同一

词最早见于元曲，关汉卿的《单刀会》有"杀出一条血胡同"的词句。元杂剧《沙门岛张生煮海》中张羽问梅香：你家住哪？梅香答"我家住砖塔胡同"。曹先生认为"胡同"① 是由蒙语"浩特"转音。蒙语"浩特"是聚落的意思，包含有水井的含义，因为聚落人群离不开水井。在汉语中乡有乡井，市有市井，人们外出是"背井离乡"。由此，胡同一词体现了蒙古语言文化与中原汉文化的融合。北京最早有文献记载的"砖塔胡同"也是蒙汉政治文化交融的见证。这是因为砖塔胡同得名于胡同口的"万松老人塔"，塔内是元代圆寂的高僧，姓蔡名行秀，自称"万松野老"，世人称"万松老人"。他15 岁出家当和尚，云游四方，精通佛学，主张"以儒治国，以佛治心"，对元世祖影响很大，尊其为师，对蒙古民族游牧、杀戮的生存习性有教诲。

七、北京四合院源于元代院落式民居

元建大都城时，街巷横平竖直，大街阔24 步，小街阔12 步，以皇城内宫殿、园囿为核心，东西向排列着一条条小巷，这些小巷就是胡同。北京的胡同多是东西走向，这也是元代开始奠基的。元代为鼓励在大都城内建造民房，元世祖忽必烈颁诏，让金中都旧址居民，特别是有钱的商人和有官职的贵族到大都新城建房，规定每户建房者可以占地8 亩。这一政策，使元朝统治者及贵族大批迁入城内，出现大规模建造院落式住宅的现象，使院落式民宅以它独特的营造方式得以完善。到了明清两代，终于形成了具有北京特色的四合院。在北京旧城东单到雍和宫大街两侧、南北锣鼓巷、西单到新街口大街两侧还保留有完整的胡同和讲究的四合院。

---

　　① 胡同由来有多种说法。其一是蒙语称城镇为"浩特"，如"呼和浩特"等，谐音胡同；之二是蒙语称"井"为"忽洞"，谐音胡同；之三是蒙古骑兵南下使用火药、火炮攻占城池，驻地怕失火火烧联营，留出火巷，至今江南一些地区保留有火巷，火巷谐音胡同；之四辽、金、元时期，中原人称北方民族为胡人，蒙古人修建大都城居住后，北京原住民认为是与胡人大同，简称胡同。几种说法的共同点是语音发生的背景在元大都城，同时都与蒙古民族以及语言发音有关。由此可见，胡同一词的产生也是元大都多元文化融合的见证

▲北京城胡同内四合院院门

四合院是封闭式住宅。从外面看，它四面都是墙，只有一个院门通向外界，两扇大门平时还关闭着，一对门钹仿佛告诫人们不可擅自闯入。四合院内一大家人可以安安静静、和和美美、与世无争地生活。院内的房子既各自独立，又相互联系，面向院子中间开放和集中。高大宽敞的北房，冬暖夏凉，由长辈居住，长辈一旦有什么不适，哪怕刮风、下雨、下雪，儿孙们也可以沿着游廊到正房去问安。这种房屋布局，充分体现了中国传统民居的家庭观念和东方的伦理道德。

八、明代定都北京进一步完善了北京文脉的时空和建筑

明代定都北京是从明永乐皇帝开始的，经过"靖难之役"，明朝初年分封在北京的燕王朱棣获取得了皇位，并决定迁都北京，由此朱棣被称为决定北京命运的皇帝，是北京历史发展的一次重大抉择。朱棣定都北京做了几件大事，一是修建皇宫，建造紫禁城；二是修天地坛，表明君权神授；三是铸大钟，保佑江山社稷长久，四是编纂《永乐大典》传承中华文明。这些都对北京城市历史文脉的形成起到了推进作用。其中，城池的修建、紫禁城的修建又有直接关联。

现存北京旧城是在明代修建的。第一次修建是洪武元年（1368年）八月

二日（公历 9 月 12 日），明征虏大将军徐达攻陷元大都城齐化门，占据大都城，命指挥华云龙"经理故元都，新筑城垣，南北取径直，东西长一千八百九十丈"（见《明太祖实录》卷三十）。这次筑城墙，是为了防止元蒙古势力反击。因为在明军破城前，元顺帝已于五天前开健德门，走居庸关，逃到蒙古高原。为防止蒙古势力的反扑，明军将士及京城百姓迅速在大都北城墙向南约五里地筑起一道新的城墙，仍开两门，左面命名为"安定门"，右面命名为"德胜门"。这道新的城墙就是明清北京内城的北城墙，其位置就是今日的北二环路。在新筑北城墙同时，又对与北城墙衔接的东、西、南三面城墙加砖垒固。由此，拉开了明朝初年修建北京城的序幕。第二次是永乐四年到十七年（1406～1419 年），由于明朝迁都北京，又一次大规模修筑北京城。其中，"永乐十七年十一月甲子，拓北京南城，计二千七百余丈"（见《明太祖实录》卷四十五）。之前，南城墙在今长安街一线，因新修建的皇城、宫城都向南移，还要将五府六部的衙署摆在皇城前面，城南空间就显得太狭小了，不符合大都市的气魄和发展的要求。为此，将南城墙向南拓展二里，到今日崇文门、前门、宣武门一线。由此，东、西城墙也同时向南延长（现存的西便门地区残城墙就是这一时期修建的）。修建后的北京城城门名称作了调整，新拓展的南城墙城门仍依原城门名称，正中为丽正门，左为文明门，右为顺承门；东城墙北面的崇仁门和西城墙北面的和义门因瓮城为直角，改称东直门和西直门，其余城门名称未变。

▲北京旧东直门箭楼、瓮城、城楼。可以清楚看到瓮城是直角。

北京旧城"凸"字形轮廓定型于明朝嘉靖年间。嘉靖三十二年（1553年）为了抵御北方蒙古部族南下劫掠，明世宗嘉靖皇帝决定兴建北京城外城。结果只修建了南面外城，就因为修城用砖量大，财政支持有困难，采取了折中办法，东、北、西面外城展缓修建，由已经修建的外城南城墙东、西两侧向内城连接，于是北京城就由"口"字形变成了"凸"字形。

北京老百姓有这样的说法，"内九外七皇城四"，分别是说北京旧城城门的建制。内城九门为：正阳门、崇文门、宣武门、朝阳门、东直门、阜成门、西直门、安定门、德胜门。外城有七门，即永定门、左安门、右安门、广渠门、广安门、东便门、西便门。皇城四门为天安门、地安门、东安门、西安门。皇城四门名称的确定在清朝，与紫禁城外朝三大殿的名称（太和殿、中和殿、保和殿）正好组成内"和"外"安"的帝都城市文化意境。

北京旧城城门与周边有着密切往来的联系，根据城市文化特性以及日常生活需求形成了不同的功能。例如，正阳门是北京城正门，中间门洞只有举行国家大事和皇帝出行才开启，故称"国门"。崇文门是税收管理部门所在地，管理前三门外市场税收，故称"税门"。宣武门是行刑送葬必经之门，清代杀人多在宣武门外菜市口，故称"刑门"。阜成门外对着西山，西山骆驼运煤进此门，故称"煤门"。西直门外对着玉泉山，玉泉山泉水水质清澈、甘甜，堪称"天下第一泉"，每日清晨，给皇宫运水的大马车进西直门，故称"水门"。德胜门是出兵征战要走的门，出此门预示打胜仗，以威德治天下，故称"出兵门"。安定门是得胜班师的军队回城要走的门，故称"进兵门"。东直门是运送砖瓦进京城的专用城门。京城所用青砖多来自山东，由运粮船捎带，自运河到通州，经通惠河、护城河抵达东直门，故称"砖瓦门"。朝阳门是经大运河运粮进京城的主要城门。元、明、清京城粮食主要靠漕运，粮食来自南方产粮地区，漕粮到通州，再经通惠河、护城河，入朝阳门存入粮仓。由此，朝阳门内多粮仓，有海运仓，东门仓等，故称"粮食门"。

九、明代北京城市中轴线

明代北京城市中轴线有哪些变化呢？用明代北京城中轴线与元大都城市中轴线相互对比，不难看出明代北京城市中轴线对元大都城市中轴线既有继承，又有创新和发展，而创新和发展是主要的。在继承方面，除了前面已经讲到的是在一条相重叠的轴线上以外，明北京城中轴线继承了元大都把皇宫主要建筑都排列在轴线上的做法。这种做法，追根寻源，还是继承了中国古代夏商周创造的帝王中心的思想，即天子居住地应在国（城）的中央。创新和发展则表现在以下几个方面：一是将中轴线中心点向南移动，人工造就了景山。尽管使用手法是中国造园的传统手法——挖湖堆山，但在中国古代社会中将挖湖堆山的手法运用在城市中轴线上仍属首创；二是将古代城市重要建筑更加整齐对称地排列在中轴线两侧，如太庙与社稷坛，天坛与先农坛，文华殿与武英殿、东宫与西宫等，而元大都的太庙与社稷坛在城市的东部和西部，是远距离呼应，远没有明代北京城这样严密、紧凑；三是元大都城市中轴线尾声定在中心阁，阁位于大天寿万宁寺，是佛教圣地，而明北京城中轴线的尾声是

▲北京旧城六海水域与中轴线。六海水域在西侧，为阴，形状犹如一条扭动的龙；中轴线在东侧，为阳，犹如一条直卧的龙。一阴一阳，一条水龙，一条金龙，二龙并卧旧城中间，这就是北京帝都的风采。

定在高大的钟鼓楼，钟鼓楼是市民生活的中心；四是明朝嘉靖年间修建了南部的外城，使中轴线南端的起点大大延长，创造了明北京城全世界独一无二的7.8公里的城市中轴线，非常壮观，又富有韵律感。

十、清代对北京旧城中轴线的进一步完善和创新发展

清代完全继承了明代北京城市格局，包括7.8公里长的城市中轴线。为什么清朝入关后没有对明代的北京城进行破坏？也没有改造？这是因为一方面清朝初年需要稳定，没有大规模营建一座新城市的经济实力；另一方面就是明代北京城市规划已经相当完整，达到了中国古代都城营造的巅峰，没有再改动的必要，尤其是贯穿城市南北的中轴线，更是气魄宏伟，富有韵律感。清代在北京城市中轴线上也有贡献，这种贡献就是进一步精雕细琢，使中轴线更加完美。例如，清朝乾隆三十一年（1766年），重新修复了永定门。这次修复永定门不仅提升了城楼的规制，还增建了箭楼；清朝顺治八年（1651年）重新修建了天安门城楼，将城楼由7开间改为9开间，将名称由"承天之门"改为"天安之门"；清朝初年还重新修建了故宫三大殿，并将其名称由明朝末年的"皇极殿""中极殿""建极殿"改为"太和殿""中和殿""保和殿"，实现了"外安内和"的思想文化意识的定位。其中，清朝在中轴线上最重要的思想文化建设是在景山的修建上。景山的修建有三处：一是山前的绮望楼，二是山后的寿皇殿，三是五座山峰上面修建的山亭。五座山亭看似装饰，而实质是进一步突出了中轴线的对称和中心点，并起到画龙点睛的作用。这里所说的对称是指五座山亭的整齐对称，这里所说的中心点就是景山万春亭。而更深刻的文化内涵是在五座山亭内的五方佛，它不仅增加了中轴线上的宗教景观，还进一步增加了中轴线上的文化内涵。

景山在明朝称为"万岁山"，与承天门遥相呼应的意思是受命于天的皇权万年长久。而在清朝乾隆年间，清政府对景山重新作了定位，在山上修建了五座山亭，中间为"万春亭"，两旁为"辑芳亭"和"观妙亭"，再两侧为"富览亭"和"周赏亭"。同时在五座山亭中置五方佛，将"万岁山"更名为

"景山"。改造后的景山更给人一种对称、稳定、优美、祥和的感觉，而背靠景山的天安门及皇宫也更显得融汇于祥和的文化氛围中。

第四节　旧城街巷

北京旧城本身就是北京城市历史文脉的重要体现。这是因为一个城市的历史文化遗产要具有系统性和完整性。北京前门文化总公司经理陈斌认为"北京城的物质文化遗产包括传统城市中轴线、'凸'字形和四重城郭、皇城、历史河湖水系、棋盘式道路网骨架和街巷胡同格局、平缓开阔的空间形态、重要景观线和街道对景、传统建筑色彩和形态特征、古树名木及传统绿化；胡同——四合院传统居住形态"。[①]

一、北京旧城街巷从元大都城奠基到明清北京城市肌理得到进一步完善，成为北京城市历史文脉的重要组成部分

北京旧城城市纹理源于元大都城。这种城市纹理源于严谨的城市规划。在城市规划中有这样几个特点。一是方位正，城市坐北朝南，东西南北方位明确，城池方正，基本按照《周礼·考工记·匠人营国》规制；二是文化条理清晰。左文右武，左阴右阳呈现对立统一，互补和谐。尤其是在阴阳互补、对称和谐上文化纹理深厚。例如，左为文，右为武；左为仁，右位义。明清传承了元大都城奠基的城市文化纹理。例如，在太和殿前分别建造对称的经典建筑——文楼（体仁阁）、武楼（弘义阁），在御花园修建相互呼应的万春亭、千秋亭；最经典是清乾隆年间在景山上修建的五座亭式建筑，不仅整齐对称，还把北京城市和谐文化推向极致。

---

① 北京文化论坛文集编委会编：《打造先进文化之都培育创新文化——2011 年北京文化论坛文集》，首都师范大学出版社 2012 年版，第 123 页。

二、拟"人"化的城市纹理。元大都城被老百姓称为"哪吒城"

元大都城的规划设计既符合《周礼·考工记》的规制，又有创新。这种创新就是根据北方地理环境、季风气候来设计城市规制，客观上拟"人"化，形似哪吒有三头、六臂、两足。按照老百姓的说法，元大都城南面有三座城门（丽正门、文明门、顺成门），被视为哪吒三头；东西两侧各有三座城门（齐化门、崇仁门、光熙门、平则门、和义门、肃清门），被视为哪吒六臂；北面有两座门（安贞门、健德门），被视为哪吒两足。这还只是外形，内在的城市中轴线被视为是哪吒脊梁，街巷胡同被视为是哪吒骨架，太液池和海子水域被视为是哪吒肠胃，河道被视为是哪吒血脉。这种文化在明清北京旧城依然有传说，客观上为我们认识、了解、保护北京城市文化提供了一种思路。例如，明清北京外城在中轴线两侧有天坛、先农坛，种满了苍松翠柏，像两个大氧吧，给北京城市提供氧气，吸收二氧化碳。于是，人们就认为这是北京城市的左肺（天坛）、右肺（先农坛）。

研究这一选题的学者有香港中文大学的陈学霖教授，他的学术研究成果为《刘伯温与哪吒城——北京建城的传说》（生活·读书·新知三联出版社 2008 年 7 月出版），他根据北京历史上的风物传说绘制的图形认为北京城是"八臂哪吒城"。正阳门是哪吒的"脑袋"；正阳门瓮城东、西两侧开的闸门是哪吒的"耳朵"；正阳门瓮城内的两眼井是哪吒的"眼睛"；城东的崇文门、东便门、朝阳门、东直门是哪吒左边的"四臂"，城西的宣武门、西便门、阜成门、西直门是哪吒右边的"四臂"；城北的德胜门、安定门是哪吒的"两脚"。另外，四方形的皇城是哪吒的"五脏"；天安门是五脏口，天安门前长长的御路是哪吒的食道等。同样，北京旧城内大街为大肋骨，胡同是小肋骨。研究北京城市格局拟"人"化的还有北京师范大学历史学院讲师张双智博士，他认为今日北京城市结构是元大都城规划时奠定的基础。而元大都城不是仿照哪吒，是仿照藏传佛教中的大威德金刚，是大威德金刚的化身。为此，清朝继续这一说法，在今北海琼华岛白塔前的善因殿内安置了北京城的守护神——大威德神像。①

在这当中，元大都城的街巷最具特色，对着城门的大道被称为"街"，南北走向的路被称为"巷"，街巷东西两侧整齐排列的通道被称为"胡同"。据文献记载元大都城市肌理是开放的坊巷制，城市主要居住区划分为坊，坊内主要通道为巷，巷两侧的通道是胡同。

三、由胡同和四合院组成的北京的城市肌理

按照明代创设、清朝沿用的规制，北京全城分为三十六坊，坊下分牌，牌下设铺，铺下才是胡同。这种城市社会生活和居民管理一层层辖制的组织形式，表现出中华民族周详缜密的创造力和城市的管理能力。作为老北京城的"毛细血管"，胡同连接、串通着城市的脉络，而胡同数量的变化体现了各朝代北京城市和社会生活的发展变化。据统计，元代北京约有胡同四五百条；明代增至上千条；清代北京有名称的胡同达2000多条。

明清北京城传承了元大都城的城市格局，由于城市扩展，街巷胡同进一步增加。明朝编写的《北京街巷坊巷志稿》记述有北京胡同的具体情况（详见第八章）。

现今北京保留元大都城市格局最典型的街巷胡同格局就是南锣鼓巷地区，可以清晰地了解北京旧城城市肌理

四、北京帝都龙脉与城市肌理融为一体，形成相互依存的关系，形成一个网格化的整体，这就是北京城市历史文脉的最显著特点

帝都龙脉，也就是北京城市中轴线是城市的脊梁，是城市的骨干，而城市纹理形成的城市网络格局，是城市的血脉，是城市的肌理。正像梁思成指出的，北京城的壮美秩序是由于中轴线的确立而产生，前后起

---

① 大威德金刚是藏传佛教格鲁派密宗所修本尊之一，因其能降服恶魔，故称大威，又有护善之功，故又称大德。其身有34臂，9种面相。

伏、左右对称的建筑体量或空间布局都是以中轴线为依据的。城市纹理形成中心明显、左右对称。在中轴线两侧，不仅有左祖右社，还有东单牌楼、西单牌楼，东四牌楼、西四牌楼等标志性建筑。同时，天、地、日、月坛从天南、地北、日东、月西围绕着北京旧城，寓意北京城在天、地、日、月间运行，达到天人合一的美好境地。

第五节　文脉中的水脉

北京城市文脉中的水脉不仅是文脉的重要组成部分，还具有鲜明特色和功能。北京史研究会常务理事、北京市社会科学院研究北京水系的专家吴文涛认为："水的景观之美和文化意义也是早就被人们关注的东西，沿着水脉建立和拓展政治中心几乎是历朝历代城市布局的核心。古代帝王都向往长生不老，追求传说中的仙境生活，有着一方神水——太液池和蓬莱、方丈、瀛洲三座仙山的城池是他们最理想的居住地"。金、元、明、清北京成为都城之后，临水筑城、引水入宫、挖湖堆山、依山傍水修建皇家园林等也可谓一脉相承，直至登峰造极。元世祖忽必烈在规划元大都时，就选取了金中都城东北面广阔的白莲潭南部区域作为皇家宫苑的太液池，这就是现在的北海、中海。

除城市核心区域的功能和布局围绕水系展开，历代政治中心的拓展和延伸也是沿着水系而走。金代开始分别在中都城东北郊外的白莲潭（今什刹海）、西北郊外的玉泉山一带建立行宫别墅；元代则在纳什刹海入皇城，引玉泉水入大内之外，又在南海子、延芳淀（在今通州潞县）等水域设立皇家园囿和离宫；明清以后海淀"三山五园"的开发乃至承德避暑山庄的建立，都是王朝政治中心及其功能随河湖水系远程布局而又交相呼应的结果，是水脉与文脉之间相辅相成关系的具体体现。①

---

① 北京史研究会编著：《北京史与北京生态文明研究》，经济科学出版社 2015 年版，第 31 页。

元大都城建成后，如何把海运、河运的粮食和其他货物从通州运抵到大都城的积水潭，郭守敬经过实地勘察，用西北山前来水从积水潭顺流向通州张家湾的特点，在河上修了一道道闸，当船从通州到大都城逆流而上时闸就发挥了作用。船通过后闸就关上，上游来水不断增多，水位迅速上涨，船位提升继续通行。船通下一闸后，闸再关上，水位再上涨，船再通行。用此办法，把载满货物的漕船推进到积水潭码头。由此可见，今日的通惠河下游，实际上就是一条闸河。据历史文献记载，忽必烈从上京回来，"过积水潭，见舻舳蔽水，大悦"，亲自命名从万宁桥到通州的河道为"通惠河"。现在人们还能看到积水潭北面向东流经的转河、坝河（东坝河、西坝河）原来是卸货后返回的水路。因为回去水从上游往下游顺流而下，又多是空船，很容易返回到北运河。这段河流只需要把河坝修好顺流而下，故名"坝河""转河"。由此可见，闸河、坝河、转河是北京水脉良性循环留下的名称，与"通惠河"名称一样记载着北京城历史水脉文化，一直传承到今天。

第六节　文脉中的文化内涵

北京旧城中轴线体现的文化内涵是：中正、和谐、包容与厚德。其中，中正是其最显著特征。一座城市和一个人一样，有其内在的气质和文化素质。北京城的气质是什么？文化内涵是什么？通过对北京城市历史文脉的梳理，我们认为中正、和谐是北京城市的气质；包容、厚德是北京城市的文化内涵。

一、中正

对北京旧城中轴线研究后，我们认为"中正"的思想最突出。例如，在刘秉忠规划元大都城的时候，首先将城市中轴线确定在城市中心点上，使整座城市坐北朝南，呈方正形状。由此，确定中轴线为城市左右的中心，成为城市的脊梁；第二，将皇宫放置在城市中轴线上，使皇宫与中轴线正中相交，形成中国的"中"字独特的城市景观。明清北京城市继承了这一传统，使北京旧城依然保留有这一城市景观。

列入国家出版基金项目的中国红丛书中《北京中轴线》在开篇中就认为："中华上下五千年，中心的思想、中正的意识深入人心。而中心、中正、对称则是人们常说的'中式'的重要内容。在中国古代都城的建设中，很早就引入了这一传统设计思想。而北京城的建设，则最充分地体现了中心、对称的思想和观念"。①

▲北京皇城博物馆制作的"北京皇城沙盘"，可以明显看到紫禁城（故宫）与中轴线相交，形成"中"字形。

"中正"包括中心、核心、左右对称。左右对称进一步突出中正、中心。北京城中轴线一个显著特征是方位明确，中心、核心突出。北京城坐北朝南，中轴线呈南北走向，占据城市正中。皇宫不仅规划在中轴线上，而且占据中轴线中心位置，皇帝的金銮宝殿又占据皇宫的核心位置。新中国开国大典后，天安门及广场被改造成为新的城市政治中心。这一切都与北京城中轴线的存在有密切关系。

今日北京城中轴线奠基于大都城。元大都城是先有规划，而后建城。这一特点决定了北京城不同于中国大连、天津、青岛、上海、广州等城

---

① 林山编著：《北京中轴线》，黄山书社2013年版，第1页。

市。元大都城市以及街道东、南、西、北、中五个方位非常明确。城坐北朝南，中轴线呈现南北走向，雄踞城市正中间，犹如城市的脊梁。在中轴线核心位置，是大内，也就是皇宫；在皇宫正中间位置，是皇帝的金銮宝殿；在金銮宝殿正中间，是皇帝的宝座。皇帝的宝座可以说是古代人认为的天、地、人三才①的正中间，占据着天、地、人最主要方位。由此，中、中心、中正成为北京城中轴线的灵魂，成为北京城市作为都城发展的命脉。明清北京城市发展有创新，但是基本继承了中轴线"中正"的发展理念。

北京城中轴线"中正"还体现了古代北京人"象天法地"理念，即以古人认知的天象在人间大地上效仿。古人认为，天有三垣②，正中为紫薇垣，高居中天，永恒不变，是最崇高的境界。由此，北京城作为帝王的都城，也应该仿照天象，是大地的中心，以体现帝王是天子，是人间至尊。由此，现存北京故宫在当年修建时称"紫禁城"，就是仿照天体紫薇垣修建的，位置不仅在北京城市正中，而且在南北走向的城市中轴线核心位置，成为城市中最神圣的地方。古人认为天上有28星宿，分别在东、南、西、北四个方位；东为青龙，西为白虎，南为朱雀，北为玄武。由此，在中国文化中，青龙、白虎、朱雀、玄武既是天上星宿的象征，又是地上东、西、南、北四个方位的标识。北京故宫也是这样布局的，正中间是皇宫，建筑在高台阶上，台阶为"土"字形，表示金、木、水、火、土，土为正中；南面的城门为朱雀（午门），北面的城门为神武（神武门原称"玄武门"，因避讳清圣祖玄烨而更名），东面的文华殿为青龙，西面的武英殿为白虎。

"中正"是中华民族根深蒂固的观念。古人认为，中国位于天下之中，北京城位于中国之中，中轴线位于北京城之中。清朝康熙年间绘制了《皇舆全览图》，是中国绘制的比较早的世界地图。这张图是以北京城

---

① 三才，即天、地、人，天指宇宙苍穹，地指山川平野，人生活在天地之间，居天地之中，人的所有活动都受天地运动影响，与天地环境密切相关。

② 三垣，是指环绕北天极附近的三个星区，即紫薇垣、太薇垣、天市垣。每个星区都有东西两藩的星星，左右环列，形如墙垣，故称为"垣"。

为中心，以北京城中轴线为绘图的子午线。在中国古代人的心目中，北京城就是天地之中，就是天下之中，天下的万物都是围绕北京城中轴线运转的，城市建筑布局与空间分配也是要围绕中轴线展开的。古代北京城是帝王的都城，是首善之区，更应该遵循这一法则。综观北京旧城，天坛在南，地坛在北。日坛在东，月坛在西；还有风、雨、雷、云庙宇，都是以北京城中轴线为依据布局的，也都是以皇宫为中心的。中轴线像天地之间、自然之中指针，随着天地日月、风雨雷云的变化在运转。

北京城还有一大特点，就是名称和建筑讲究对称。这种对称是有中心的，这个中心就是北京城中轴线。以中轴线为中心，形成"中心明显，左右对称"。而左右对称，又进一步烘托中轴线的中正。北京旧城外城以永定门为南城墙正中之门，也是中轴线南端的起点，在城门布局中出现左安门与右安门、广渠门与广安门，东便门与西便门对称；北京内城以正阳门（俗称"前门"，位于中轴线上）为南城墙正中之门，崇文门与宣武门，朝阳门与阜成门，东直门与西直门对称。这种对称在北京旧城可以说是比比皆是，从文化上讲，先是左、右（东、西）对称，然后是文、武对称，仁、义对称，日、月对称，春、秋对称，凸、凹对称，核心是阴阳对称，目的是突出中轴线的中正。这种对称最早源于《周礼·考工记》记载："匠人营国，方九里，旁三门，国中九经九纬，经涂九轨，左祖右社，面朝后市，市朝一夫"。《周礼·考工记》成书于我国春秋战国时期，是中国古代帝王最为理想的都城设计蓝图，也是比较早的城市规划布局思想写照。其中，专门提到"左祖右社"。"左祖右社"就是在坐北朝南的城市规划布局中，祭祀祖宗的太庙要建筑在城市左边（东边）；祭祀江山社稷的社稷坛要建筑在城市右边（西边）。元大都城就是这样设计安排的，太庙在城市东面的齐化门内，社稷坛在城市西面的和义门内。到了明朝，修建北京皇宫的时候，要进一步突出中轴线和皇宫的中正，在承天之门（今天安门）左右安排了太庙和社稷坛，就是我们今天看到的天安门东西两侧的劳动人民文化宫和中山公园。这种将"左祖右社"紧凑安排，是明朝进一步突出"中正"的创新和贡献。

中正还是一种文化理念。中正也是端正，讲究做人、做事要大气、公正。大气就是光明正大，正气凛然，不徇私舞弊，也就是北京人常说的，要堂堂正正做人、公公正正做事；公正就是不偏不倚，坚持原则，按规矩做人、做事。

二、和谐

在北京城中轴线上突出了和谐文化理念。从皇城天安门到紫禁城前朝三大殿突出了"内和外安"的文化理念。

仔细观察一下，明朝初年，天安门叫"承天门"。为何叫承天门？原来是想表明皇权是"奉天承运"和"受命于天"的。由此，在紫禁城大殿的命名上，也称"奉天殿"。承天门与奉天殿在文化上是一脉相承。到了清朝初年，这种文化理念作了调整。清顺治二年，将紫禁城三大殿改名为太和殿、中和殿、保和殿，作为文化理念要体现一致的承天门也必然要改名。清顺治八年，也就是紫禁城三大殿改名后仅6年，正好承天门被重新修建落成，清政府便将承天门改名为天安门，同时将北安门改为地安门，加上皇城东安门、西安门，正好形成"内和外安"的文化理念。研究北京文化的学者认为，在北京城中轴线，皇宫三大殿突出的是和谐之音，而皇城四门（天安门、地安门、东安门、西安门）突出的是平安之乐，合在一起，是"内和外安、天下太平"的有机组合。

在突出"内和外安"文化理念中，中轴线还集中讲述了"和"文化的精髓——太和、中和、保和。

何谓太和？在中国文化中，太和是一种境界，讲的是形成天地万物的原本之气——元气，是由阴、阳二气会合，这种会合是一种冲和，这种冲和不是相互破坏，而是矛盾的对立统一，是和谐的，是你能承受我、我能承受你，然后是你中有我、我中有你，和谐共生（见左图）。中国

▲在故宫内拍摄到的"太和充满"匾

37

道家文化中的阴阳鱼就形象表达了这种思想。其中，白色代表阳气，黑色代表阴气，两者相交形成冲和，用"S"线表示，不仅有冲突，但是能承受，组合在一起形成既对立，又统一，是为"冲和"。更可贵的是在白色中的黑色鱼眼，在黑色中白色鱼眼，也是对立统一，表明你中有我，我中有你，可以共生共赢，这就是中国的"和"文化。在当今世界上，中国"和"文化主张不同国家、不同地区、不同民族，包括不同肤色的黑人、白人、黄种人都可以和平共处、互利互赢，从而奠基了中华人民共和国的和平共处的外交原则。

《易经》在乾卦中说："保和大和，乃利贞。"这里"大和"与"太和"在古字中相通，意思是说"太和"为吉祥之照，利于万物生长。"太和"的另外一种解释就是"天下太平"。

什么是"中和"或"致中和"？"中和"讲求和谐至中，不偏不倚，恰到好处。也就是我们前面讲过的"中正"思想，孔子提倡的"中庸之道"。

什么是保和？讲求和谐到圆满的境界。

▲这是体现阴阳和谐的道家"阴阳鱼"，旁边的文字：右边为"道法自然"，左边为"天人合一"。正中的"阴阳鱼"展现阴阳相交，你中有我，我中有你，只有和谐相处，才能共生共赢。

"太和、中和、保和"是对和谐最圆满的追求，是和谐的最高境界。中华"和"文化有着丰富的内容。"和"文化还包括"包容"与"宽容"。

孔子提出的"和而不同"是中华和谐文化的重要升华，也是和谐文化发扬光大的生命所在。然而，和谐还有最高境界，这个境界就是天人合一。"天人合一"的精髓是提倡人与自然的和谐，其本质是人敬畏自然，尊重自然，按照客观规律行事。敬畏、尊重自然，不是否定人对自然的改造，而是强调人在改造自然过程中尊重自然，按自然规律行事，改造的目的是让人与自然更加和谐，而不是通过人的主观能动性改造，去征服自然，破坏人与自然的和谐关系。北京城中轴线在建筑布局上，非常突出的文化理念就是天、地、人的和谐关系。例如，中轴线南有天坛、北有地坛，南有天桥，北有地桥（万宁桥）；在皇宫内，前（南）有天（乾清宫），后（北）有地（坤宁宫），东有日（日精门），西有月（月华门），讲究的就是天地文化；强调的就是在天地之中是人，人即是天地间的生灵。同时，人有相对独立活动能力，但从根本上讲，人依赖于天地生存。我们常说，有天才有地，有地才有家，有家才有你，讲的就是这样一个本源的道理。人离不开天地自然的变化，人的生存依赖天地自然的变化。这种把人与自然融为一体的现象在北京城多处可见。例如，天坛是敬天的建筑，明代的祈年殿是分三种颜色，即上青（蓝色）、中黄（黄色）、下绿（绿色），表示"天、地、人"和谐地成为一体。到了清代，乾隆皇帝为了使祭坛建筑的颜色更加和谐，将祈年殿统一为蓝色，更突出了人对天的敬畏和建筑的美观。天坛的圜丘坛也是人与天对话的地方。只是这种对话在中国封建社会让皇帝一个人给霸占了。皇帝站在圜丘坛正中的中心石上，对天祷告。现在，这种神奇的面纱被揭开了，一般的民众也可以站在中心石上与天对话了。人们还认识到与天对话不过是声学回声的原理。封建迷信破除了，但是古人留给我们的人与天地（自然）要和平相处的思想是文化遗产，这对我们今天强调社会经济协调发展，建立和谐宜居社会环境是一种有益的启迪。古人还认为，"天行健，君子以自强不息；地势坤，君子以厚德载物"，也是强调天地与人的关系。作为清华大学校训的这两句话就来源于《周易》，表明北京的最高学府尊重中华文化这一传统。而实际上，在整个中华文化圈也崇尚这一文化境界。

在中轴线上所展示的和谐文化有人归纳是一种祥和。即在正阳（正阳门）的天气里，天下安定（天安门、地安门、东安门、西安门），人们遵守礼法、社会秩序井然（端门），朱鸟展翅飞翔（午门，又称朱雀门），天子统治下的北京城充满和谐（太和殿、中和殿、保和殿），这样的景象应该万年春（景山中峰建筑有万春亭）。试想，这是多么美好的和谐意境啊！清朝北京城市中轴线上建筑名称的变化，既反映了清朝政府对统治秩序稳定的追求，也表明了希望社会安定的愿望。这种文化观念的提升显然比简单地否定前朝（明朝）政权受命于天，而解说自己是真命天子的做法要高明得多，以至三百年来没有人再提出更好的名字来改变紫禁城三大殿的名称。

三、包容

"包容"是说北京城市历史文脉具有海纳百川的魅力。在北京城市历史文脉发展过程中，包容了元、明、清乃至民国和新中国各个时期的历史文化。中国古代城市有中轴线的历史非常悠久。最早的中轴线是通过王宫中主要建筑布局来体现，然后扩展到城市南面正中的城门。据历史和考古专家学者推断，从二里头夏文化宫殿遗址就能看到这种现象。北京城中轴线也经历了这样的过程。北京现存旧城中轴线奠基于元大都城，元大都城市中轴线贯穿皇宫（大内）主要宫殿建筑，同时向南到达南城正中的丽正门，向北到达城市中心阁，全长大约4公里。明朝初年修建北京城，进一步突出帝王都城中正的特色，不仅承袭了元大都城中轴线，又向南拓展了1公里，到达今日前三门中的正阳门。明朝嘉靖年间，修建外城，中轴线又继续向南延伸，到达永定门，达到7.8公里，成为中国古代都市最长最壮观的城市中轴线。明代对中轴线的另一个创新是利用"挖湖堆山"的手法，增加了皇宫（紫禁城）的靠山，也就是今日的景山，当时称"万岁山"，目的是保佑皇宫（紫禁城），也就是大明江山万岁、万年。在增加这个美好的意愿同时，又增加了北京城市平面的制高点，使紫禁城"前有照（金水河的水），后有靠（万岁山）"，形成倚山向阳的布局。

清代没有再延伸中轴线的距离，但是在文化和意境上包容明显，进一步加强了宗教文化积淀。其中，最重要的一笔是对明代万岁山作了文化理念的升华。具体表现在：将"万岁山"改名为"景山"；在景山五座峰顶包容了藏传佛教内容，增加了五座亭式建筑。从东向西五座亭式建筑名称分别为"周赏""观妙""万春""辑芳""富览"。其中，万春亭居中，方形，二重檐，四角攒尖顶，黄色琉璃瓦，宏伟壮观；观妙、辑芳两亭八角形，重檐，绿琉璃瓦顶黄剪边；周赏、富览两亭圆形，重檐，蓝琉璃瓦顶。五座亭式建筑内供奉五方佛。五方佛为密宗，也称"五方赞"。赞礼东方，为阿閦佛，也称药师佛；赞礼南方，为宝生佛，也称多宝佛；赞礼西方，为阿弥陀佛，也称无量寿佛；赞礼北方，为不空佛，也称释迦文佛；赞礼中央，为毗卢遮那佛，也称大日如来佛。五方佛坐北朝南，保佑着紫禁城的江山社稷，这是多么奇特的景象。1900年八国联军入侵北京城时对五方佛进行了掠夺和文化景观的破坏。百年过后北京旧城进入21世纪，北京市开始在景山五座亭式建筑中恢复宗教景观，在万春亭内，已经恢复了毗卢遮那佛的庄严与神圣，高大的佛像供游人瞻仰。

包容还体现在北京旧城中轴线是中华文化的集结点，中华上下五千年经过历朝历代总结、提炼的经典城市建筑、都市建筑、皇宫建筑都浓缩在中轴线上，包括建筑的空间安排与处理，包括不同宗教、信仰的建筑组合在一起。时空上，一条中轴线包容了元代、明清、民国和新中国的不同历史阶段。作为宗教建筑，有道教天一门、钦安殿，有藏传佛教五方赞，有满民族信奉的萨满教等。在建筑形式上，有城楼、箭楼、瓮城、皇城、宫城、宫殿、桥梁、道路、河流等。

北京旧城布局也是一种包容，因为北京城是典型的移民城市，而且是散杂居的形式，在北京城这个平台上，无论城市规划布局、建筑形式、生活习俗，都必然形成了中华民族多元一体的文化特征。北京旧城奠基于元大都城市文脉，这种文脉在形成过程中体现了中原农耕文化与西北草原文化的结合；到了明、清则是东南沿海文化和东北山林文化的进一步补充。在北京文脉形成过程中，形成多民族的交往，多民族文化的碰撞与融合，这种融合体现了北京城市包容的显著特征。尤其是北京城市布局形成的街道、胡同以及各具特色的地名也是多民族文化融合的结晶。在北京城这个舞台上，各民族的文化相互碰撞、交流、融合、升华，成为北京文化，成为都市文化，成为首善文化，然后经典的文化和精神又再被带到各地，这就是北京文化博大精深的来源，也是北京城市历史文脉包容的特征。其中，在清朝中叶形成的京剧就是一个典型的例证。京剧顾名思义是北京产生的剧种，但它的来源却不在北京，是在清朝中叶进入北京的徽、汉两个地方戏曲的基础上，同时吸收了昆曲、梆子等地方戏的某些特点逐渐演变而成。在形成过程中，与北京城市文脉有密切关系，也就是和皇宫（紫禁城）内皇室成员的欣赏、学习、交流、升华有着密切关系，与在中轴线保留的各种戏楼、戏院有着密切关系。戏院主要集中在正阳门前的大栅栏和鲜鱼口，对称在中轴线两侧；戏楼，特别是大戏楼主要集中在皇宫（紫禁城）内，也是分布在中轴线两侧。

四、厚德

北京是六朝故都，城市历史文脉还凸显道德教化，秉承"厚德载物"的理念。北京旧城对"德"的追求，首先是对天子的张显和要求。据说，明朝修建皇城后，明成祖朱棣让大学士谢晋为皇宫大门题写对联。谢晋用的是一幅传统对联"日月光天德，山河壮帝居"。这里"日"、"月"合在一起是"明"，讲的是大明王朝要突出"德"，而这种"德"首先要体现在天子身上，正所谓"有德者得天下，无德者失天下"。这也是一种文化传统。在北京故宫太和殿还有一副对联"龙德正中天，四海雍熙符广运，凤城回北斗，万邦和谐颂平章"突出天子之德。据说，明朝大将徐达攻占元大都后，迅速将北城墙收缩5里，重新筑北城墙和城门，依旧开两门，其中将元大都北城门"健德门"改名为"德胜门"，突出大明王朝是以德取胜，是大明王朝"有德"战胜了元朝的"失德"。

天子有德，然后教化于官、于民，这是北京城市厚德的脉络。对于天子来讲，要"敬德保民"，对臣子来讲要"忠君报国"。北京的胡同、四合院不仅是城市的肌理，还体现道德教化，讲究主次分明、长幼有序、男女有别、尊老爱幼等传统道德观念。

第二章　北京城市历史文脉的传承

第一节　文脉的突变与传承

当北京步入近现代社会后，北京城市历史文脉出现明显的文化突变与传承。其表现是皇权退却，民权上升，民国后正阳门瓮城被拆除，箭楼被改造，便利市民交通出行。

1912年2月12日，清朝廷在紫禁城养心殿召开最后一次御前会议，隆裕太后颁布清帝退位诏书，北京旧城内帝制结束，但位于旧城内的文脉依然还在，帝都北京城市文脉随着时代的变化也开始出现变化。这种变化是符合事物发展变化规律的。因为世间一切事物都是在发展变化的，这是客观规律。当北京城市从封建帝制进入到民主共和体制，城市历史文化是一定要发展变化的。这种变化是一个过程：1900年，在义和团抵制洋货和八国联军进北京前后，正阳门城楼、箭楼相继遭到大火焚烧。正阳门箭楼先被火烧。过程是1900年6月16日，在北京的义和团为"扶清灭洋"，抵制洋货，在正阳门外"老德记"洋药房放火，火借风势，不可控制，形成火烧连营之势，殃及大栅栏，正阳门箭楼东、西两侧荷包巷内商铺连片起火，最后正阳门箭楼也被烧毁。正阳门城楼被烧在其后。具体经过是：1900年8月14日，由英、美、德、意、日、法、俄、奥组成的八国联军进攻北京城，对正阳门箭楼、城楼先是炮轰，被大火烧掉屋顶的箭楼又被炮火击中，砖石垒砌的箭窗遭到炮弹的爆炸而进一步加剧毁坏。在枪炮声中，慈禧皇太后挟光绪皇帝出北京城，沿着西北方向一直跑到西安城避难，北京城被八国联军占领。9月27日，驻扎在正阳门瓮城内英军雇佣兵（印度兵）在正阳门城楼上燃火（取暖或做饭），发生火灾，将正阳门城楼烧毁。

正阳门城楼、箭楼复建工程从 1903 年开始。其中城楼由袁世凯等奉旨重建。当时没有现成的图纸，城楼复建按照崇文门、宣武门城楼建筑规制放大进行设计、修建，箭楼按照宣武门箭楼规制放大设计、修建。这种规制放大是保证正阳门城楼、箭楼的雄伟、高大和在内城九门中的突出位置。工程到 1907 年完工，正阳门城楼、箭楼又矗立在北京城中轴线上。

▲改造后的正阳门箭楼，增加了蹬城楼台阶、白色水泥护栏、箭窗遮荫檐等，由军事防御城堡变为旅游观光的景观建筑。

▲正阳门箭楼正面，也就是向阳面，高大雄伟，一对石狮在门洞两侧。一般箭楼不开门洞，只有正阳门箭楼开门洞，是供皇帝出巡的。目前，正阳门箭楼保存下来，有待对外开放。

　　1907 年正阳门复建后，清政府逐渐改变政策，实施新政；1911 年，中国爆发辛亥革命，北京社会经济也发生急剧变化。作为政治、文化中心的北京城，不仅经济恢复，人来人往，京奉、京汉两条铁路也在正阳门东、西两侧分别建立车站，使正阳门周边人流、车流迅速增加，表明北京城已经步入现代社会。为此，当时的内务总长兼北京市政督办朱启钤向大总统袁世凯提交《修改京师前三门城垣工程呈》，被大总统袁世凯批准后朱启钤亲自主持改建工程。工程主要是疏解交通，将古代封闭的北京城池适应现代社会发展需要。工程于 1915 年 6 月 16 日动工，同年 12 月 29 日完工。在开工仪式上，朱启钤手持袁世凯送给他的特制银镐在正阳门瓮城上取下了具有开工意义的第一块城砖。朱启钤用过的银镐一直由他本人珍藏，在他去世后，由他的儿子朱海北捐赠给中国清华大学建筑学院，如今在清华大学珍藏。

改建工程主要内容有：拆除正阳门瓮城；在城楼两侧各开两个门洞；修建环正阳门马路；改造箭楼建筑外观，用水泥修护栏和箭窗遮檐，在箭楼两侧增加"之"字形登城马道，方便游人登箭楼参观游览，一饱北京城古都风貌。正阳门箭楼由当时的市政府委托德国工程师罗思凯·格尔负责设计改建，主要内容是：增添了正阳门箭楼水泥护栏和箭窗上弧形遮檐，在月墙断面上增添了西洋图案花饰。

至此，北京旧城中轴线上的重要建筑正阳门在经历 19 世纪末 20 世纪初的焚毁、重建、改造后又被传承下来。

第二节　皇权退却，民权上升

开国大典，新中国诞生，北京城市历史文脉的传承继续体现皇权退却，民权上升。人民当家做主的思想文化被进一步注入中轴线。经过天安门广场改造，皇权至上的建筑群进入故宫博物院，体现人民当家做主的新建筑矗立在天安门广场上。

1949 年 10 月 1 日，当毛泽东主席在天安门城楼上庄严宣告：中华人民共和国中央人民政府于今日成立了，新中国开始诞生，同时北京成为新中国的首都。从筹备开国大典开始，北京城市文脉——中轴线就注定要进行进一步改造、创新和发展。这种改造、创新和发展的核心思想是体现人民当家做主的思想意识。由此，出现人民英雄纪念碑、人民大会堂等一批反映人民当家做主的新型建筑，出现了安放国旗、国徽的地方，这是国家首都的标志。

天安门广场改造体现了文化传承。天安门城楼整修和广场大规模改造是从 20 世纪初开始，延续整个世纪，重点是在 20 世纪 50 年代。说从 20 世纪初开始，是 1912 年中华民国后，作为现代城市建设，已经开始对天安门广场进行改造。例如，1913 年拆除了"丁"字形广场两侧的千步廊，为缓解交通，陆续在天安门周边的皇城墙开了豁口，其中有天安门东侧的南池子豁口，西侧的南长街豁口；拆除了长安左门、长安右门两侧的红墙，为长安街交通的贯通奠定了基础。

▲毛泽东等党和国家领导人在审查天安门改造方案

新中国成立天安门及广场改造背景是 1949 年 9 月 27 日第一届中国人民政治协商会议通过决议，确定北平为北京，同时决定北京为中华人民共和国首都，10 月 1 日在天安门广场举行开国大典。而改造准备工作在此之前已经进行。例如，在 8 月 9 日～14 日召开的第一届北平市各界代表会议上，已经有传闻开国大典要在天安门广场进行，建设人民首都的标语已经出现，整修天安门城楼，清理天安门广场的计划被顺利通过。

20 世纪 50 年代是天安门广场改造的重点时期。第一次改造是从 1949～1954 年。在开国大典期间，毛泽东主席提出，要把天安门广场改造成为人民喜爱的地方。中国人口多，要把天安门广场修建成规模宏大的广场。特别是在检阅游行队伍时，长安左门、长安右门（俗称东三座门、西三座门）在长安街上，影响游行队列行进，于是拆除中华门、长安左门、长安右门被提到日程上。天安门广场第二次改造从 1954 年开始到 1959 年。1954 年新中国成立 5 周年时，在天安门两侧修建了观礼台。当时的观礼台总长 68 米，宽 11 米，总建筑面积 1658 平方米，使用面积可以达到 2470 平方米，容纳观礼人员 3900 人。1957 年，人民英雄纪念碑落成，1958 年，人民大会堂、中国历史博物馆和中国革命博物馆落成。
标志着人民当家做主的天安门广场改造基本完成。

▲天安门城楼上安放国徽

天安门广场在改造前是封建社会皇帝宫城的进深空间，从天安门开始，
是重重宫殿，而在天安门前的 540 米长的丁字形空间，以其狭长、封闭的
距离，衬托皇权的神圣、威严。而在天安门改造过程中，拆除了丁字形空
间南端的起点——中华门（大明门、大清门）和东西两面相对称的皇城墙
后，不仅广场的空间发生了变化，视觉也发生了变化，性质也发生了变化。
皇宫被改造了，天安门后面的建筑成了后院，成了衬景，而高大雄伟的天
安门城楼得到进一步提升，人民英雄纪念碑、人民大会堂、历史博物馆和
革命博物馆衬托下的人民当家做主的主题代替了封建皇权至上的主题。

▲人民英雄纪念修建时的天安门广场工地

▲从正阳门城楼上看封闭的施工现场

▲矗立在天安门广场正中的人民英雄纪念碑

经过民国初年正阳门改造和 20 世纪 50 年代天安门广场改造,一些专家学者对北京城中轴线研究后发现,北京城中轴线集中反映了不同时期统治阶级的思想意识。从元大都城到明清北京城,中轴线是大一统封建皇权统治理念和统治秩序的完美展现。到了民国,北京城市现代文化开始渐入,"大清门"改为"中华门",封闭的城墙被打开,以适应现代城市交通需要。最明显是正阳门城墙开豁口,新式建筑不断闯入旧城,出现对封建皇权的破坏和挑战。新中国成立后,天安门以及广场的改造,人民英雄纪念碑的矗立,人民大会堂和国家博物馆的相互对称修建,又集中展现了 20 世纪 50 年代人民当家做主的北京城市新风貌;天安门广场

▲体现人民当家做主的人民大会堂

国旗杆上高高飘扬的五星红旗、连同天安门城楼上的国徽，是中华人民共和国的象征。天安门及广场的改造，也是北京旧城改造的成功范例。这种成功有两个方面：一是注意继承；二是与时俱进。说继承，是说新的建筑符合北京城市历史文化特征，继承了"中心明显、左右对称"，特别是国家博物馆当时是中国历史博物馆与中国革命博物馆，不仅建筑本身使用了传统建筑装饰，而且与太庙文化有联系；人民大会堂也是一样，是人民参与、商讨国家大事的场所，与社稷坛在文化上有联系。说与时俱进，就是强调发展，新的建筑不仅是现代的，而且有新时代特征，体现了中华人民共和国的政治风貌，成为中轴线历史文化的重要组成部分。

第三节　左右对称

20世纪50年代修建的总参、总政宿舍大楼左右对称建筑也是对北京中轴线文化的尊重，是一种文化传承。

20世纪50年代初，在北京旧城中轴线上尊重中心明显、左右对称的建筑是人民英雄纪念碑和对称的中国历史博物馆（包括中国革命博物馆）、人民大会堂。另一处比较典型的建筑是位于地安门内

▲毛主席纪念堂

的总参、总政宿舍大楼。设计者是当时中国建筑设计研究院的总建筑师陈登鳌。这两座对称的建筑之所以保留下来，有两个原因。一是文化上的原因，建筑采取对称形式，位列于中轴线两侧，颜色保持灰色基调，民族风格的"人"字形大屋顶，同时注意了与中轴线上传统建筑形式的融合与和谐；二是建筑材料讲究、坚固，可以看到阳台是汉白玉的，楼地基有大条石，1976年唐山大地震，这两座楼纹丝未动，十分坚固，已

经成为一个时代北京的历史文化积淀。

▲从景山顶上北望可以看到中轴线上总参、总政宿舍大楼，左右对称于中轴线两侧。

第四节　旧城新脉

一、长安新脉的形成

明清北京城，皇城是禁区，老北京人要从东城到西城是很不方便的，最近的路线也要从南面绕道正阳门内的棋盘街，或向北经过地安门外大街，中间是皇城禁地。民国后皇城遭到破坏，皇城墙部分被拆除，人员来往有些便利。新中国成立后，天安门广场改造被提到日程。改造后的天安门广场仍保持了中轴线左右建筑对称的格局，人民大会堂与历史博物馆相对称在天安门广场东西两侧。同时，在中轴线上建立了人民英雄纪念碑，拆除了长安左门和长安右门，贯通了长安街，使天安门既有古都文化的内涵，又有新中国首都的文化内涵。

长安街作为古都的文化内涵是"长治久安"。清代从皇城正南门——大清门到天安门为南北朝向的御路，在天安门东、西两侧各有一座门，东面的是长安左门，西面的是长安右门，两座门之间是一条东西向横街，被称为"天街"，因北面是天安门，两端是长安左、右门，又被称为"长安街"，也就是说"长安街"是由东、西两座皇城门的名称演化而来，符合清朝初年的治国理念"长治久安"。据说，在长安左门、长安右门外原来还各立一座牌坊，坊额均书有"长安街"三个字。查历史图片，长安左门、长安右门建造规格、形制、样式完全一样，功能除了起到左右对称以外，还各有寓意，长安左门在东，通天，大吉；长安右门在西，入地，主凶。每年春季，参加殿试的考生经过"金殿传胪"，然后在长安左门外张黄榜，公布名录，成为学而优则仕的典范；每年秋季，进入秋审的囚犯被勾决候，出长安右门，被砍头的出宣武门到菜市口被行刑，被流放的出阜成门去边远地方。

长安街作为现代文化传承是沿用了"长安街"的名称和文化内涵。20世纪50年代，与天安门广场改造同步的是疏通东、西长安街，东长安街由长安左门到东单牌楼，西长安街由长安右门到西单牌楼。同时拓宽了路面，由原来15米宽的街道拓宽到120米宽的大马路。到1958年，由东单到西单直线距离接近4公里，出现"十里长街"的美誉。以后，又继续向东、西延伸，东面延长到建国门，西面延长到复兴门，全长6.7公里，出现了名副其实的十里长街。

十里长街的出现，使北京城市格局发生了变化，由一条南北的传统城市中轴线变成十字交叉线。长安街形成新的文脉。在北京城市发展过程中，长安街被称为神州第一街，与北京旧城原有的南北中轴线相交于天安门广场，成为新的、东西向的城市轴线。由此，在北京城市1999~2020年规划中明确提出"两轴两带多中心"的提法，其中两轴分别指北京旧城原有的城市中轴线和长安街拓展后形成的新轴线。根据党中央、国务院对北京城市总体建设规划的批复，北京作为全国的政治中心和文化中心，长安街就成为展示政治中心和文化中心的窗口。沿大街两侧的长安大戏院、国家博物馆（原中国历史博物馆、中国革命博物馆）、人民英雄纪念碑、人民大会堂、国家大剧院、西单图书大厦和民族文化宫等一批新文化设施与原有的皇城古代建筑相映生辉。由此，一些学者认为，由于长安街的出现，北京城市历史文脉传承出现了变化，由"一竖"变成"一横一竖"，由一条

"龙脉"又加上一条"人脉",封建的帝都和人民的首都交织在一起,古代建筑和新的现代化建筑交织在一起,交相辉映,是典型的文脉新生与传承。

▲新中国成立初期以天安门为中心,十里长街通车景观

二、"朝阜文脉"被发掘、认识

从朝阳门到阜成门形成一条潜在的文脉,最早关注这条潜在文脉的是一些有识之士,他们经过对西城区历史文化遗产的梳理,发现从景山到阜成门沿线有众多文化古迹,有些还是国家级文物保护单位,为此提出"景阜文脉"这样一个概念,并出版了一些专门研究成果。从"景阜文脉"的研究发现到北京市文物保护整体概念推出,人们又进一步发现,以景山为中心,东到朝阳门,西到阜成门都有文化遗产众多的现象。也就是说"景阜"和"朝景"有着共同的特点,于是提出以景山为中心的"朝阜文脉"的概念。因为,原来在北京旧城纹理中朝阳门到阜成门中间隔着皇城皇宫禁地,是没有交通的。打通道路是现代北京城市建设的需要。朝阜文脉的发现,对研究、梳理北京城市历史文脉是有意义的。一是因为以景山为中心的朝阜文脉是北京旧城纹理研究的重要组成部分,尤其是从朝阳门到东四,从阜成门到西四,是旧城两条主要交通干道和商业街市。二是因人们发现沿线历史文化遗迹众多,并且连成线,形成线性文化遗产,与北京帝都传统的中轴线形成左右交叉,一横一竖的文化脉络,对深入研究北京城市历史文脉有借鉴作用。

以景山为中心,向东、西拓展的新街区是北京城的一条潜在文脉。这是因为，景山万春亭位于南北中轴线中点，又是全城的制高点，拓展的道路横穿皇城，有大量的文化遗存。例如，从景山向东有京师大学堂（沙滩后街45、47号）、北大红楼、东岳庙、神路街、日坛等；向西有大高玄殿、北海南门及团城、北海大桥、国家图书馆分馆、广济寺、历代帝王庙、白塔寺、鲁迅故居、月坛等；景山对面又正好是紫禁城神武门，筒子河及城墙、角楼与景山隔路相望。在这条文脉上，涉及三个行政区，东城区看准了"五四大街"这段文脉，开始了文化街区建设。目前，以美术馆为中心，向东新建了隆福广场，整修了人民剧院；向西正在整修北大红楼，筹建北京新文化运动纪念馆，开辟了五四书店；在路南面，百花美术用品商店、书店等已经连成一片。研究地名的人还特别注意到，"文化大革命"期间，北京曾出现"红海洋"运动，街巷大改名称，"文化大革命"后都未叫成，只有"五四大街"立住了，这可能是新文化运动与古都文脉有缘吧。西城区重点整修了白塔寺，使其山门亮了出来；历代帝王庙也在修缮中；西城区的战略是将故宫北门、北海及团城、北海大桥、广济寺、白塔寺、历代帝王庙、鲁迅故居等景点连成线，强化文化街区的社会和经济效益。朝阳区已经投入大笔资金，整修了东岳庙，以东岳庙为中心，建设北京民俗文化展示窗口。

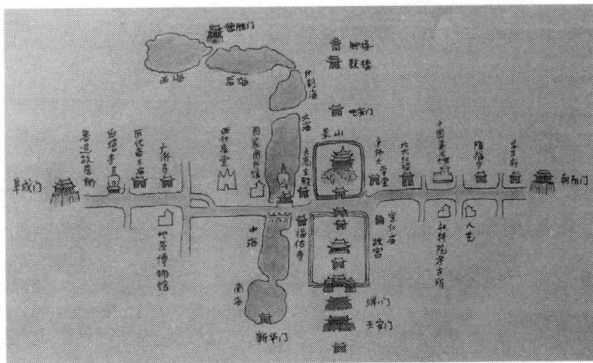

▲ "朝阜文脉"示意图。从北京旧城朝阳门一直向西到阜成门，古代是不通行的，中间是皇城禁地。民国后，当皇城墙被拆除、东西道路打通后，人们发现在通道两侧文化遗产众多，连接起来就是一条文脉。

　在这条文脉上，古都城市景观丰富，是珍贵的城市文化旅游线路，建议应该由市政府出面整体规划、整体开发和整体利用。

第五节　传承与发展

国家奥林匹克公园的规划建设是 21 世纪初对北京城市历史文脉的继承和传承。

▲20 世纪 90 年代北京召开亚运会时位于健安桥的熊猫环岛，现已拆除。

当历史进入 20 世纪 90 年代的时候，北京城市中轴线发生了变化，在迎接亚运会的过程中，为了缓解到亚运村的交通，从北二环中路的钟楼立交桥到北四环中路的北辰立交桥开辟了一条新通道。这一条通道就是沿着钟鼓楼，北京旧城中轴线向北长距离延伸，其长度大约有 5 公里左右。这条向北延伸的道路就是"中轴路"和"北辰路"。在中轴路与北辰路的衔接点，也就是现在 13 号线地铁与 8 号线地铁交汇处的北土城路，当时形成交通要冲，修建成一个环岛，被称为"熊猫环岛"。选择熊猫做标志是因为 20 世纪 90 年代北京举办亚运会的时候，熊猫是吉祥物。现在，熊猫环岛已经拆除，这里成为步入奥林匹克公园的南大门。奥林匹克南大门用中国传统建筑"阙"来表示，被称为民族和谐阙。

▲敞开的奥林匹克公园大门，门左右各矗立一座民族和谐阙，表示北京城市对外开放，欢迎各个民族，各个国家、地区的人们前来参加奥运会。北京欢迎你！

▲反映中国农历，也称阴历的"农历坛"。中国古代社会人们在农业生产中，根据天时、地利、季风、节气总结出一整套的文化常识，现代人已经有些不熟悉。在奥林匹克公园正南门内首先映入眼帘的"中华农历坛"就是让人们了解这些古代常识，作为一种知识融入现代社会，融入奥林匹克文化。

　　远远望去，民族和谐阙一左一右，在延长的中轴线上，有明显对称的视觉。中华民族和谐阙高21米，呈方柱形，下部为花岗岩石的斗拱造型；上部为红色陶瓷浮雕，造型是中国传统剪纸图案，内容为百鸟百兽图，寓意是生态平衡、万物和谐与共存。在民族和谐阙北面正中，是圆形的中华民族农历坛。在农历坛上刻有十天干，十二地支，二十四节气和反映中国农业生产活动的"春耕"、"夏锄"、"秋收"、和"冬藏"的浮雕图画。

▲民族大道（也称"景观大道"）是中轴线北延长线上重要景观。

北辰道路中心区的步行道又被称为"民族大道"。漫步在这条大道上，你会感觉到北京现代化建设的脉搏，你的视线会一直沿着中轴线进入奥林匹克公园。

中轴线向北延伸出现的建设高潮是 2001 年 7 月 13 日北京申办第 29 届奥运会获得成功后。其中，最令人瞩目的是奥林匹克公园的建设。为了体现"绿色奥运、科技奥运、人文奥运"三大理念，规划专家将奥林匹克森林公园的设计主题定为"通往自然的轴线"，这条"通往自然的轴线"将人造的城市景观与自然山水环境完美地融合在了一起。奥利匹克公园是第 29 届奥运会的中心活动区域，位于中轴线的最北端。它北至清河，南至土城北路，西到白庙村路和北辰西路，东到安立路和北辰东路。自北向南分为森林公园、中心区和四环路以南区域三大部分，其中森林公园是整个奥林匹克公园的重点。

森林公园以北五环为界，分为南北两个区域，占地面积为 680 公顷。其中，南区以"山形水秀"为主，并有奥运会临时比赛场馆、奥运村国际区等奥运会临时设施。公园南区的"主山和主湖"是森林公园的标志性工程。主山体以 398 万立方米土方堆砌而成，与北京西北屏障——燕山山脉遥相呼应，既符合中国古代园林建造的传统，又与周边大环境相得益彰；主湖区"奥运湖"和景观河道构成了奥林匹克森林公园中的"龙"形水系，122 公顷的水面超过了 1/2 个昆明湖。在中国的神话与传统文化中，龙是最为尊贵与神圣的图腾，总是与水结合在一起。在这条水系中，龙的身体蜿蜒穿越森林公园，张开的龙嘴对着清河，而其尾部则环绕着国家体育场（鸟巢）。北区主要以生态绿色景观为主，植物配置则多选用北京乡土树种，具有浓厚的山野氛围和山林色彩。

公园的中心区，是新建的体育场馆和相关的科技、文化、商业设施，占地约 315 公顷，包括著名的鸟巢（国家体育场）和水立方（国家游泳中心）。现在，这两座体育竞技场馆已经成为新北京的地标性建筑，同时又是北京旅游观光的大景观。鸟巢与

▲国家体育场（鸟巢）

水立方虽然是新建筑、现代化建筑，但在文化内涵上有讲究。鸟巢位于延长中轴线东边，水立方则在其西边，它们均以中轴线为中心的对称建筑。同时，两个建筑相互呼应，各具特色，鸟巢是圆形的，而水立方是方形的，在建筑上体现的是一方一圆，展现的是中国传统建筑的方圆造型对比；在建筑结构上，鸟巢显得复杂，水立方显得简洁，是强烈反差的对比；在建筑外形的装饰材料上，一个是坚硬的钢结构，一个是柔软的膜结

▲国家游泳中心（水立方）

构；在建筑寓意上，鸟巢代表温暖、厚重，水立方代表寒冷、冰洁。同时，这两个建筑，还反映了中国传统的阴阳学说，鸟巢在东，为阳，代表"木"，表示"生"；水立方在西，为阴，代表"水"，表示"收"。这两个建筑，与旧城中轴线上的建筑交相辉映，建筑特色相融合，既有时代感，又有建筑造型的创造型思维。

奥林匹克森林公园里最著名的景观是"仰山"和"奥海"。"仰山"为公园的主峰，与北京城中轴线上的"景山"遥相呼应，暗合了《诗经》中"高山仰止，景行行止"的诗句，并联合构成"景仰"一词，非常符合中国传统文化对称、平衡、和谐、包容的意蕴；而公园的主湖称"奥海"，一是借北京传统地名中的湖泊多以"海"为名，二是借"奥林匹克"之"奥"字，既有深奥之意，又有奥运之连。"仰山"、"奥海"，意为"山高水长"，寓指奥运精神长存不息，中国传统文化发扬光大。

▲仰山顶上的泰山石和油松

▲横跨北五环上的"天辰桥"不仅位于北中轴延长线上，而且连接了奥林匹克森林公园南区和北区，白天可供行人通过，夜晚可供动物穿行，被誉为"生态廊道桥"。

"天境"是仰山最重要的景观，也是中轴线穿越仰山的标记。天境位于仰山峰顶，是森林公园最高点。这一景观选用的是一块高5.7米、重达63吨的泰山石，这块被称为"泰山石敢当"的巨石，成为公园平安祥和的象征。登临天境，可以看到奥海全景，可以俯瞰鸟巢、水立方，可以远眺燕山山脉，这也是全园最佳观景地点。

"朝花台"和"夕拾台"分别位于天境的东西两侧，两个平台面积都有百余平方米，站在平台上可以俯瞰湖水和中心区大型建筑景观。这两个景观取名自鲁迅先生的散文集《朝花夕拾》。在奥林匹克森林公园南区东部的原生林中，还设计了一组造型别致浪漫的建筑——森林艺术中心。建筑处于树

▲2004 年前国家奥林匹克公园规划示意图

林掩映之中，人、建筑、环境三者相依相融，以光影、色彩和层次感觉的艺术，勾画创造出一个崭新的休憩天地。在这里人们不仅能看到郁郁葱葱的洼里原生林，而且还能在呼吸着新鲜空气、品味着绿色心情的同时，欣赏森林艺术中心里各种小型画廊、展览、沙龙所带来的艺术享受。

延长中轴线最精彩的一笔是横跨北五环路的"生态立交桥"，也被称为"生态廊道桥"。这座桥名为"天辰桥"。桥下是北五环路上来往的机动车，而在桥上则是绿色的通道，各种动物、飞禽可以自由来往。这座立交桥不仅是奥林匹克公园内生态环境保护的一个创举，还是新北京、新奥运的一个标志性建筑。这是因为在城市内进行生态廊道建设在我国刚刚起步，它体现了北京人对生物和动植物的关爱和重视。

第六节　河湖水系

北京旧城内历史河湖水系得到重视和修复。

1998 年以来，北京市本着"统一规划，综合治理；突出重点，分期实施"原则，在推动旧城可持续发展中开展市区河湖水系综合治理工程，先后整治莲花池、故宫筒子河等水系，部分恢复具有重要历史价值的河湖水面，如菖蒲河、玉河等，使市区河湖形成一个完整系统。这个完整

的系统就是上游从西山、燕山流淌出河水、泉水，在北京西部形成山水景观和园林。例如"三山五园"，然后进入北京旧城，分别注入六海水域（南海、中海、北海、什刹前海、后海、西海），从北京旧城东南流向通州，汇入运河。在这个系统中，通惠河北京旧城内的玉河是十分重要的一条连接河流，而且历史文化十分厚重。在玉河与什刹前海交汇处的万宁桥，已经成为一个重要的标志景观。

▲由北京市人民政府制作的世界文化遗产"遗产区界桩"，位于万宁桥畔。在大运河申遗过程中，将通惠河北京旧城段列入文化遗产，是对北京城文脉保护与传承的重要认知与成果。

玉河修复工程。玉河是通惠河的重要组成部分，距今已 700 多年。2007 年在市政施工过程中发掘清理出明、清古河堤和少量可能为元代旧址的遗迹。玉河历史文化风貌保护项目 2012 年基本建成，保留了部分原河堤进行文物遗址展示，在河道两侧复建了明清风格的四合院群落。

▲在万宁桥东、西两侧，河水南、北两岸边上爬卧的石螭（chi），是一种四脚爬行的怪兽，用于镇水，又被称为"镇水兽"。

▲可以清楚地看到的玉河遗址保护景观。

▲新修复的玉河（也称"御河"）景观　　▲玉河周边新修复的传统民居院落

第七节　历史景观恢复

一、地安门火神庙修复

地安门火神庙，即"敕建火德真君庙"，位于北京市地安门外、什刹海旁。该庙始建于唐朝贞观六年（632年），至今已有1300多年的历史。元顺帝至正六年（1346年）重修。明代万历年间，因宫廷连年发生火灾，于是下令扩建火神庙，并赐琉璃碧瓦以压火。清代乾隆二十四年（1759年）又重修，"门及后阁俱加黄瓦"。火神庙的主体建筑现基本保存完整。最南端为隆恩殿，供奉隆恩真君王灵官（玉枢火府天将）。往北便是主殿火祖殿，供奉南方火德荧惑星君，即通常所谓的火祖、火神。火祖殿内原悬有乾隆皇帝御笔之匾及对联，匾曰"司南利用"，联曰"菽粟并资仁，功成既济；槐榆分布令，序美惟修"。另外，此殿顶还有一漆金八角蟠龙藻井，精巧无比，在京内并不多见。火祖殿之北为斗姥阁，阁内原悬有乾隆御匾「妙统辰枢」。最北面为"万岁景命阁"，俗称玉皇阁。阁内原悬有乾隆御匾"紫霄香案"。在"万岁景命阁"两侧的连廊下，各有一披门，直通庙后一水亭，可观什刹海烟波。历经千余年间的风风雨雨，昔日殿堂庄严、流光溢彩的火神庙已经变得满目疮痍、梁朽椽烂了，又加上诸多百姓居住其中，更显岌岌可危。

▲修复后的地安门火神庙山门

1981 年，北京市政府将其定为文物保护单位，后又决定将庙内所有居民迁走，由中国道教协会筹资修复庙宇，作为道教活动场所对外开放。为了让这处什刹海畔的"明珠"重现光彩，2002 年 6 月，火神庙腾退修缮工程启动。该项目二期工程纳入了人文奥运工程，自 2002 年以来，文物部门共计拨款 1000 万元专门用作修缮作经费，中国道教协会和西城区政府各出资 2000 万元和 400 余万元，专门用于部队招待所和近 50 户居民的腾退和改善火神庙周边环境。地平面降低 1 米多、拆除非文物 800 多平方米，中路各殿、东西配殿等进行修缮，电线全部入地，消除安全隐患，尽量保持原真性，其中 60% 的彩绘保留原貌，只是做了除尘处理。此项工程至 2008 年 3 月 6 日竣工，然后对外开放。

二、中国公路零公里标志增加了北京文脉传承内容

中国公路零公里标志安放在北京旧城中轴线上，具体位置在正阳门

▲位于正阳门前的中国公路零公里标志。

城楼前面（南面）。这是由清华美术学院工艺美术家根据中国传统文化设计的，采用了古人对天的四方形象认知，即：东（青龙），南（朱雀），西（白虎），北（玄武）；又传承了紫禁城（今故宫）的方位布局：前（南）朱雀，后（北）玄武，左（东）青龙，右（西）白虎。

中国零公里标志设置是增加首都意识。记得小时候大人经常说，每天北京火车站都有一列列车从北京出发，驶向一个省会城市，同样每个省会城市每天都有一列火车驶向北京，因为北京是首都。后

来，北京又面向全国修建放射性国道。国道从哪里开始计算？从旧城北德胜门、从旧城南赵公口、从旧城东东郊，从旧城西西郊都有，但都不准确，根据公路精确管理的需要，也为进一步完善首都城市功能，最终选择了正阳门城楼前，在北京城市历史文脉上。

▲零公里标志中的文化传承——图案中的朱雀、玄武、青龙、白虎

三、永定门修复开启了北京城市历史文脉修复的大幕

永定门是北京中轴线南端的起点。作为北京中轴线南端点的永定门，始建于明嘉靖三十二年，最初只修建了城门楼，后补建了瓮城；至清乾隆十五年增建箭楼，乾隆三十一年再次重修永定门，加高城台、城楼，使之成为外城七门中规模最大的城门。永定门的建设，历经明清两代200多年，最终成为北京旧城的标志性建筑。新中国成立后，为护城河的河道疏浚整治及出入城道路的拓宽兴建，永定门城楼于1957年被拆除，从此北京中轴线失去了南端的景观。1999年，在北京市民保护北京文物意识逐渐提高的基础上，北京市几位政协委员联名提出重建永定门，完善北京城中轴线文物建筑案的提案。经北京市文物部门研究后上报市委市政府。市委市政府在2001年北京市成功申办2008年奥运会的同时，批准了永定门的复建计划。

永定门复建工程于2003年动工，2005年国庆节前竣工。此次复建永定门城楼，是根据1937年北京市文物整理委员会对永定门城楼的实测图、1957年拆除时绘制的建筑结构图，以及故宫博物院保留的永定门建成以来各种文字、图片资料，最后形成复建方案和图纸，在原址采用原材料、原形制、原结构、原工艺进行的。新复建的永定门城楼以恢宏的气势、厚实的城台、精巧的重檐、暗红的窗门亮相在世人面前。

▲新修复的永定门城楼

▲永定门修复规划示意图。按照北京历史文化名城标志性历史建筑恢复工程，永定门将复建瓮城和箭楼，作为北京旧城中轴线南端的起点。在中轴线南端两侧，还保存有天坛和先农坛，像两个绿肺，在中轴线（城市脊梁）两侧。

四、实施北京名城标志性历史建筑恢复工程

进入 21 世纪，为了进一步推进北京旧城历史文化名城保护，2012 年 2 月北京市启动最大规模的"名城标志性历史建筑恢复工程"，准备在北京旧城 6 个地点实施历史文化名城标志性景观的恢复。这 6 处标志性景观分别为：北京外城西南角楼、永定门箭楼及瓮城、北京外城东南角楼、天桥地表标志、内城西南角楼、地安门雁翅楼。这一方案从提出到现在，执行情况是已经复建了地安门雁翅楼、天桥地表标志，其他标志性历史建筑复建应该得到进一步落实。

根据上述方案，北京市文物局介绍，北京市政府及东城、西城政府将组织实施历史文化名城标志性景观的恢复，保持明、清北京城"凸"字形城郭平面，保护好以现状护城河为标志的外城轮廓及城墙走向，进一步保护和恢复北京古都的整体形象和传统城市结构。同时，市文物局也表示，再现城市轮廓，也要在交通和市政的条件允许下进行，因此并不是所有的标志性建筑都能恢复。

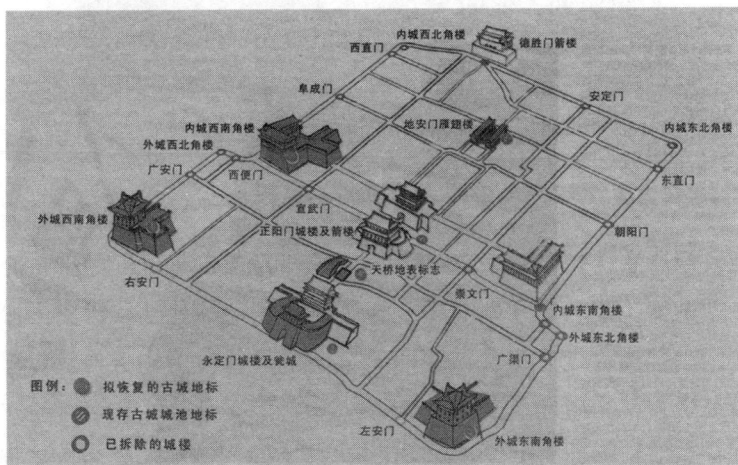

▲2012 年 2 月北京市启动的"历史文化名城标志性历史建筑恢复工程"示意图。图中线描的是已经保存或复建的建筑，灰色建筑是需要复建的古代传统建筑。

五、老北京天桥历史建筑景观的恢复

天桥是明朝修建的,在北京旧城南,距今已有600多年的历史。根据北京城天南地北的格局,南为天,北为地,故此称"天桥"。另一种说法是古代社会皇帝出正阳门去天坛祭天、先农坛祭神经过天桥,天桥成为名副其实的"天子经过的桥",故称"天桥"。据《天桥往事录》介绍,天桥是一座单孔汉白玉石拱桥,桥身很高,站在桥南看不见正阳门,站在桥北看不见永定门。[①]民国年间展宽正阳门外大街马路时被拆除。北京市启动历史文化名城标志性历史建筑天桥景观得以恢复。

▲已经修复的北京旧城文脉上的地标建筑——天桥

六、地安门雁翅楼复建并得到合理利用

地安门雁翅楼始建于1420年(明朝年间),位于地安门十字路口南面的东西两侧,是老北京中轴线上的一处著名地标建筑。历史上雁翅楼与地安门一起构成老北京皇城北面的锁钥。清代时为内务府满、蒙、汉上三旗公署,其作用是皇城后卫哨所。2012年2月,北京市启动"北京历史文化名城标志性历史建筑恢复工程",地安门雁翅楼作为古城地标之一被列入了恢复范围。2013年6月雁翅楼景观复建工程开工,2014年竣工。因受周围建筑环境限制,新建筑仅在原有建筑遗址上建设东侧4间,

---

① 黄宗汉主编:《天桥往事录》,北京出版社1995年版。

西侧 10 间。而原雁翅楼东西对称，各 15 间。因为对称，每座楼的面积约 300 平方米，远观好似大雁张开的一对翅膀，故名雁翅楼。

▲新复建的地安门雁翅楼。雁翅楼修复后，北京市西城区政府确定用于公共文化设施，通过公开招标，作为中国书店 24 小时营业的书店。

第八节　宝贵经验

在文脉传承中积累的经验值得珍惜和重视。

一、中国人民解放军围攻北京旧城时注意文化古迹保护

1949 年 1 月 16 日，中共中央军委关于保护北平文化古城问题作出明确指示：“此次攻城，必须作出精密计划，力求避免破坏故宫、大学及其他著名而有重大价值的文化古迹”。为确保北平城内文化古迹免遭破坏，中央军委还提出两条具体要求：一是对敌人占据的文化机关，我们先不要去攻击它，而是等我们将其他广大城区占领之后，对于占据这些文化机关的敌人再用谈判及瓦解的方法，使其缴械。即使这样做，占领北平延长许多时间，也要耐心地这样做。二是对于城区各部分要有精密的调查，要使每一部队的首长完全明了，哪些地方可以攻击，哪些地方不能攻击，要绘图立说，人手一份，当作一项纪律去执行。为此，有一段佳

话流传至今。1948 年底的一天夜里，清华大学政治系主任张奚若叫开了居住在清华园内梁思成先生家的大门，引见了两位身穿灰布衣的解放军干部，出示了一张北平军事地图，恳请梁思成先生和夫人林徽因女士将北平城内重要文化古迹一一标出。正是这样一张珍贵的、有着重要价值的地图送到了中央军委，才有了保护北平文化古迹的严格纪律和要求。

二、在新中国成立后每次北京城市总体规划中都写进对中轴线的保护内容

例如：《北京城市总体规划（1999－2010）》以及《北京城市总体规划（2004－2020）》多次明确中轴线在北京城市规划、建设中的重要地位，强调要保护北京旧城中轴线和中轴线的天际轮廓线，限制北京旧城新建筑高度不能超过中轴线上建筑高度等。

三、白塔寺山门修复，白塔寺药店降低高度的经验值得推介

白塔寺白塔是元大都城的标志性建筑，是体现多民族国家首都的象征性建筑。20 世纪末被副食商店占据山门，市政府果断决定，拆除副食商店，恢复寺院山门。到 21 世纪初，又果断决定，将遮挡白塔的白塔寺药店降低高度，亮出白塔。这种新建筑给古建筑让位，腾出空间的做法，有利于北京旧城历史文脉传承。

▲拆掉副食店后修复的白塔寺山门

▲从街面上可以看见白塔显露出来

▲降低后的白塔寺药店

四、史家胡同博物馆

从民国到新中国成立初期，北京的胡同数量有所增加，主要是城市人口增加，外城和城市关厢地区胡同增加。有人粗略统计最高值达到7000多条。现在最新看到的北京旧城胡同统计数字是《北京日报》2015年9月21日《城南老李走遍北京的胡同》一文中介绍李冬利用8年时间，走遍北京二环路内所有胡同，共计1900多条。再加上通州、丰台地区的一些胡同，一共是2038条，这基本上就是北京现存的所有胡同了[①]。为了留住城市记忆，传承北京胡同文化，北京市东城区史家胡同社区创办了第一家胡同博物馆——史家胡同博物馆。

▲位于北京市东城区史家胡同24号的"史家胡同博物馆"

---

① 详见《北京晚报》2015年9月21日34~35版。

▲史家胡同

　　坐落在北京市东城区史家胡同24号的"史家胡同博物馆"为两进院落，原来是民国初年女作家凌叔华旧居。凌叔华与其丈夫陈西滢都是民国时期著名的文化名人，在这里民国年间曾经是北京文化名人聚会、举办画展、开展文化沙龙的场所。凌叔华去世后，把旧居捐献给社区街道，进行公益活动。现在街道将旧居建成北京市第一家胡同博物馆，馆内不仅有史家胡同历史文化的介绍，还有社区的沙盘模型等。特别是作为街道社区举办的博物馆，更接地气，充分发动、利用附近居民住户的参与，不仅充分挖掘胡同内的历史、文化名人，还有胡同居民的生活实物，老物件展览，在多功能厅定期还会举办北京历史文化讲座和各种群众参与的社区文化活动。最新的设想是将北京胡同文化的传承不仅仅局限在博物馆内，而是延伸到整条胡同，蔓延到周边社区。

第三章　北京城市文脉面临挑战

第一节　研究不够　普及欠缺

　　研究北京城市中轴线，以往研究比较多的是从永定门到钟楼的线形文化遗产，作为西侧的皇家园林（北海、中南海）和什刹海水域研究不够，也就是旧城中轴线与"六海"（南海、中海、北海、什刹前海、后海、西海）的关系研究不够，尤其是皇家园林（西苑、景山）对中轴线的关系揭示不够，对北京旧城形成的传统龙脉（水龙、金龙）研究文献梳理不够。这方面研究将有利于从文化现象上进一步揭示其文化内涵，还有利于对北京旧城中轴线范围的重新划定，从而有利于加深对北京历史文化名城保护的更深刻认知。同时，还要关注什刹后海、西海作为城市通风廊道的作用，是城市水脉与北京城市规划建设的神来之笔。

　　对北京旧城中轴线文化内涵的揭示、认知不够。人们对中轴线的认知率不高，对中轴线上重要的节点、文化标记不清楚，由此造成对北京城市文化元素不了解，不重视，不敬畏。例如"门墩"是院门，不是当街的装饰物，这是北京城市文化的基本常识。但是，在前门大街改造过程中，设计者为了突出老北京文化元素，将胡同内四合院门前的门

▲新改造的前门大街，突出的是民国时期的北京旧城风貌，但是有些地方画蛇添足，将老北京院门前的门墩设计成垃圾桶。

71

墩设计制作成垃圾桶，安放在前门外大街两侧，这种创新就有些不伦不类。而同样是对待门墩，在北京危旧房改造时，一些搬迁户搬走后，门墩被当作旧建筑垃圾处理了。一位日本留学生看到这样的场景很痛心，因为在他眼里门墩是文物，是北京城市传统文化的代表性符号。于是，他专门研究北京门墩，并作为自己硕士学位论文题目，同时将自己研究和保存下来的一批门墩捐献给北京语言大学。现在，在北京语言大学南门内建有枕石园，保留了一批老北京城改造当作垃圾处理的门墩。

第二节　建筑缺失　支离破碎

一、北京城市历史文脉面临最大的挑战是城市现代化建设负效果带来的冲击

一是现代化新建筑无论在建筑风貌、体量上都与传统建筑明显不同。当今新旧建筑交织在一起，无论在建筑高度、建筑材料、建筑外观上传统建筑明显处于劣势。（1）北京解放初期，由于没有条件甩开旧城，另建新城，致使北京旧城内新的建筑不断插入，特别是进入新时期，城市现代化建设快速发展，高楼大厦不断拔地而起，直接冲击、破坏着北京城市古都低矮的绿树掩盖的灰墙灰瓦院落建筑风貌。（2）在北京城市现代化建设中明确提出的"旧城改造""危旧房改造"中像"推平头"式的拆迁，对旧城肌理，也就是城市格局造成严重破坏，一批胡同、四合院永远地消失了，造成对北京城市历史文脉的损害。（3）新的建筑不断彰显着后现代主义建筑弊端。一是民居建筑过高，见缝插针，新楼房建筑密集，城市空间不断出现"窄管效应"；二是新建筑材料使用范围、区域不讲究，尤其是高层建筑采用大玻璃贴面，增加光辐射和污染，增加城市"热岛效应"。三是"标新立异"，在北京旧城，也就是二环路内修建抽象艺术的建筑，在历史文化名城内搞"新建筑试验场"。四是在旧城开大马路，吸引机动车流，增加了交通拥堵和城市噪音。北京旧城原有

的城市空间环境、生态环境、生活环境完全被破坏。（4）在"夺回古都风貌"的倡导下，一批假文物应运而生，不仅造成城市景观的破坏，还扰乱了北京城市文脉。这些负面效果或称教训表现如下：

（一）"前门大街"垂花牌楼的修建

20世纪90年代，市里一些领导提出"要把古都风貌夺回来"，先不讨论北京的古都风貌是靠"保护"还是靠"夺"，可能想法是针对北京古都风貌破坏严重而发出的呐喊。再看"夺"的方式，一是在新修建的高楼大厦顶上修建一座传统式的古建筑，被老百姓称之为"新楼戴古帽"典型的建筑有北京西客站、东四人民市场等；二是造假文物，最典型的就是"前门大街"牌楼。

老北京人都知道前门外有"五牌楼"，这是正阳门箭楼外正阳桥的牌楼，五开间，是北京内城九门外最大的牌楼。然而，复建者并没有尊重历史文脉修复，而是独具创新，修建了"前门大街"假牌楼，最终在人们的质疑声中被拆除。

（二）王府井南口北京饭店新楼的修建与第一历史档案馆大楼的修建

20世纪70年代初，在北京旧城王府井南口拔地而起修建了北京饭店

▲20世纪末修建的正阳门外的牌楼因为考虑要通大型汽车，改为悬空的垂花柱样式。但是，无论建筑形式还是名称都已经不是昔日的"正阳桥"牌楼了。这座奇特的假牌楼，已在人们的质疑声中被拆除。

新楼。这是北京作为国际交往和旅游观光的需要，但是一些别有用心的人提出，从新修建的饭店顶层向西眺望，能看见中南海，而中南海是伟大领袖毛主席居住的地方。为此，要做补救措施，于是在故宫（紫禁城）西华门南北两侧修建了比城墙还要高的两座影壁楼，用来遮挡从北京饭店新楼向西眺望的视野。这两座楼至今还保留着，记录着"文化大革命"中的愚昧，与当年天坛内的土山一并成为北京人茶余饭后的笑柄。

▲在"夺"回古都风貌的口号下，仿原寺庙的传统建筑被架到楼顶之上，下面是方形大板楼，不仅文化内涵遭到破坏，景观也完全改观。

▲从故宫西华门外拍摄到的第一历史档案馆大楼，破坏了紫禁城内建筑的和谐统一和对称审美。

▲新的大楼直逼故宫西南角楼

（三）朝外大街拓宽道路与东岳庙山门的拆除

在北京朝阳门外到东大桥之间路北有一处非常重要的名胜古迹——东岳庙。在朝外大街打通过程中，遇到东岳庙山门阻碍，于是老的建筑，尽管是非常重要的历史文化遗产，也要给新路让道。于是，元大都时期修建的京城著名的道教圣地——东岳庙山门被拆掉。现在，路南仍然能够看到东岳庙前的琉璃影壁，路北却是钟鼓楼在马路旁裸露，二门代替山门，上书"东岳庙"三个大字。更具有讽刺意义的是公交汽车站仍然叫"神路街"，而南北引申的神路已中断。

（四）值得讨论的平安大街改造

北京旧城棋盘式格局，是以贯通城市南北中轴线为核心、为依据的。由此，北京旧城内少有东西相通的大马路。在古代社会里，人们要从城东到城西，南面要绕道天街，也就是今日东、西交民巷；向北要绕道地安门外大街。这种城市布局是为了突出皇城为禁地，区划出市民活动区域。但是，到近现代社会，继续使用古代社会的城池就感到很不方便了，尤其是东西向交通。为此，从民国开始，就有拆除皇城墙，打通长安街、东四到西四的东西向交通道路的措施。到新中国成立后，北京街道上的一些牌楼被拆除，也是这一举措的继续。到20世纪80年代，北京城市要进一步现代化，东西向交通问题又突出起来。由此，在北京旧城有再"砍三刀"的说法，也就是打通三条东西向通道：一条是两广路，一条是平安大街（设计曾称"平安大道"，因北京街巷一般不称"道"，而称"街"，如长安街、王府井大街等，后定为"平安大街"），一条为"双直路"，最终未能开通。三条东西向大马路的打通本意是舒缓北京旧城东西向城市交通，增加城市现代化建设空间，而忽略了北京旧城是世界上仅有的历史文化名城，城市的布局和城市肌理是古都风貌的重要组成部分，破坏城市肌理就是在破坏古都风貌。于是，在修建平安大街后人们终于发现，在古都或旧城进行新的现代化建设是一把双刃剑，平安大街贯通的动机和效果不一致，道路越宽越吸引机动车涌入旧城，人们出行时的交通越不方便。由此，平安大街改造成了值得讨论的旧城改造之举。

平安大街东起二环路十条立交桥，西止官园立交桥，全长 7062 米，是北京古老街区，也是北京旧城内保留传统建筑遗存较多的街区。据统计，平安大街两侧地上的文物古建筑多达 30 余处。从东向西属于文物保护单位的有：南新仓、段祺瑞执政府旧址、欧阳予倩故居、和敬公主府、孙中山行馆、僧格林沁祠、后门桥、什刹海、北海静心斋、贤良祠、旌勇祠以及一些保存较好的四合院。平安大街打通后，这些故都景点连成线，向人们展示北京古都的风采。不足则表现在道路宽敞破坏了原有城市肌理，大马路吸引机动车进入北京旧城，增加城市污染，突出表现为机动车的尾气和噪音，破坏了旧城北部安静的城市生活风貌。由此，对平安大街改造褒贬不一，好处是继以景山为中心的东西向通道之后又新开辟了一条新的东西向大街道，付出的代价是拆除了数条胡同和一些保存较好的四合院民居，在北京旧城城市肌理上动了一个大的外科手术。

（五）在北京旧城，特别是胡同、四合院密集区域进行有机更新或改造尝试，也是值得商榷的。有的人认为是一种创新，也有人认为是一种破坏

位于北京旧城核心区域的菊儿胡同，是元大都规划修建时确定的城市肌理，是目前北京市历史文化保护街区，又是锣鼓巷也称"蜈蚣巷"整齐对称的 8 条胡同之一。但是，传统建筑变了样，由青砖灰瓦变成了白墙青瓦，房屋由一层变为多层。这样的有机更新是一种创新还是破坏，

值得讨论。有专家建言，以后少在北京旧城进行有机更新实验为好。因为这种实验会使北京旧城面貌变得使人越来越不认识了，这对北京城市历史文脉传承也是一种挑战。

二、北京城市历史文脉核心建筑缺失，导致文化支离破碎

北京城市历史文脉核心文化是中正、和谐，其中中正表现在中心明显、左右对称，前后呼应；和谐首先表现在天地和谐、阴阳和谐。现在这种文化不仅研究、挖掘和展现不够，在一些结点上重要建筑还有缺失。例如，有天安门，没有了地安门，有地桥（万宁桥），没有了

▲皇城北门——地安门

天桥，天地各缺其一。目前，天桥已经采取地标景观形式加以修复，与原天桥在建筑体量上还有差距。地安门修复面临很大困难。北京前门文化总公司经理陈斌认为，"中轴线上重要历史文化节点的永定门箭楼及瓮城、天桥、正阳桥、前门瓮城、中华门、北上门、北中门、地安门等均已消失，中轴线上的部分文化遗产被占为他用，很少有人知道这条世界上最美丽的中轴线上究竟有什么"。① 地安门的修复举步维艰，存在不同意见。地安门为皇城后门，原称"北安门"，始建于明朝年间。地安门建筑为歇山顶黄琉璃瓦红墙身，

▲皇城南门——大清门

---

① 见北京文化论坛文集编委会编：《打造先进文化之都　培育创新文化——2011年北京文化论坛文集》，首都事发大学出版社2012年版，第123页。

面阔七间，中间开三个方形门洞，与皇城南门——（明称"大明门"、清称"大清门"）中间三个圆形门洞相对应，寓意"天南地北""天圆地方"，是中轴线重要建筑景观。然而，地安门修复处在"慎重"考虑阶段。

三、整齐对称的城市格局无法恢复

今日北京城市核心是旧城（二环路内，62平方公里），经过新一轮区划调整，旧城以中轴线为界，划分为新东城区、新西城区。由于区划调整没有到位，北京旧城整体保护和文物景观修复面临挑战。在北京西单广场修建了"瞻云"牌楼，是让人们恢复西单原有一个（单）牌楼的城市历史记忆。但是，人们马上就想到东单原来也有一个（单）牌楼，与其呼应的名称是"就日"。可是，东城区没有修。不复建，一定有自己的理由，结果就造成了新的"单"牌楼。无独有偶，在西四地铁站出口，西城区又复建了"行义"牌楼，与之相呼应

▲在北京西单新修复的"瞻云"牌楼

的"履仁"牌楼在哪？需要给北京城一个交代，否则为什么北京旧城会有东四、西四的地名，人们不知道了。

四、以"危旧房改造"为名对北京街巷、胡同进行大拆大建，使北京旧城肌理破坏严重

20世纪90年代，北京旧城的"危旧房改造"出现高潮。在"危旧房改造"过程中，一些比较好的四合院，一些历史文化深厚的街巷胡先后被拆除，取而代之的是火柴盒式的高层建筑。当北京的街巷、胡同、四合院快速减少、面目全非的时候，人们终于认识到，这种"推平头"式的旧城改造不可取。尤其是只注重经济效益，完全忽视北京城市传统文脉的做法实在是有问题，一些地方把文化遗存当成"古代遗留的垃圾"

进行快速处理，出现对文化遗存的严重破坏现象。

第三节　文物保护意识淡薄

一、对北京旧城格局和文脉认知不清，城市文化意识和文物保护意识淡薄

北京旧城的城市街巷格局（城市肌理）奠基于元大都城，对元大都城市规划和明清北京城市形成的格局，特别是传说中的北京旧城犹如"人"形脉络，要进行客观梳理，这对于我们保护北京城市古都风貌，传承城市文脉，加强北京历史文化名城整体保护都将具有重大意义。

明朝嘉靖年间定格北京城后，一个非常有趣的传统文化现象出现了，这就是由于祭祀场所——皇家坛庙分开建设，北京旧城形成了按照八卦方位的坛庙建筑格局。例如，在北京旧城南面修建天坛祭天，属于乾卦；在北面修建地坛祭地，属于坤卦；在东面修建日坛祭日，属于离卦；在西面修建月坛祭月，属于坎卦。同时，在北京旧城核心也有这样的建筑布局，以致影响汉文化圈的城池建设。例如，在北京故宫，也就是当年的紫禁城后庭中心，南面是乾清门代表天，是乾卦；北面是坤宁门代表地，是坤卦；东侧是日精门代表日，是离卦；西侧是月华门代表月，是坎卦。四座门合起来就是天地日月，中间是乾清宫和坤宁宫，表明皇帝、皇后作为人类精灵，享受着天地日月之精华。而且，在乾清宫和坤宁宫中间于嘉靖朝增加了交泰殿，使天地日月中间增加了灵动，也就是阴阳互通，达到交泰。符合易经泰之卦象。在这一文化脉络传承中，由于紫禁城作为明清故宫得到妥善保护，至今八卦格局仍在，只是文化内涵或传统文化脉络未能揭示。而围绕北京内城的皇家坛庙保护还存在突出问题。一是对整体文化内涵揭示不够，整体保护意识不强，在管理体制上存在多头管理问题，造成在古建修缮和维护上有强有弱。天坛古建保存较好，但是坛内仍有外来单位占据、不协调建筑插入；月坛最小，受到重视最弱，主体建筑祭台仍然被占，作为皇家祭坛景观

最差。

二、国家奥林匹克公园建设中出现的文化困惑

进入 21 世纪，北京申办第 29 届奥运会获得成功。北京市决定修建国家奥林匹克公园。这座带有体育设施的园林采取了传统的造园手法——挖湖堆山。挖湖为龙形水系的龙首，原来拟称"龙湖"，现称"奥海"；堆山原来称之为"奥林匹克山"，后来感觉不妥，改名为"仰山"，既有当地地名为根据，又与北京旧城中轴线上的景山相呼应，在文脉上形成"景仰"。然而，景山上已经有清乾隆年间的杰作——景山整齐对称的五座山亭，内有藏传佛教"五方赞"，在仰山顶上修建什么样的建筑，包括国际规划大师和国内专家学者都感到束手无策，感觉到传承北京城市历史文脉像陈景润攻克"哥德巴赫猜想"一样，最后只好感叹说"留给以后的高手吧"。仔细观察，就会发现，国家奥林匹克公园在中轴线北延长线上，需要古都和现代北京新城对接，历史和现实对接，最突出的问题是北京城市历史文脉的传承。中轴线北延长线穿越北三环路、四环路、五环路，直连六环路，线路延伸了，而且延伸很长、很远，但文化内涵少，整齐对称的建筑少，经典建筑也不多。这一切表明要传承北京城市历史文脉，就要了解、吃透北京旧城中轴线的文化内涵和特点，只有在继承的基础上才能有创新和发展。

第四节　城市建设面临挑战

一、北京城市的河湖水系的改变，不仅关乎北京旧城生态环境，还直接影响城市景观

最突出的是前三门护城河及正阳桥的消失，二者是文脉重要景观，宜尽早恢复。不能只有外衣，没内容；目前有正阳桥牌楼，没有正阳桥本身，这样的景观是不完整的。

北京旧城内一些湖泊被填，例如南、北太平湖、金鱼池等，多条河

流被改造为暗河，例如大明壕、前三门护城河、坝河、转河、御河等。北京旧城西南最早的皇家园林遗址——鱼藻池保护、修复、利用面临尴尬局面。由于河湖被填，水系遭到破坏，应对城市自然灾害的能力自然就减弱了。2012 年 7 月 21 日北京大雨，立交桥下出现严重的积水，应该给我们敲响警钟。今年世界范围内又面临厄尔诺尼现象，气候异常，北京城市恢复河流水系已经面临突出挑战。

▲目前已经修复了正阳桥牌楼，却还没有正阳桥。没有正阳桥是因为没有护城河。昔日的护城河被填埋了。

二、北京市传统园林景观面临现代化建设与不和谐生活方式的挑战

据北京日报报道，北京有千余园林古迹未纳入保护。北京历史文化名园保护盲区仍然存在，在本市园林格局及园林要素至今尚存的古迹中，有 1094 处没有被纳入保护范畴，随时面临遭到破坏和永久消失的危险。北京市人大常委会执法检查组发现，以北海、天坛、景山公园等核心区市属公园为例，很多市民占据了园林的古建空间，长时间唱歌、跳舞、健身，在扰民的同时也让游人无法进入古建观赏，严重破坏了公园古建应有的静谧游览环境；此外还有游商、黑导游、游野泳、攀折花木等诸

▲金中都大安殿纪念阙是体现金中都城市中轴线的重要遗址建筑，距离鱼藻池距离清晰，是北京城市早期历史文脉的重要展现。

▲鱼藻池现状。在绿柳丛中烂尾楼依稀可见。

多问题。本市历史名园局部甚至全部被占用的现象仍然较普遍。历史文化名园保护总体规划和文物保护始终没有得到批准，市级保护面积与应保护面积相差近20%，达不到保护的完整性和原真性。[1] 在这当中，最值得重视的是金中都城市文脉的修复与鱼藻池保护的尴尬局面也是我们面临的严峻挑战。金中都鱼藻池位于广安门白纸坊立交桥向西约百米。这里是北京遗存的最早的皇家园林，其作用相当于今日的中南海，是金中都皇家的西苑、太液池。1984年5月24日，北京市人民政府正式将"金中都太液池遗址"列为北京市第三批市级文物保护单位。北京市文物研究所原所长齐心认为，金中都毁于战火，宫苑遗址唯一一处就是鱼藻池。北京大学教授侯仁之经过研究发现，根据鱼藻池的位置推出金皇宫大安殿的确切位置。在他题写的《金中都城鱼藻池遗址》碑文中指出了这种关联。然而，就是这样一处园林遗址，却一直被现代化建设和现代生活方式所困扰。解放初期鱼藻池被改造

---

① 《来自市人大常委会的报道——千余园林古迹未纳入保护》，载《北京日报》2015年9月25日第6版。

为青年湖公园，在园内修建了天然游泳场。到了20世纪90年代，更有甚者——开发商在遗址上开始修建"御苑"，因资金不足，留下烂尾工程。

2002年1月7日，北京晨报以《都市中有片鬼楼》为题报道：在广安门外金中都太液池遗址大约75亩的地方上，近年来盖了十七八幢二层小别墅，非常显眼，这些别墅未完工，招来外地流动人口寄居，垃圾成片，老鼠乱窜，成了"烂尾楼"。时至今日，如何解决问题，仍然十分棘手。一方面悬挂着市级文物保护单位，另一方面杂乱无章，长满荒草，处于十分尴尬的局面。

三、如何建设好长安街，展现社会主义国家首都的风采面临挑战

在北京古代社会里，从长安左门到长安右门之间为"天街"，分别向东向西有东长安街、西长安街。新中国天安门广场改造后，出现十里长街、百里长街形成的北京城市新脉，见证了北京城市的发展变迁，尤其是天安门广场改造，新中国政治文化中心的标志性建筑形成，太多的历史经验教训值得汲取。如何不让北京成为西方或后现代主义建筑的实验场，如何展示北京是多民族国家首都的建筑风貌，仍是摆在我们面前的重大课题。

四、旅游过度开发，造成北京旧城旅游扎堆，文物古迹和历史文化街区负重不堪

故宫黄金周人数超过旅游观光承载力，锣鼓巷像个大集市，旅游观光成了赶集。由于胡同内旅游设施不健全、不完善，时有扰民现象发生。最典型的是东城区锣鼓巷旅游开发，突出了商业盈利，忽略了原有的城市文化肌理展示，名人故居的保护、修缮和利用。2015年，南锣鼓巷、什刹海落选第一批国家历史文化街区。探寻原因，知名度不可谓不高，来北京旅游观光的游客都知道南锣鼓巷和什刹海，为什么落选，因为看不见历史和文化，人们看到的是赶集式的人群，嘈杂的酒吧和小商品叫卖，挂着老北京的招牌，卖的是手机壳等杂物，不仅胡同面貌变

了味，导游讲解也满嘴跑火车——瞎胡说；而真正的历史文物，例如名人故居多数不开放，人们要看的传统建筑因有居民住户，谢绝打扰，甚至贴出告示"我院无风景，君勿往里行，私闯民宅院，拨打110"。

事情已经发展到如此地步，仍然不见管理部门着急，而是乐于维持现状，因为旅游收入目前还不错。南锣鼓巷真的没有历史文化吗？答案显然是否定的，只是管理经营者不了解历史文化，捧着金碗吃大锅饭就很满足。例如，位于南锣鼓巷内的水准石被当成垫脚石，末代皇后婉容故居由私人经营，曾王府、拱门砖雕等不能对外开放。结果，北京旧城内街巷胡同保持最好、历史文化最悠久的南锣鼓巷变成没有文化的旅游赶集。

第四章　北京城市历史文脉传承的对策建议

北京城市历史文脉是北京城市的"根"，是北京建都之"本"。做好北京城市历史文脉的传承工作，是北京城市发展的根本。从北京地形和地势来看，做好"一轴一带"的发展建设是关键。"一轴"就是北京旧城中轴线的保护和向南北的延长线规划建设；"一带"就是永定河流经北京小平原流域的生态带建设，前者是发源昆仑山脉的中华龙脉，也是北京城市形成的历史文脉，后者是北京城市生生不息发展的环境和血脉。进入 21 世纪，北京作为社会主义多民族国家的首都，在京津冀协同发展过程中，在以首都为核心的世界级城市群规划建设中，城市历史文脉的传承下述问题值得注意和加强。

第一节　保护古都风貌　延续京城文脉

一、作为国家的首都，北京的政治文化中心建设不能偏离文脉

国务院批复的《北京城市总体规划（2004 年—2020 年）》，从国家层面对北京首都功能作出明确定位：北京是中华人民共和国的首都，是全国的政治中心、文化中心，是世界著名古都和现代国际城市。按照中央对北京做好"四个服务"的工作要求，强化首都职能。以建设世界城市为努力目标，不断提高北京在世界城市体系中的地位和作用。弘扬历史文化，保护历史文化名城风貌，形成传统文化与现代文明交相辉映、具有高度包容性、多元化的世界文化名城。创造充分的就业和创业机会，建设空气清新、环境优美、生态良好的宜居城市。因此，作为国家首都，北京的政治文化中心建设不能偏离文脉。不仅不能偏离，而且要居文脉

之上、保持中华文化"中正"的核心理念。北京旧城应在现有的基础上进一步实现整合，将现在的东城区、西城区整合成一个区，即首都核心功能区。在核心功能区认真梳理区域内政治资源、文化资源、教育资源、医疗资源、旅游观光资源等，合理利用和起好引领示范作用。政治资源属于代表国家、国体的，例如天安门、人民英雄纪念碑、人民大会堂、国旗、国徽、中南海、国防部等；文化资源有各种文化场所和设施，例如国家博物馆、国家大剧院、中国美术馆以及各种博物馆、文化馆、影剧院等；教育资源有大专院校、中小学校、幼儿园等；医疗资源有各种医疗设施和医院；旅游观光资源包括可供参观游览的文物古迹、皇家园林、历史文化保护街区、胡同四合院等。核心功能区以保证政治活动，特别是重大政治活动为中心，同时兼顾居住和旅游观光。例如，有重大活动，天安门广场可戒严，平时对外开放。中南海有外事接待活动可关闭，平时也可对外开放。可参考国外政治中心（首相官邸、总统府）每周开放时间。

二、进一步理顺北京旧城管理机制，作为首都核心功能区，应该由中央直接投资、建设和管理，在这个区域内进一步突出首都的政治中心和文化中心建设

北京的政治中心和文化中心位置在天安门广场。由此，要重点加强对以天安门为核心的"一纵一横"的文物保护和文化建设。其中，一纵是旧城中轴线在天安门广场改造中的变化，体现的是人民当家做主的政治主题，展现的是历史文脉的传承；一横是长安街，展现的是社会主义新中国北京的城市建设新面貌。天安门广场以维护为主，长安街以精心规划和精心建设为主。尤其是长安街，不是越长越好，从十里长街到百里长街是交通的概念，不能和文化发展概念相混淆。按照东、西长安街命名来看，从东单到西单为长安街文化范围最佳，最多延伸到建国门到复兴门，也就是说在北京旧城区域内，与旧城古都风貌组合相吻合；建国门外和复兴门外均应该为长安街交通的延长线，在宣传上也不要随意讲"百里长街"，将长安街泛化。从东单到西单长安街两侧的建筑应该精

心规划，主要体现国家首都的建筑，也就是体现国家政治中心和文化中心的建筑。同时，注意建筑的体量、造型，颜色要和谐、要有中华民族特色而不是彰显西方文化及建筑特色、后现代主义建筑特色。新的建筑不要标新立异，异高突起，注意与天安门的高度和谐呼应，颜色不能与天安门等历史建筑抢色。目前，长安街作为神州第一街，北京城市发展的"两轴"之一，名声很大，整体规划却显得薄弱，在建国门内，国际饭店是白颜色的，交通部大楼是深棕色的，全国妇联又是白色，几座建筑造型也是跳跃式的，各自独立。可以说，每座单体建筑都是不错的，放在一起是否有考虑、有总体规划，这是要引起重视的，这是关乎首都城市核心功能建设的大问题。我们一方面要疏解非首都功能的建筑，另一方面还要不断加强首都核心功能建设。国家大剧院单体建筑是完美的，放在社稷坛对面、人民大会堂西面就显得不协调，这就是我们强调的和谐理念。和谐是北京城市历史文脉传承中的精髓，一定要引起重视。长安街延长线也要有整体规划，要体现北京城市历史文脉的传承，核心是突出中华民族多元一体的建筑文化。例如，东延长线可以以商贸为主；西延长线以文化建设为主。目前，在东延长线上已经有外交公寓、友谊商店、赛特商场、秀水街、天街、国贸等；西延长线有首都博物馆、军事博物馆、中华世纪坛等，但文化建筑还是显得单薄，可以考虑增加有历史特点的、体现民族、宗教的建筑。

三、积极主动应对现代化建设的挑战

有三条底线不可突破。一是要坚持北京旧城建筑高度控制，保持旧城传统建筑低天际线的城市轮廓，突出城市脊梁，也就是城市中轴线，老百姓称之的"龙脉"，不要让中轴线成为"龙须沟"，让故宫成为"盆景"。二是要注意北京旧城城市建筑颜色，保持旧城灰墙灰瓦的城市颜色基调，用以衬托龙脉上的红墙黄琉璃瓦建筑。三是要注意北京旧城城市建筑体量，尽量保持"人"字形平房瓦顶院落式建筑的体量，逐渐减少火柴盒式楼房建筑，严格控制奇形怪异建筑插入。

▲位于旧城美术馆南面的新建筑拔地而起，而原地是非常有名的胡同——明代特务机关东厂。东厂胡同已经被拆掉，而新的建筑从框架结构上看除了高大雄伟，并没有什么文化特色。

▲老北京的东厂胡同

四、讲好北京故事，充分揭示北京旧城中轴线的文脉的文化内涵，这个内涵就是统一的多民族国家首都的文化

研究北京城中轴线的专家郭超认为，"中轴线文化可谓与华夏文化共生、共荣，是华夏文化的最高表现形式。考古发现的众多华夏古都，都有中轴线规划。几千年来，随着朝代的更替，古都的迁移，在华夏大地上，先后出现了数十个古都，北京则是最后一个古都，因此北京古都城

和中轴线的历史规划就有了'活化石'的意义所在"。① 什么是文化遗产？文化遗产重在"文化"。由此，对文化遗产的科学保护和合理利用都离不开对其文化内涵的揭示。这是当前我国在文化遗产保护当中，除了遗产本身（外形）的保护之外欠缺的。对文化遗产的文化内涵揭示，一定要放在中华文化大背景之下去认知。大背景就包括环境和关系，即文化遗产与周边环境，文化遗产与各个学科之间的关系。由此，对北京城市历史文脉的传承首先要讲好这是中华多民族统一国家首都的文化，讲好北京城市文化是多民族文化的结晶，具有大气、包容的城市文化脉络。这不仅是北京城市的品质，还是北京城市对外的形象和名片。要讲好北京城中轴线形成的中正、和谐、厚德和不断创新的文化脉络和现象；要加大北京城市历史文化的宣传，讲好、讲清北京城市历史文脉。

第二节　完善立法　加强规划

一、进一步完善立法，完善法律法规建设

抓紧北京历史文化名城保护条例的修订、完善工作；进一步推进对"具有保护价值建筑"的认定标准和程序的制定、公布。结合"十三五"发展规划，统筹北京历史文化名城保护规划，其中增加北京城市历史文脉保护与传承内容。保护内容应该进一步明确南起永定门，北至钟鼓楼的北京旧城中轴线作为中华民族优秀的线性文化遗产、北京城市发展的文脉要得到整体保护。这种保护应该包括历史上的传统建筑修复、城市空间环境（旧城区域限高）、左右建筑的对称、具体建筑的体量、颜色、高度等内容。目前西城区正在编制的什刹海历史文化街区保护管理办法是一种有益的尝试。北京旧城内有保护价值的历史文化街区都应该着手进行保护管理办法的制定。

---

① 朱耀廷、顾军主编，郭超著：《北京古都中轴线变迁丛考》，光明日报出版社 2011 年版，前言第 1 页。

进一步积极推进北京旧城中轴线申报世界文化遗产工作，用"申遗"推进北京城历史文脉的宣传、保护、环境整治，推进北京旧城古都风貌整体保护。

二、要加强保护规划的严肃性和权威性

规划是城市建设的龙头，不能随便用领导的指示或者好恶而随意更改规划，城市总体规划和专项规划要相互配合，发挥各自的作用，注意规划的严肃性，不能朝令夕改。

北京市在城市规划和立法中已经形成不少规划和法律法规。例如《北京城市总体规划》还是经过中共中央和国务院批准的。《文物法》是法律，但是在执行中有法不依，执法松懈，有规不寻，随意破坏文物保护法、超越规划红线的现象层出不穷，尤其突出的是"人大于法"、"权大于法"，让执法者哭笑不得。应该借着全面依法治国的东风，进一步加强执行规划的权威和执行文物保护法的严肃性。做好这项工作，第一要把制定法律和规划的过程让人们普遍了解，让老百姓通过了解提高自己遵守法律法规意识，参与执行法律法规的意识；二是要让我们的领导干部，特别是高级领导干部了解法律法规，成为知法、守法的模范，不能触及底线，触及底线必须绳之以法；三是我们的执法人员，要认真守法，认真执法，做到有法必依、执法必严，时刻怀有法律尊严。

三、加强对中轴线延长线的发展规划

要绘制出发展的景观图，让专家学者和北京市民了解，参与讨论，完善南、北中轴线延长线远景规划。

例如，在北中轴延长线国家奥林匹克公园内要修建国家美术馆、国家工艺美术馆、非物质文化遗产馆、中国国学馆等具有文化地标性的建筑，同时又是国家节能减排的大型示范建筑。目前，中国美术馆已经定位，国学馆已经完成主体框架，2016 年开馆。但是，目前对社会、对人民群众宣传、讲解、展示不够。在南城大开发中，提出"一轴一带多园区"的思路。"一轴"就是中轴线南延长线，也称南中轴路：从永定门到南三环大红门开

始，穿越南四环、南五环、到南八环，直接和北京新机场连接，新开通的城市高铁直通固安，与京津冀协同发展相关，沿途还有永定河生态保护带，很多的科技园区、大型商业文化设施、半壁店森林公园（北有奥林匹克森林公园与其遥相呼应）等，沿着北京文脉向南发展，有着美好的蓝图、憧憬，应该大力宣传、展示。

第三节　疏解契机　修复旧城

一、抓住非首都城市功能疏解这一有利契机，积极推进北京旧城非首都功能疏解

在北京旧城人口外迁，整建制外迁事业、企业的同时，逐步改善北京旧城建筑空间环境、居住环境、生活环境。在北京旧城区域内要多保留一些空间和河流、绿地。在元大都城规划时，城市建设就注意留有自然空间和通风廊道，一直到明清北京城市依然保留足够的空间、树木，这种注重生态环境的城市格局需要传承。习近平总书记曾讲，网上有人给我建议，应多给城市留点"没用的地方"，我想就是应多留点绿地和空间给老百姓。这些小建议，实际讲述了城市发展规划的大问题，特别是北京作为历史文化名城保护的大问题。为此，要尽量还原旧城原有的城市格局，严肃清理旧城区内违章建筑，包括隐藏在院落内的私搭建筑，适当疏解旧城内人口，给予外迁人口以优惠政策或适当经济补贴，让旧城多一些"没用的城市空间"。

二、在北京旧城区有机更新过程中，要有整体保护、利用的意识

这种整体保护意识就是整体保护北京旧城，也就是今日二环路内的旧城区，大约62平方公里的范围。可以借鉴"没有围墙博物馆"的概念。只有树立整体保护意识，不再在旧城区内进行新的改造和建设，才能从根本

上制止破坏，才能从根本上保护旧城古都风貌和建设宜居城市生态。

"没有围墙博物馆"的概念是 20 世纪 70 年代由法国人弗朗索瓦·于贝尔和乔治·亨利·里维埃提出的。其"生态"的含义既包括自然生态，也包括人文生态。生态博物馆最早是一种以村寨社区为单位，没有围墙的"活体博物馆"。它强调保护和保存文化遗产的真实性、完整性和原生性。1997 年，梭戛苗族生态博物馆建立，这是中国乃至亚洲的第一座生态博物馆。[①] 除了梭戛苗族生态博物馆，在贵州地区还有堂安侗族生态博物馆、镇山布依族生态博物馆、隆里汉族生态博物馆等。

我们提出借鉴"没有围墙博物馆"的概念，重点是倡导对北京旧城的整体保护意识，关注人文生态和自然生态环境的养护，并不是要复古到古代北京社会。所谓"整体保护意识"，就是要把北京旧城看成是文化遗产，是不可复制的遗产，是人类共同的文化遗产，要像博物馆保管文物一样珍惜现存的传统建筑；人文生态就是北京人的生活习俗、语言、环境等，这属于非物质文化遗产，也应得到养护。正像有的专家讲述的，北京如果有城墙，关上城门就是一个大博物馆；现在没有了城墙，也没关系，只要我们心中有北京，整个北京旧城就是一座没有围墙的博物馆。为此，我们在北京也要积极宣传"北京旧城是没有围墙的博物馆"理念。

三、对旧城中轴线上古代建筑的保护力度需要进一步加强

例如，正阳门箭楼需要抓紧修缮，对外开放；地安门修复应该提上日程。2014 年 6 月，已经有游客正式向市政府投诉，正阳门箭楼前面有一日游部门私下联系旅游团登楼参观，而不对游客正式开放，引起市政府和市文物局的高度重视。目前，正阳门管理处已经开放正阳门城楼，如何抓紧修缮好正阳

---

① 梭戛苗族生态博物馆在贵州省六盘水市六枝特区云遮雾罩的大山中，这里居住着一支不足 5000 人的古老而神秘的苗族支系，他们远离外界，仍然保留着男耕女织的生活状态，并且保留着一种以长牛角头饰为象征的独特而古老的苗族文化。这种文化原始古朴，包含有丰富的婚恋、丧葬和祭祀礼仪，别具风格的音乐舞蹈和蜡染布上别致的刺绣艺术。梭戛苗族没有文字，他们的记忆和传统只能靠口传心授代代相传。梭戛生态博物馆建设的目的就是对这里的苗族村寨和它的传统文化进行原状保护，包括其中的自然景观、建筑、文化遗产、传统风俗等一系列文化元素。

门箭楼，利用好正阳门箭楼，并对社会开放已经成为北京旧城中轴线保护的一项重要工作。同样，地安门雁翅楼已经修复，如何妥善解决地安门的修复已经成为北京市民关注的重要话题，也应该群策群力，做好相应的工作。

四、加强对北京旧城城市纹理的修复

对北京旧城纹理的修复是一个十分艰巨的任务。但是，又必须引起重视，因为它直接关系到北京城市历史文脉的保护、延续和传承。建议：（1）成立北京旧城纹理修复市、区两级委员会。这个委员会可以不占编制，由政府规划、文物管理部门、专家学者和居民代表组成，专门指导、督察北京旧城纹理修复。（2）成立旧城修缮保护基金。这个基金启动由政府先投资一部分作为本金，

▲位于北京旧城区域内（东二环路西侧）新型建筑，与旧城传统建筑格格不入。

然后主要吸引社会投资，包括海外投资，让社会资本参与旧城保护。基金主要用于资助保护旧城传统建筑，原汁原味修复已经危险、损坏的胡同、四合院建筑。（3）继续北京历史文化名城标志性历史建筑恢复工程，使北京旧城"凸"字形城市轮廓得到进一步的修复。其中，最应该积极推进的是内城西南角楼修复，外城城墙和外城东南、西南角楼的修复，使北京旧城轮廓逐渐清晰。（4）北京旧城区域内绝不能成为新建筑，特别是西洋建筑、后现代主义建筑的试验场地。目前，在二环路内，也就是北京旧城区内，已经有大体量的后现代建筑出现，破坏了古城历史文化景观，这是非常值得警惕的。

北京旧城是砖石垒筑的，这也是一个特点。这几年由于新建筑插入，传统建筑明显减少。传统建筑少了，自然就失去了古都风貌。要想传承北京文脉，就必须多一些传统建筑。为此，对旧城内的古代建筑，特别是具有标志性的古建筑，有空间、具备基本条件就应该及时修复。修复的越多，

北京古都风貌越明显；失去的越多，北京文脉能传承的就越少。复建的建筑既是文明延续的体现，还可以发挥文化、旅游观光等实际作用。

五、加强北京旧城内历史文化街区规划和文化生态保护，加强胡同、四合院保护、修复和合理利用

目前，在北京旧城区域内还保留大量由胡同、四合院构成的明清时期的古都风貌，有人统计大约占 20 平方公里，多为历史文化街区。要坚决明确在北京旧城区域内不再提"危旧房改造"，不再整片拆迁胡同、四合院，最好一条胡同、一座四合院都不再拆除，对体现城市肌理的胡同、四合院要用立法形式明确加以保护。必须承认大拆大建，已经使得旧城城市肌理受到伤害，人们已经无法从城市外观解读北京城市古都风貌和城市文化内涵。北京旧城内街巷胡同有机更新不能由开发商主导，必须由政府主导，政府负责，建立责任追究机制。要想不出问题，最好是先听民意，经过专家论证，进行集体决策。为此建议：（1）加强对现有胡同、四合院登记造册，在普查的基础上提出保护、维修、整治方案（这点文物局已开始着手做了）。特别是针对胡同内脏、乱、差进行整顿。例如，乱停放车辆；胡同内遗留的建筑垃圾清运；严禁私搭乱建，随意开门脸，用石棉瓦、铝合金、大玻璃等现代建筑材料装修。在北京旧城内采取限制机动车流，制定胡同内停车规定，修建地下停车场等措施。（2）坚决制止四合院在改建中的"下挖上盖"现象。"下挖"是私自修建地下室以及地下活动空间；"上盖"是随意增高四合院为 2 至 3 层，或者随意增加楼台、露台。目前，在北京胡同四合院保护、利用过程中又出现一个新现象，就是由原来的私搭乱建已经发展到深挖地下空间，这不仅是对北京旧城城市纹理更加严重的破坏，在城市建设和安全中也是危险举动。2015 年 1 月 24 日，北京旧城德胜门内大街 93 号院附近就先后发生两次塌陷，导致道路出现 15 米长，10 多米深的大洞，4 间房屋同时倒塌。据了解，德胜门内大街 93 号院为私有房产，占地约 190 平方米，原是一座 U 型四合院。该院业主在地下开挖了约 18 米深的地下空间进行利用，结果导致大面积坍塌。这是十分严重的教训，同时也揭开北京旧城胡同内四合院私挖地下空间冰山一角，应该引起城市规

划、管理部门充分重视，但是目前看重视程度不够，还有一些院落内私挖地下空间没有引起重视。私挖地下空间并不是住房紧张，没有人愿意在地下生活，深挖地下空间多是修家庭影院，开设健身、家庭酒吧等活动空间。上盖露台现象也是要增加活动或经营空间。由此，对这种违建行为必须重视，要逐一排查，对已经"下挖上盖"的现象进行取缔，并从管理制度或法规建设上给予明确要求。

六、处理好历史文化街区保护与市民居住现实生活的关系

对待北京旧城区内传统建筑，该修则修、该用则用、该复建的则复建，切实做到城市保护与有机更新相衔接。多年来，北京市在这方面做了大量工作。当前，要重点做好33片文保区的修缮、提升、改造、疏解工作；继续做好2011年1月21日北京市"十二五"规划纲要提出的"一轴一线一带多片"的历史文化名城保护格局。围绕北京南北中轴线和朝阜大街的"一轴一线"，重构北京旧城历史文化魅力。其中"一轴"要实施好魅力中轴线工程，规划建设好钟鼓楼区域，完善前门地区配套设施，恢复前门大栅栏街区整体商业风貌，打造天桥传统特色文化演艺区、建设剧场群，结合天坛医院搬迁更好展现天坛区域皇家园林景观；"一线"重点围绕白塔寺、历代帝王庙、西什库教堂、北大红楼等重要节点，再现朝阜大街美丽景观。在处理历史文化遗产的保护和修复，处理古都风貌保护与改善居民居住和生活环境的同时，要注意运用中国共产党的优良传统——群众路线。要注意多进行调查研究，多倾听居住地老百姓意见、建议，不要主观、武断处理新与旧、保护与利用的冲突和矛盾，让城市发展贯通历史、现状与未来，让广大市民找得到记忆中的老北京，又不断改善居住条件和生活水平。

七、要加大北京旧城生态环境的修复

北京旧城，特别是原城市内城有"花园般城市"的美誉。这种美誉来源于城市在建设过程中留有空间，植被丰富，绿荫笼罩。在现代城市建设过程中，建筑越来越密集，建筑体量越来越高大，城市空间减少，树木减

少，要保护北京古都风貌，传承文脉，就要加大北京旧城生态环境的修复。在研讨过程中，大家意识到，北京总体规划中提到的北京西北山前地带植被的修复很重要，在"十三五"规划中要进一步强调西北植树造林对北京城市生态环境修复的关系，要逐步恢复历史上"森林包围北京小平原""西山掩绿北京城"的景观。同时在北京旧城已有绿化的基础上进一步加强拾遗补阙绿化工作，也就是对于在城市建设、改造过程中枯死的树木、出现的空间进行补栽，在树木补栽过程中既要突出北京地区树木特色，又要注意混搭，即突出国槐等代表北京特色的树种，又要有榆树、枣树、核桃树、桑树等适宜北京地区生长又耐干旱的树木混搭。为此建议：（1）进一步增加坛庙、公园树木，尤其是天坛、地坛、日坛、月坛、先农坛内后插入建筑清退，恢复林木。对旧城区内古树名木进行普查登记，对旧城区域内遗留下来的古树名木要作为活态文物来认识，制定更加严格的保护措施，包括立法或规定的制定。要有专门机构、人员专责保护北京旧城的古树名木和绿化工作，对一些古树名木可以吸收社会资金参与养护，可以采取认养人制度。（2）对旧城区域内尤其是在胡同四合院拆迁过程中遗留下来的古树名木和现存院落内缺失的树木进行普查、补种，同时对养护人给予优惠政策，对为了拓展空间、改造房屋等因素而致使树木枯死的要追究责任，实现处罚和赔偿制度。（3）借鉴当年梁思成在保护北京城墙时提出的思路——建立环城墙城市公园的设想，加强二环路道路两侧绿化林建设。

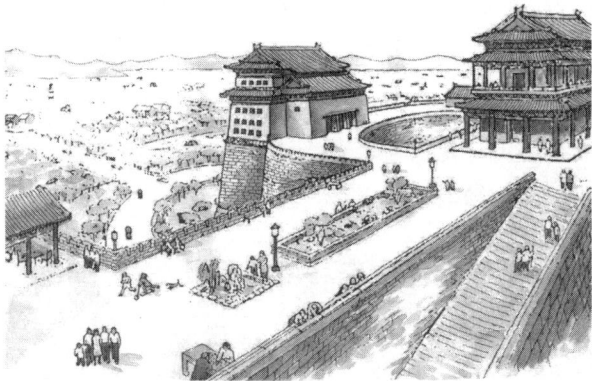

▲梁思成设计的环城墙城市公园示意图

八、要明确北京旧城城市通风走廊的保护范围和城市景观

北京城市通风走廊是元大都城规划设计中的神来之笔，经典之作。北京旧城内著名景观——银锭观山，就是元大都城的城市通风走廊。该景观巧妙利用西山为背景，什刹后海、西海水域为通道，使北京旧城在北面密集的街巷、胡同、四合院中出现一片水域，从西北来的风，通过这片水域流通到城市中间。过去，我们对这一景观的讲解宣传仅限于"银锭观山"，只讲景观，没有从城市规划、城市空间、城市生态环境去宣传讲解，说"城市通风廊道"很少有人知道。于是，科学不讲，愚昧上升。20世纪80年代，北京积水潭医院在通风廊道上修建了高大体量的高干病房楼，不仅破坏了景观，还影响了通风廊道的设计初衷。为此，我们不仅要让大家了解"银锭观山"景观，更要让北京市民，来北京旅游观光的游客了解一座城市通风走廊的科学性和重要性。同时，我们不能吃祖宗饭，造子孙孽，把风景如画的什刹后海沿岸"乡愁"破坏了，把城市通风廊道破坏了。为此，应该立法，严格禁止在通风廊道范围内建设大体量建筑。同时要立足长远规划，恢复北京旧城区域内河湖水系，例如：打通御河与通惠河联系，重点保护好银锭观山景观，也就是城市的通风走廊。恢复前三门护城河城市景观，恢复正阳桥。还原北京旧城原有的玉河、转河、坝河等城市河道景观。

九、要协调好北京旧城区域内旅游观光和文物保护、环境整治、生态环境建设的和谐与统一

北京是文化城市，是世界上著名的历史文化名城，但是在城市旅游观光中，我们看到的、来京旅游观光者感觉到的却是人多、低档次的小商小贩多，商业叫卖多，文化少。文化少又表现在街巷胡同中的许多传统建筑没有得到科学的修缮，尤其是名人故居不仅没有修缮，也不对外开放。总体感觉文化展示差，是最突出的问题。为此建议：（1）要加强整体规划，统一协调北京旧城旅游观光，特别是疏解故宫、锣鼓巷、什刹海、恭王府等热点地区的旅游观光人群，减少人流对文化遗产的破坏，

减轻旅游对景观的压力。（2）加强城市文脉、水脉旅游观光线路设计，减少旅游人群扎堆和拥堵。（3）加大加强北京历史文化名人故居的腾退、修缮，并对外开放，进一步研究、整理展示北京历史文化名人。（4）在北京旧城区域内适度开放四合院人家（经市、区旅游、文物、文化、城建等管理部门严格考察、评审，颁发正式证书，采取可以根据考核增加、淘汰机制等）。（5）加强北京博物馆建设，根据对北京文脉的梳理，筹建北京城市中轴线专题博物馆。

第四节　南城发展　保护古村

一、北京南部大发展要引起重视

北京南部大发展曾经提出"一轴一带多园区"的思路，这也是对北京文脉的进一步传承。在京津冀协同发展背景下，北京文脉中轴线向南延伸带来的发展机遇要引起重视。深入研究北京文脉向南传承的文化发展定位和城市规划、发展空间，是一个大课题。龙脉向南延伸与向北延伸不同，是文脉继明代向南延长的继续延伸，是千载难逢的历史机遇。要传承好北京历史文脉，就要从中华文化中寻找精神和养分，从北京历史文化发展中寻找规律，根据北京与周边城市的关系、地形、地貌、环境去认真制定北京与周边城市发展规划。向南发展，就是向着太阳、向着大平原、向着渤海湾发展。在远古，"北京人"经过艰难探索，发现了向北的北口，也就是太行山与燕山山脉交接的关沟①；偏向东北的古北口；向东面的喜峰口三条通道。如今，这三条通道已经变成了北京连接张家口的京张高速路；北京连接承德的京承高速路；北京连接沈阳的京沈高速路。在京津冀一体化建设中，我们可以看到发展重心是南下，进入新的发展时期，三条新的发展通道全部在南部：京津高速、京开高速、京石高速已经将北京与周边城市

---

① 关沟是太行山最北面的出口，被称为"太行八陉"，由昌平南口、居庸关到延庆的北口，也就是八达岭组成。

的联系在原来连接的基础上变成六条放射性通道，以北京旧城为核心，北京将与张家口、承德、唐山、廊坊、天津、保定城市等连成一体，为北京城市历史文脉的传承提供了无限生机。俗话说"要想富，先修路"，历史发展证明，交通是人类迁徙、发展、进步的先决条件。现在，六条放射性高速路已经开通，如何协同发展，将文化、文脉传承放入发展规划中已经成为京津冀协同发展亟待研究的课题。

二、注重北京郊区所承载北京历史文化的特殊作用

北京的近郊与远郊是北京厚重文化积淀不可或缺的组成部分，有些历史已与北京城市休戚相关融为一体，目前来自多方面的破坏需要引起高度重视。其一是大规模城市化进程，使原有的村落成区域性的整体拆迁。各个区县，都有成建制的村落消失的情况，以大兴区为例，1990 年大兴区有 527 个自然村（553 个行政村），截至 2010 年底，已有 123 个村庄整体拆迁，无数有价值的院落与相关联的文化也随之消失；其二是新农村改造对原有建筑形式的影响。一系列的惠民政策的出台，一些农村的院落开始进行墙体保温工程，严重地破坏了原有历史民居的外立面，使原有景观受到影响，色调也失去了历史的痕迹；其三是无序建设影响了原有的风貌。有些古老的院落，随意增加附属建筑，有的在翻建中打破了原有建筑格局，有的采用新型的建筑材料，失去了原有的格局和建筑形式；其四是有些有价值的院落处于无力修复状态。随着农村人口向城市的迁移，居住在农村的人口越来越少，空置的院落增多，有些是因为权属问题，无法进行有效的使用，带来荒废，我们看到一些有价值的院落处于无人管理的状态，实属可惜。

应该看到有些区县开始重视旧有院落的保护，海淀区在后山地区的拆迁改造中，有意识地保护了一批院落，请专家认定其价值，增设保护级别，并研究其保护措施，是值得肯定的。

第五节 文脉传承 "以文化人"

一、充分发动社会组织作用，调动广大人民群众参与北京城市历史文脉的学习、了解，提高保护、传承意识，对首都和大北京建设提供理论服务和智力支持

中轴线研究专家郭超认为，"学术界对北京中轴线的文化内涵和历史变迁的研究却是薄弱的。我在研究人文北京时发现，中轴线不仅是'人文北京'的主要载体，而且还是中国文化'天人合一'理念的主要载体。"① 为此，可以继续设立研究课题加以深化研究；可以举办科普讲座加大普及力度；可以让居住在北京旧城的街道、居委会、居民自治组织参与座谈、讨论，撰写地域文化，参与北京城市文脉保护、传承讨论。在这项工作中，尤其应加强对外来人口和青少年的教育、宣传和普及。目前，很多居住、生活、工作在北京的市民，并不了解北京城市历史文脉。他们普遍反映，北京城市太大，生活区域、环境有限，又没有人讲解，没有机会了解北京深厚的历史文化，更了解不到北京城市历史文脉的相关知识。在北京城市历史文脉研究、普及工作中，充分发挥社会组织，例如北京历史文化名城保护委员会、北京城科会、北京史研究会、北京文物保护协会、北京考古学会、北京博物馆学会、北京档案学会等的作用，在市社科联统筹规划下开展工作。

二、加强北京地区大专院校，包括中小学校北京城市历史文脉学习、宣传、教育活动，与学校乡土课堂或爱北京、知北京教育相结合，真正实现"以文化人"

文脉的传承主要是文化精神、精髓的传承。如何做到以文化人，提高

---

① 朱耀廷、顾军主编，郭超著：《北京古都中轴线变迁丛考》，光明日报出版社2011年版，前言第2页。

国民、市民文化素质是根本。北京市 些学校反映，学生在北京上几年学，甚至十几年学，仍然不了解北京，更不了解北京是世界著名的历史文化名城，更别说北京城市历史文脉。应该结合高考改革，从加强学生综合文化素质培养入手，在学校开展北京历史文化学习教育活动，这样有利于青少年学生了解北京，爱北京这座城市。甚至有些教师认为，只有深刻了解北京，才能对北京城市有深刻记忆，才能深深地眷恋和喜爱北京这座历史文化名城。否则，我们的下一代真不知道自己从哪里来，要到哪里去，离开北京这座城市，记忆中只有高楼大厦，没有历史文化，必然没有生活在北京的自豪与骄傲。在学校开展爱北京、知北京教育活动，可以请社会上研究北京历史文化的专家学者，也可以依靠学校内相关专业和研究机构，例如北京师范大学北京文化发展研究院（基地），中国人民大学"人文北京"研究中心（基地），北京联合大学北京学研究所（基地）等；相关学校还可以开设北京城市历史文脉研究或教学公共课程或专业课程。目前，首都师范大学历史学院长期以来一直开设北京史专业课程，注意培养研究北京历史文化的学子补充到北京市中小学教师队伍中；中国音乐学院在研究生课程中增加了北京历史文化课程，让搞音乐艺术的学生了解北京城市历史文脉，从中寻找音乐创作的灵感。

针对北京各旅游景点，包括在胡同四合院区域出现黑导游，"满嘴跑舌头"现象。建议由专业研究社会组织培训，培养一批社会公益人士讲北京，培训青年学生作为志愿者讲解北京旅游景点。

城市文脉是一脉相承的，是生生不息的，是一个通过风貌、风俗、风格一脉传承的文化传统，有其城市精神、城市文化生成、演变、发展的逻辑和规律。历史文化是城市的灵魂，要像爱惜自己的生命一样保护好城市历史文化遗产。北京是世界著名古都，丰富的历史文化遗产是一张金名片，传承保护好这份宝贵的历史文化遗产是首都的职责，要本着对历史负责、对人民负责的精神，传承历史文脉，处理好城市改造开发和历史文化遗产保护利用的关系，切实做到在保护中发展、在发展中保护。做好城市文脉的传承。城市形态不是一成不变的，它是日新月异的。所以，表达文脉的这种城市形态、生活方式，都是在不断变化的。文脉传承有以下几个方面。第一，要保护城市的记忆，就是城市的历史风貌、博物馆系统、史志学系统、文物系统，这些要保护好。第二，要让具有城市特质的传统元素、典型符号，通过精巧的规划设计，巧妙贴切地融入现代空间中去，使城市更有底蕴，更有风格，更有性格。第三，要实现传统空间与现代空间的有机衔接，因为现代空间、未来空间，并不都是叠加在传统空间当中的。传承北京历史文脉应该达到三个境界：一是要让首都市民特别是老北京能够找到记忆中的老北京；二是能够品味到新北京中的老北京味道；三是能够感受到新北京与老北京的有机融合。

历史文化是城市的灵魂。放眼望去，世界上一些著名城市既是首都，又是世界文化名城、世界文脉的标志，正是源于始终坚持历史文化传承，坚持并发扬自身城市特色。在城市发展进程中，北京必须高度重视、妥善处理好古都保护与现代化建设的关系，必须本着对历史负责、对人民负责的精神，不断在保护古都风貌上有新认识。一方面要不断融入现代元素，使城市设施更加符合现代化生活的要求；另一方面要保护和弘扬优秀传统文化，延续文脉，承载乡愁，努力建设一个传统文化与现代文明交相辉映的历史文化名城。

习总书记曾说，要让人民看得见山，望得见水，留得住乡愁。小到一个山村，大到一个城市，要让曾经在这里生活过的人们不仅记得故乡的自然环境，同时还要有人文情怀，那些萦绕在梦中，融化在血液里，盘踞在记忆中的胡同、垂花门、槐树花、鸽子哨⋯⋯

下 篇

第五章　中轴线上的传统建筑

北京旧城中轴线是北京帝都的龙脉，也是明清北京城市规划的脊梁，北京城市历史最鲜明、最重要的文脉。北京旧城中轴线就是北京城市历史文脉，这在北京人的心目中有着广泛共识。比较早关注北京旧城中轴线的中国建筑大师梁思成先生是这样赞美中轴线的。他说："一根长达八公里，全世界最长，也最伟大的南北中轴线穿过全城。北京独有的壮美秩序就由这条中轴的建立而产生；前后起伏，左右对称的体形或空间的分配都是以这中轴为依据的；气魄之雄伟就在这个南北引申、一贯到底的规模"①"在 2012 出版的《我与中轴线》一书序中，编者开篇就指出'老北京城中轴线以其独特的历史地位和丰富的文化遗存，构成了古都风貌骨架，是古都的龙脉和文脉'"②。同在此书中，京城文化名人赵大年也以"我家四代的龙脉缘"为标题，写到"中华图腾是龙，京城的中轴线是龙脉，这首尾呼应的建筑群就是龙的脊梁"③。北京师范大学北京文化发展研究院刘勇教授认为："中轴线凝聚了北京这座城市文化历史发展的精髓，它不仅是北京城市布局中的一条道路，更是关乎北京人文历史、道德教化、风俗民情乃至社会发展的一条命脉"。他还认为："抓住中轴线，就抓住了北京的魂，把中轴线讲清楚了，北京城这盘大棋就全活了。"④

---

① 梁思成：《北京——都市计划的无比杰作》，载《新观察》1951 年 4 月。
② 我与中轴线编委会编：《我与中轴线》，北京出版社 2012 年版，第 1 页。
③ 同上书，第 18 页。
④ 李建平著：《魅力北京中轴线》，文化艺术出版社 2012 年版，代序第 3 页。

北京旧城①有一条长达 8 公里的中轴线，是北京作为历史文化名城的重要载体。作为古都，北京旧城风貌主要有城墙城门、胡同、四合院、商铺。这些建筑的基础色调是灰墙灰瓦；而另一重要载体，也就是体现帝王都城、贯穿北京旧城南北的城市中轴线。这条中轴线南起永定门，途经天桥、正阳门、大清门、天安门、端门、午门，一直延长到皇帝的金銮宝殿太和殿、中和殿、保和殿，然后是皇帝皇后的寝宫乾清宫、交泰殿、坤宁宫，进入御花园还有宗教建筑钦安殿，皇宫后门神武门，景山万春亭，皇城后门地安门、万宁桥、鼓楼、钟楼。全长 7.8 公里的中轴线不仅建筑形体突出，高大，而且在城市中心区域呈现红墙黄瓦，彰显北京古都风貌的鲜明特征。北京旧城中轴线被誉为北京城市的脊梁，城市的精、气、神，北京城市的文化脉络——龙脉。

第一节　从永定门到正阳门

一、永定门

永定门位于中轴线最南端，由城楼、箭楼、瓮城组成。城楼为三重檐歇山顶，面阔七开间，进深三开间。箭楼为单檐歇山顶，正面箭窗两层，每层七孔，城台下有门洞。瓮城近似方形，外角为小圆角。城楼始建于明朝嘉靖年间。明嘉靖四十三年（1564 年）为增加外城防范功能，在城楼外增建瓮城，瓮城墙南面开门洞，与城楼门洞相对应。清乾隆三十一年（1766 年）重修永定门时增建箭楼，同时将城楼规制提高，使永定门成为

---

① 叙述北京旧城中轴线，也就是北京城市历史文脉的有不同见解。有人认为应该从北向南，因为最早的中轴线确定在城的北部，是从北向南不断延长的。也有人认为，北京旧城中轴线是一条完整的龙脉，龙头在南，龙尾在北，其中永定门至正阳门为龙首，高拱的天桥是龙突出高耸的鼻子，天桥下面的水沟是"龙须沟"，是皇城大门到天安门、端门龙的脖子、咽喉，紫禁城是龙的心脏，一直到地安门是龙身，鼓楼、钟楼是龙尾。钟楼是中轴线上最高的建筑，高 47 米，表示龙尾翘起，是一条将要腾起的龙，活灵活现。由此，叙述北京旧城中轴线可以从南向北。2008 年北京举行第 29 届夏季奥运会当晚，腾空而起的 29 个大脚印也是从永定门开始的。为此，本研究成果也是从南向北加以叙述的。

外城七门中规格最高的一座城门。1950 年，为打通北京环城铁路，将瓮城拆除。1957 年，为扩充通向永定门外的交通大道，将城楼、箭楼拆除。2004 年，为实现"新北京、新奥运"战略构想，又仿照清朝乾隆年间的样式，根据 20 世纪初对永定门的测绘，重新复建了永定门城楼。

▲中轴线南端起点——永定门

二、天桥

据原宣武区政协黄宗汉先生主编的《天桥往事录》（北京出版社 1995 年 10 月）记载：天桥是一座单孔汉白玉石拱桥，三梁四栏，桥身很高，由桥南向北看，看不见正阳门；由桥北向南看，看不见永定门。在北京古代社会里，高拱形的天桥坐落在中轴线南部，桥下流水潺潺，

▲天桥是皇帝去天坛祭天、先农坛躬耕的必经之路，皇帝的仪仗队伍经过天桥时，旌旗招展，黄盖耀眼，十分壮观，真可谓是"天子出行的专用桥"。桥下是龙须沟，向东流是东龙须沟，向西流是西龙须沟。

荷花茂盛，不时有游船经过；桥上是皇帝去天坛祭天的必经之路，祭天的仪仗队伍经过时，旌旗招展，黄盖耀眼，十分壮观。平日里平民百姓、达官贵人，或步行，或骑马，或乘轿，只能从天桥两侧搭建的木桥上经过。民国以后，来来往往的人群与东西两边熙熙攘攘的集市交织在一起，非常热闹。清光绪三十二年（公元1906年）修正阳门至永定门之间的马路，将原来路面上的大石条起掉，铺成碎石子马路，天桥桥身也为适应马车、汽车通行，将桥身降低，变成矮桥。1929年，正阳门外大街开始修建有轨电车，又一次将天桥变成平桥，桥栏板仍存。1934年，展宽正阳门至永定门道路时，将天桥彻底拆除。由此，天桥在人们的视野中消失了，但是，作为一种文化现象（地名）保留至今。

三、正阳桥牌楼

说"正阳桥牌楼"人们可能不清楚，但老北京人一提前门大街上的"五牌楼"几乎人人都知道。实际上，牌楼是正阳门外正阳桥的牌楼，始建于明代。明正统年间，对北京内城九门城楼重新进行了修建，并在各城门外设置了牌楼。九门当中在八座城门外设置的是三牌楼，只有在正阳门外设置的是五牌楼。这是因为正阳门被称为"国门"，又是内城九门当中的正门。正阳桥牌楼为木质结构，六柱并排，成五开间。牌楼立柱为街道上常用的"冲天柱"形式，柱下有汉白玉石基座，雕刻有石狮子，牌楼中间的开间最大，两侧依次缩小。牌楼中间正好压在城市中轴线上。在牌楼中间上方用满、汉文字书写有"正阳桥"。

▲中轴线第一个重点——正阳桥牌楼、正阳门箭楼

四、正阳桥

正阳桥位于北京旧城中轴线正阳门前护城河上，是中轴线上的重要景观。原来，北京旧城在明朝正统年间修建城楼、箭楼和疏通护城河后，在内城九门外护城河上均建有大石桥，一般为单孔大石桥一座，只有正阳门前为并排三座大石桥，中间的桥被称为"御路桥"，专供皇帝出行。这样的建筑规制既表明正阳门作为国门的特殊地位，又为皇帝出行安全、方便。

五、正阳门

正阳门俗称"前门""大前门""前门楼子"，与地安门外后门桥俗称相对应。正阳门位于北京内城南面正中，也是北京内城的正门。正阳门由箭楼、城楼和瓮城组成。箭楼为重檐歇山顶，正面箭窗四层，每层十三孔（内城其他箭楼为四层十二孔）。内城箭楼成台一般不开门洞，只有正阳门箭楼成台开门洞一个，是专为皇帝出行的，平时不开门。（内城崇文门箭楼城台于1915年开了一个门洞，是为了现代城市交通）城楼为三重檐歇山顶，面阔九开间，进深五开间，建制规模大于内城其他城门楼，表明这是帝都的正中的城门楼。由于箭楼正中门洞是供皇帝行走的，在东、西两面瓮城墙正中开设有闸楼，供平日人们出进。

正阳门城楼始建于明永乐十七年（1419年），当时还沿用元大都南城正门名称，仍称丽正门（元大都丽正门位于今天安门位置）。到明正统元年（1436），重修京城九门，四年（1439）建成后，改称正阳门，同时修建瓮城和箭楼，在箭楼外深挖护城河，建石桥三座，称正阳桥，在桥南大道当中建牌楼，俗称"五牌楼"，是内城九门中最大的一个牌楼。

▲位于北京旧城中轴线上的正阳桥

▲在正阳门瓮城内还有两座小的庙宇，在城楼前面东侧为观音庙，在城楼前面西侧为关帝庙。正阳门城楼与观音庙、关帝庙组成一个等腰三角形，表明国家的稳定最重要。国为大，为正，教为辅，列于左右，呈中心明显、左右对称的城市景观。

第二节　从大清门到地安门

一、大清门

大清门始建于明代，时称"大明门"，是仿照明代洪武年间营建南京城洪武门的建制建造的。大明门建筑面南，背向天安门，单檐歇山顶，飞檐崇脊，黄琉璃瓦，红墙身，开三门，均为券门，很像十三陵前的大红门。门前左右各有一石狮、一下马牌。门前百步远是天街（老百姓俗称"棋盘街"）。门后是通向天安门的御路。御路由大块条石整齐排列，由大明门一直排向天安门。在御路两边是千步廊。在大明门修建后，朱棣皇帝曾让大学士解缙为门题写门联，解缙选择的是一幅传统对联："日月光天德，山河壮帝居"，受到明成祖朱棣的奖赏，认为写出了帝都的气魄。这副对联不仅表明这里是皇帝居住的地方，还展现出大明（日月合在一起为"明"）的一统江山社稷和皇帝的威德。

▲皇城正南门——大清门（老照片）

1644 年，清朝入主北京后，将"大明门"改称"大清门"，民国后又改称"中华门"。据说，在清朝改称"大清门"时，因一时找不到合适的石料做门匾，只好将写有"大明门"的石匾翻过来用，在民国后再次改换门匾时被发现，结果中华门的门匾只好另找材料，改为木制。中华门在 1957 年扩建天安门广场时被拆除。

二、天安门

天安门为北京皇城正门，亦称"国门"，始建于明永乐十五年（1417年），永乐十八年（1420年）建成，称"承天之门"。明朝末年，承天门毁于战火。清顺治八年（1651年）重建，名字也由"承天之门"改为"天安之门"。今日的天安门基本保持了清朝初年的建筑形制。在文化内涵上，承天门是要表现皇权"奉天承运"和"受命于天"；而天安门则是要进一步表现清朝初年经过明末战乱，天下需要安定的政治主题和"内和外安"的文化思想。"内和外安"即大内（紫禁城）三大殿（太和殿、中和殿、保和殿）都带一个"和"字，外面的皇城四门（天安门、地安门、东安门、西安门）都带一个"安"字，合在一起就是"内和外安"。

▲在天安门金水桥前后，各有石狮子一对，雕刻十分富贵、精细，是天安门的重要装饰物。实际上，中国古代并没有狮子这种动物，狮子的造型是伴随佛教传入中国而逐渐完善的一种吉祥物。当这种威武和象征尊严的吉祥物汉化以后，就被装饰在宫殿、王府、衙署大门的前面。应该说天安门前的石狮子无论是洁白无瑕的石质，还是雕刻精美的程度，以及和蔼可亲的造型都是中国石狮子中的一流水平。与其他城门不同的是在天安门前后还各有一对华表，这是帝王所在地的重要象征。

　　天安门城楼为重檐歇山顶，顶上铺满黄色琉璃瓦，两山为红底色，庄严肃穆，建筑有彩绘，大面积贴金图案，阳光照耀下金光灿灿。城楼在明朝成化年间建造时为面宽五间，进深三间，城楼下面有高大的城台，城台开有五个门洞。清朝初年重建城楼时由原来面宽五开间改为九开间，进深

▲华表源于古代的"诽谤木"。据说在尧、舜时代，曾在路口立一木桩，让百姓在其上面书写对天下的治理是"善"还是"否"。以后，人们将立在路边的木桩称为"诽谤木"，以此表示帝王广开言路。久之，"诽谤木"就成为帝王所在地的路标和装饰物，如果没有这样的装饰物就好像不是帝王所在地，成为帝王居住地和陵寝前的不可缺少的标志性饰物。还有人研究后认为，作为帝王所在宫殿前确定这种装饰的规制是在汉朝开始的，西汉武帝正式称这种装饰物为"华表"，大意是华饰屋之外表的装饰。天安门前后的两对华表，建于明永乐年间。华表用汉白玉精心雕刻而成，在石柱上飞龙缠绕，石柱上横卧云板，顶部是圆形承露盘，盘上蹲卧一兽，名为"犼"（hou），是中国古代华表建造的精品。在天安门前面的两只"犼"面向远方，被称为"望君归"，传说是呼唤在外游山玩水的皇帝赶快回来料理朝政；而在天安门后面的两只"犼"面向紫进城皇宫，被称为"望君出"，传说是呼唤在内宫沉湎于酒色的皇帝应该到外面走一走，看一看民间的疾苦。

由三开间改为五开间，进一步突出了帝王的大门"九五之尊"的气派。在高大的红色的城台下面是大白石块垒砌的须弥座。这种城台源于佛教的建筑台基。现在北京居庸关云台就是这种城台形式的典型代表。在天安门城台四角还有莲花瓣状的雕刻，也反映这种城台与佛教文化有着交融的关系。城台开有五个门洞，正中门洞最大，高8.82米，宽5.25米，其余四个门洞在大门洞两侧对称排开，门洞宽分别为4.43米和3.82米，高度也是依次缩减。这五个门洞也有讲究。中间的大门洞是专门供皇帝行走的，是御路，正好在中轴线上；两侧的大门洞是供王公贵族和三品以上大员行走的，最边上的两个门洞是四品以下官员行走的。五个门洞中各有两扇朱漆大门，门上有纵横交错的"九九八十一"个鎏金的门丁，展现着皇家宫门的气派。

天安门作为皇城正门有很多功能，其中"金凤颁诏"在明清两朝非常出名。所谓"金凤颁诏"就是皇帝向全国颁发诏书的一种固定的礼仪形式。"金凤"是指一种漆成黄色的木盒，上面绘有凤凰和祥云的图案。当皇帝的诏书写好后，由紫禁城午门送出，礼部官员要用"金凤"来承接，把诏书放在木盒内，然后在鼓乐仪仗的引导下登上天安门城楼。在城楼上已经备有摆放"金凤"的台案，台案上铺有黄色绸缎。当诏书放在台案上摆好后，由宣诏官面西而立，宣读诏书内容。宣读完毕，再由奉诏官把诏书卷好，放入"金凤"木盒中，用红绳拴上"金凤"，从天安门城楼堞口徐徐地放到城下。城下由礼部官员用一种特制的云盘承接，然后鼓乐齐鸣，将诏书请回到礼部衙署，印制后发放全国各地。

三、端门

端门位于天安门与午门之间，建于明永乐十八年（1420年），是紫禁城皇宫建筑群的重要组成部分。端门的建筑造型、比例结构与天安门一样，分为台基、城台、大殿三个部分。

台基为汉白玉须弥座，高出地面1.59米，四周刻有荷花宝瓶图案的汉白玉栏板。在栏板之间的栏柱上是雕成莲花瓣状的花饰。

城台是用大城砖垒砌的。城砖之间是白灰膏、江米汁灌浆的实心城台。在城台中间对称开五个券形门洞。中间的门洞最大，门洞的中心正好在中轴线上，与天安门的门洞、午门门洞连成一条线。其余四个门洞在中间大门洞两侧依次排开，与天安门是一模一样的。

城台上的大殿为重檐歇山顶，两侧有金灿灿的山花。重檐的屋顶覆盖黄色琉璃瓦，有"九脊封十龙"的说法。即正脊一条，垂脊八条，共为九条；在正脊与垂脊上共有十个龙吻。龙吻是指宫殿屋顶正脊两端龙头造型的琉璃装饰物，因其造型是张开嘴的龙头，嘴又正对着屋脊，故称龙吻。端门上的龙吻高约3米，宽2米，重约4吨，为宫殿中大型龙吻。

城台上大殿面阔九间，进深五间，共有60根红漆楠木大柱子，36扇门窗。门窗均为中国传统的菱花格式。在屋檐下有彩色斗拱，斗拱下面是额枋，额枋上面有金龙彩绘，古称"金龙和玺"彩绘。大殿顶部更是一组组造型为龙的图案。

端门是"天子五门"中不可缺少的一道皇宫大门。据《周礼》记述，周朝宫室外部作为防御和揭示政令的阙（门）要有五重，即"天子五门"。这五门分别是：皋（gao）门、庙门、库门、应门、雉（zhi）门。"皋"取其远，门在最外；"庙"取其大，门在二重；"库"取其藏，门在三重；"应"取其治，门在四重；"雉"取其文明，门在最里面。明朝在规划营建南京皇城和北京紫禁城时，继承了"天子五门"规制，建有端门。至于端门是五门中哪一重门，有不同说法。一种说法认为北京皇宫天子五门是指正阳门、大明门、天安门、端门、午门，端门在四重；一种说法认为北京皇宫天子五门是指大明门、天安门、端门、午门、太和门，端门在三重。

端门是各种文献中介绍最少的一道皇城城门。老北京人只知道民国时期的京城大盗燕子李三晚上栖息在端门城楼上，却不知道端门的具体作用。在明清两代，皇帝要出巡或去坛庙祭祀，在离开皇宫之前，先要登上端门，进行祈祷，希望外出有一个良好的开端。皇帝出巡、祭祀回来的时候，有时也要登上端门，进行祈祷，表示有始有终，有一个美满的结局，即美好的终端。在端门大殿内还有一口大钟，皇帝在出巡或回来时，都要鸣钟，以此增加威严和壮观的气氛。还有人认为，端门是等级和礼仪的象征，有"礼仪之门"的称号。这话也没有错。端门出现在

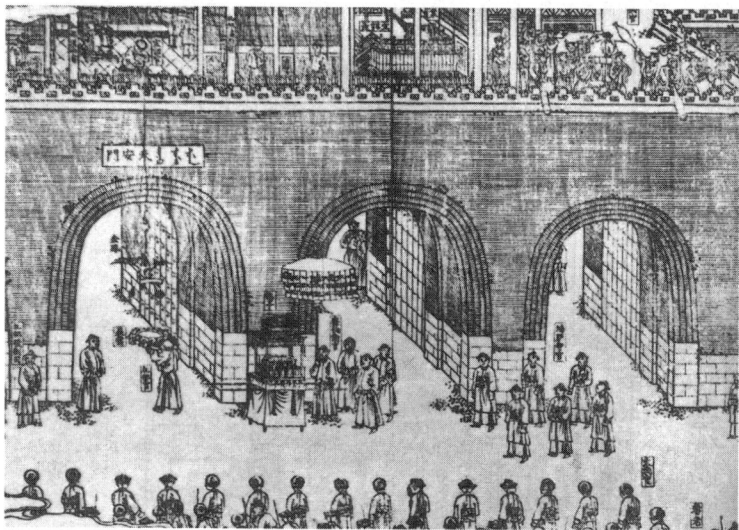

▲天安门"金凤颁诏"。明清两朝凡遇国家庆典、新帝即位、皇帝结婚、册立皇后，都需在此举行"颁诏"仪式。届时于城楼大殿前正中设立宣诏台。由礼部尚书在紫禁城太和殿奉接皇帝诏书（圣旨），盖上御宝，把诏书敬放在云盘内，捧出太和门，置于抬着的龙亭内，再出午门，登上天安门城楼。然后将诏书恭放于宣诏台上，由宣诏官进行宣读。文武百官按等级依次排列于金水桥南，面北而跪恭听。宣诏毕，遂将皇帝诏书衔放在一只木雕金凤的嘴里，再用黄绒绳从上系下，礼部官员托着朵云盘在下跪接，接着用龙亭将诏书抬到礼部，经黄纸誊写，分送各地，布告天下。这种颁发封建帝王圣旨礼仪的全过程，称为金凤颁诏。

天子居住的皇宫前面，这本身就是中国封建社会最高的礼仪。在皇帝进出时，更表现出等级和礼仪。例如，端门中间的大门洞，只有皇帝出行时才开启，只有皇帝或皇帝大婚的花轿才能行走。而两侧的门洞为宗室王公和三品大员行走，最外面的两个门洞，是供四品以下官员行走。

端门大殿在明清两朝是存放皇帝出行仪仗的库房。在大殿内的仪仗只有在皇帝出行时才抬出来，皇帝出巡回来时又要存放在大殿之内。这些仪仗在1900年八国联军进北京时被劫掠，由此我们今天已经看不见昔日保存在大殿内完整的仪仗了。据有关史书记载，皇帝出巡的仪仗是非常讲究的，大致包括的种类有：旌旗、伞盖、扇、兵器等。端门现在是国家重点文物保护单位，2000 年 6 月已经对外开放。

四、午门

午门是紫禁城的正门，始建于明永乐十八年（1420 年），平面呈"凹"型，沿袭了传统宫城正门的建制，如唐朝大明宫含元殿以及宋朝宫城丹凤门的形制。午门下面为城台，高 12 米（与天安门、端门约同等高），正中开三门，两侧各有一门（称左掖门、右掖门）。这种形式使人的目光在正面（南面）看午门是三个方形门洞，而从背后（北面）看午门是五个圆形门洞，这就是中国古代建筑当中的"明三暗五"和"方圆结合"手法的运用。城台上是城楼，正中重檐庑殿顶，九开间，门前左设嘉量，右设日晷；两翼各有廊庑 13 间，为十三太保象征；廊庑两端建有重檐攒尖顶方亭，左置钟，右置鼓，在重大典礼时钟鼓起鸣，是天子城门中最高等级。

午门的文化内涵也十分丰富。根据其造型，古书里也称其为"雁翅楼""五凤楼"。在方位上又被称为"朱雀门"，与紫禁城后门神武门（明朝称"玄武门"）相互呼应，符合古代《礼曲》曰"行，前朱鸟而后玄武，左青龙而右白虎"。这里的"朱鸟"与"朱雀"是相同的。午门象征朱雀也是一种文化传统。这是因为在中国古代，朱雀代表四个方位中南方之神。古人将天上星星分为 28 宿，其中南方有 7 宿，均与鸟形有关。又按五行之说，南方属于火，火为红色，所以就把南方之神定为朱

▲紫禁城正南门——午门

鸟或朱雀。还有专家研究认为，南方之神为朱鸟或朱雀与早期的氏族部落信奉的图腾有关，在南方氏族或部落中信奉的图腾多为神鸟。在中国封建社会中，坐北朝南的皇城、宫殿多为红色墙身，与朱鸟颜色符合，由此在很早的时候，统治阶级就将朱鸟与宫殿建筑相结合。例如，在司马迁的《史记》中就有皇宫中的南宫为朱鸟的记载。以后，历代皇宫中南面的大门或大殿以朱鸟或朱雀命名就成为一种传统。

午门既是举行盛大庆典的活动场地，又是颁朔、宣旨之门，还有很强的防守功能。午门在古代是皇帝迎接军队凯旋、举行宴会和接受献俘的地方。届时，午门上钟鼓齐鸣，彩旗飘扬，十分壮观。同时午门外又曾经是惩戒大臣过失的地方，明朝曾在午门外杖刑大臣。但是，戏剧里常说的"推出午门斩首"却不是在午门大门外，也不是在午门广场中间。这里所说的午门是大概念，即从紫禁城拉出去，到皇城外斩首。明代行刑杀人曾经在西四牌楼，清朝移到宣武门外菜市口。

五、太和门

太和门是紫禁城中最大、也是最重要的一座门。与其说是门，实际上是一座崇基的殿宇。太和门为单檐歇山顶，黄琉璃瓦，七开间中间开三门（也有人认为是九开间，包括了两边的夹间）。太和门建筑在石台基上，台基上是丹陛，汉白玉石栏板、望柱雕刻得十分精细。门前各有大铜狮子一对，这对铜狮子也是中轴线上最威武的狮子。如果你细心对比，就会发现：从正阳门开始，一座座大门前的狮子呈现的是层层上升的态势。正阳门前的狮子为石头雕刻，形象大气，威武；天安门前的石狮子为汉白玉雕刻，精细、华丽、优美；而到太和门前的狮子，已经变为铜制，更加威武，雄壮，透着皇家的霸气；再到乾清门前，你再看狮子，品位又提升了，是鎏金的铜狮子，造型安详、和谐。

太和门始建于明朝永乐年间，是紫禁城大殿的大门，命名与紫禁城大殿命名密切相关。永乐年间大殿称"奉天殿"，大门称"奉天门"，又因是大臣们朝见皇帝必经的大门，也称"大朝门"。明朝嘉靖年间大殿改称"皇极殿"，大门也改称"皇极门"。到清顺治年间大殿又改称"太和殿"，大门也改称太和门。

太和门是明朝"御门听政"的地方。皇帝在此召见内阁大臣，询问朝中事务，直接处理朝政。据说，明朝"御门听政"制度很严，听政时朝臣不仅要提早到来，等待皇帝问话，在整个听政期间还不能随便走动、咳嗽等，必须严格按品级站立两旁等候。

六、太和殿

太和殿始建于明朝永乐年间，初名奉先殿，明朝嘉靖年间改称皇极殿，清朝顺治二年（1645年）改称太和殿。太和殿为重檐庑殿顶，殿顶铺满黄色琉璃瓦，面阔九间，进深五间。也有人认为是十一间，是包括了大典两边的夹室，算起来为十一间。太和殿可以说是紫禁城内最尊贵、最高大、最重要的宫殿。老百姓称之为皇帝的"金銮宝殿"。

太和殿内有72根大柱子支撑巨大的屋脊，其中有66根为红漆大柱，还有6根盘龙金柱在大殿正中。每根盘龙金柱高10米，柱子周长3米，柱上盘龙缠绕，柱下用沥粉贴金绘制出海水江崖，气势宏伟、磅礴。在大殿正中的天花中间有盘龙藻井，形状为倒垂金龙戏珠。这种藻井在世界文化遗产中都是文化珍品。藻井下面正对着的是皇帝的宝座。皇帝的

▲紫禁城前朝太和殿

宝座也称"金銮宝座"。因为这个宝座不仅安放在中轴线上，还在太和殿正中的木制台基上。木制台基是须弥座式，中间摆放着皇帝专坐的龙椅，龙椅前面摆设有香炉，还有宝象、角端、仙鹤等吉祥饰品。这样，不管是谁要见皇帝，从爬上太和殿开始，就必须仰望着皇帝，而皇帝永远是俯视他的臣民的。

在太和殿前的丹陛上，东有日晷，西有嘉量，还有铜鹤、铜龟。日晷是古代的计时器，嘉量是量具，也称"官斗"。这两样东西摆在宫殿前面，就是帝王的标志，就是皇权的象征。至于铜鹤、铜龟则是长寿和长久的含义，表示王朝统治将有万万年之久。在太和殿举行大典时，丹陛上香炉内飘出阵阵檀香，烟香在汉白玉石望柱之间，铜鹤、铜龟、日晷、嘉量周围环绕，仿佛进入仙境一般。

说到太和殿的基台，也大有讲究。太和殿的基台与中和殿、保和殿基台连为一体，从平面看，呈现"土"字形，表示天下的土地均归皇帝所有。还有一种说法是根据中国传统文化"五行"学说，认为金、木、水、火、土，土居中央，土能生万物，具有长久的生命力。而皇宫的大殿理应在中央，而且应该长久下去。基台为三层，层层递高，均有汉白玉雕刻的栏板和望柱，非常壮丽。尤其是每层丹陛间的排水系统，在出水处雕刻有龙头，每当下大雨时，积水从龙头张开的嘴中喷出，场面十分壮观。

游人在观察太和殿屋脊时还会发现，太和殿屋脊的脊兽与其他宫殿也不一样。一般皇家宫殿屋脊上的脊兽最多为九个，即在仙人之后有龙、凤、狮子、麒麟（qilin）、天马、海马、押鱼（yayu）、獬豸（xiezhi）、斗牛。而太和殿屋脊上的却是十个，这十个脊兽分别是：龙、凤、狮子、天马、海马、狻猊（suanni）、押鱼、獬豸、斗牛、行十（hangshi）。"龙""凤"象征皇家的富贵与吉祥；"狮子"为百兽之王，象征皇家的威武和不可侵犯；"天马""海马"象征皇家威德能通天入海；狻猊是传说中的一种猛兽，能食虎豹，象征皇家威武和征服一切；"押鱼"可以兴风作浪，呼云唤雨，灭火消灾；"獬豸"也是传说中的异兽，能辨曲直，用角（jiao）去顶坏人、佞臣，象征皇家正大光明，办事公正；"斗牛"勇猛、忠厚，敢于斗争，象征皇家优秀品质；"行十"为带着一对翅膀可以飞翔的猴子，这种猴子生性聪颖、灵活，象征皇家充满智慧。

太和殿是皇帝登基，举行大的庆典和向全国颁发政令的地方。每次举行大的庆典活动，还要奏"中和韶乐""丹陛大乐"，演奏乐舞和仪仗队伍从太和殿前一直排到太和门外，场面十分壮观。

七、中和殿

中和殿位于三大殿正中。中和也称"致中和"，即达到不偏不倚中正的境地，也就是孔子提出的中庸之道，是以儒治国的象征。中和殿为正方形，上面是四角攒尖顶，上置镏金宝顶，圆形。顶为黄色琉璃瓦，殿身为红色菱花窗门。中和殿始建于明朝永乐年间，称华盖殿；明嘉靖年间改称中极殿；到清顺治二年改名为中和殿。中和殿是皇帝出席大典前休息和做准备工作的地方。有时皇帝也在此殿召见庆典执事或大臣，询问一些事项。观察中和殿的建筑形式，会发现尽管在皇宫之中，建筑形式也不呆板、样式都雷同，而是每座建筑都有区别与不同。如太和殿为庑殿顶，中和殿为方形四角攒光顶，保和殿又为重檐歇山顶，这种变化，使三大殿在建筑形式上出现跳跃式起伏，充满动感，这对我们今天千篇一律地建设方格式楼房应该是一种审美的启迪。

八、保和殿

保和殿始建于明朝永乐年间，时称"谨身殿"，到嘉靖年间改称"建极殿"，清顺治二年改称"保和殿"。保和殿为歇山重檐大殿，上铺黄色琉璃瓦。大殿九开间，进深五开间，是前朝三大殿最后面的大殿。保和殿在建筑上采用减柱造法，建筑学上称"减柱造"。这种做法是在建筑大的殿宇时，将殿前的金柱或后金柱减去，使大殿室内显得更加宽敞，采光更多，更加明亮。

保和殿也是皇帝举行重大活动的场所。清代皇帝多次在保和殿举行宴会，招待外藩使者，为公主举办大婚典礼。然而，保和殿最重要的还是皇帝在此举行"殿试"。何谓"殿试"？在中国封建社会，人们要走仕途，除了世袭以外，都要经过考试。这种考试是从基层开始，在经过"童试""乡

试""会试"之后，考生在得"秀才""举人"和"贡士"后才有资格推荐
参加"殿试"。"殿试"是由皇帝亲自出考题，要求考生面对面回答问题。
凡是通过"殿试"的考生，可分为三个等级。第一等级可以获得进士及第，
但是只有三名，分别为"状元""榜眼""探花"。第二等级为进士出身。
第三等级为"同进士出身"。第二、第三等级名额根据情况有多有少，名额
不确定。凡是通过"殿试"的考生，均可称是"天子的门生"。

九、大石雕

大石雕在保和殿后面中间的御路上，故此也有书中称"保和殿大石
雕"。这块大石雕是中轴线御路上众多石雕中最著名的大石雕。大石雕来
到紫禁城的历史非常悠久。据说在宫殿还没有修建时，大石雕作为备料
已经放到了现在的位置。因大殿（即太和殿，时称奉天殿）在建造时向
南移动，大石雕体积太大，移动到太和殿前面已经不方便了，最后只好
委屈在保和殿后面。大石雕石料来自北京西南的房山大石窝。根据专家
测算，大石雕在雕琢前的石材至少有 300 吨重，紫禁城距离大石窝有一百
多里地，在没有起重机的古代社会，人们是怎样把这么重的石材运到紫
禁城的？根据一些专家推测，搬运巨石的方法是利用冬季路面结冰时，
在巨石下面放上圆木，前面有人来拉动，后面有人推和撬动，才能使巨
石运动。为此，沿途要打井泼水，遇到障碍物还要清理拆除，使用的人
力、物力可以想象，相当可观。但这仅仅是搬运过程。整块大石雕的雕
刻也非同一般。我们现在看到的雕刻已经是清乾隆二十五年（1760 年）
重新雕刻的，上面的图案是九龙戏珠，衬景是海水纹、云纹和海崖。有
关专家评定，这是中国最大、最精美的石雕艺术品。

十、乾清门

以乾清门为界，在紫禁城中分为南北两个部分，南面为前朝，北面
为后宫，乾清门是皇帝后宫的大门。乾清门面阔七间，进深三间，为单
檐歇山顶，黄琉璃瓦，在殿宇式建筑下面有须弥座式白石基台，高出地
面1.7 米。大门两侧有八字墙。与一般民宅不同的是八字墙高大，为琉璃

影壁形式，中间有团龙图案。门前还有鎏金的铜狮子和防火用的鎏金铜缸，从摆设的物件一看，就是皇家的大门。有关铜缸，在紫禁城中多处可见，这是古代宫殿里主要的防火设施。有人统计过，紫禁城内共有308尊大缸，一般都放置在宫殿前面，称为"门海"。每尊大缸可装水3000毫升。大缸有两种，一种为铜制，另一种为外表鎏金的铜制。外表鎏金的铜制大缸是少数，只摆在重要宫殿和大门前面。

乾清门前是一个东西长200米，南北宽50米的狭长广场，更加烘托了乾清门的威严气氛。

乾清门也称"御门"。这是因为从清朝开始，"御门听政"的地点由太和门移到了乾清门。在康熙、雍正、乾隆三朝在乾清门"御门听政"基本保持定期举行。以后，因"御门听政"使得皇帝和大臣们都比较辛苦，到清朝后期被废除。

十一、乾清宫

进了乾清门，迎面就可以看见乾清宫。乾清宫面阔九间，重檐庑殿顶，黄琉璃瓦，一看就是典型的皇家正殿建筑，实际上乾清宫也是后宫中最高大、最重要的建筑。

后三宫是指乾清宫、交泰殿、坤宁宫。这三座宫殿也建造在一个"土"字形台基上，但是比前朝三大殿的台基要低。前朝三大殿的台基高8.13米，而后宫三座宫殿的台基高仅有2.86米。这就造成从平面视觉上感觉三大殿高，后三宫低，出现一个强烈的起伏变化。但在人们游览紫禁城时并没有太大的感觉。这就是建筑设计的奥妙之笔。当人们爬到景山顶上，万春亭前面，就会感觉到这种奥妙的实际作用。从景山向南望去，只见一片金灿灿的宫殿屋脊，却看不见宫殿的墙身和人员走动，这就是传说的紫禁城核心建筑在最隐蔽处，是"沙锅底"式建筑。这种巧妙的安排更增加了皇宫建筑的安全感和神秘感。

后三宫与前朝三大殿在台基上还有一处不同，那就是一进乾清门，你就会踏上一条砖石甬道。这条甬道不仅把你的视线一直引向乾清宫正殿，而且不用你再上下台阶。这条甬道宽10米，长50米，人走在上面，却感觉很长、很宽。这条甬道是专供皇帝行走的，也正好在中轴线上，是中轴线上御路最突出的部分。

在文化内涵上，后三宫也有说法。永乐年间修建皇宫时，是按中国文化传统，以天为乾，地为坤。"乾"代表男人，在皇宫中就是皇帝；"坤"代表女人，在皇宫中就是皇后。由此，将后宫前殿命名为乾清宫，后殿命名为坤宁宫，表示的就是皇帝和皇后的居室。到明朝嘉靖年间，为了表示后宫中皇帝和皇后的和谐、美满，又根据《易经》中"天地交泰"一说，在两宫之间修建了交泰殿。这样，就形成了前朝有三大殿，后宫也有三座宫殿的完整布局。

说到乾清宫，宫内"正大光明"匾不能不提及。此匾由清朝初年顺治皇帝亲笔题写。到康熙晚年，因立太子一事让皇帝大伤脑筋，同时还引发皇子对太子位置的争夺。到雍正皇帝继位后，针对前朝暴露出来的皇位继承权的明争暗斗，改"公开立储"为"秘密立储"。即在皇帝活着的时候，不公布皇位继承人，而是将皇位继承人秘密书写在诏书上，藏于"正大光明"匾后面，待皇帝驾崩后，由亲近大臣取下诏书，公布皇位继承人。由此，乾清宫又是清代秘密立储制度诞生的摇篮。很可惜，清代后期皇子越来越少，没有实用。

十二、交泰殿

交泰殿也是方形的亭式建筑，面阔与进深均为三间，上为四角攒尖顶，最上面是鎏金宝顶，黄色琉璃瓦下是红色墙身和门窗，与中和殿的区别在于亭式建筑没有外廊柱，是封闭式的亭式建筑。在明代，这里也是皇后的寝宫。但是皇后一般不住在这里。这里最出名的是保存着清代的皇家玉玺、自鸣钟和古代的计时器——铜壶滴漏。

十三、坤宁宫

坤宁宫始建于明朝永乐年间，垂脊重檐歇山顶，黄色琉璃瓦，面阔九间，正中开门，分东西暖阁，是皇后的寝宫。到清代对坤宁宫房屋布局做了调整，按满族习俗将西边的房间改造为祭祀场所，将东面的房间改为暖阁，作为皇帝大婚的洞房。清代有 4 个皇帝在此举行过婚礼，分别是顺治皇帝、康熙皇帝、同治皇帝、光绪皇帝。参观坤宁宫的游人会发现，坤宁宫的窗户是直棂吊窗，窗户纸糊在窗外，与其他大殿的菱花格式固定的窗户完全不同，这也是清朝入主紫禁城后，按照满族人在东北生活居住的习俗而做的改动。

十四、"人"字形树

人字形树在中轴线上，位于御花园内多处，最终要的是位于钦安殿天一门前的"人"字形树，由一棵松树和一棵柏树相交在一起，下部分开，呈现"人"字形，象征男女恩爱，阴阳和谐。原国民党主席连战偕夫人在"人"字形树前留影，象征夫妻恩爱、白头偕老。在御花园中心位置经过园艺形成的"人"字形树，强调的是人的和谐，表现皇家与世俗一样，希望家庭和睦，夫妻恩爱，即"后宫宁，前宫清"，皇帝与后妃们能有和谐、美满的生活，国家有清明、祥和的氛围。

十五、天一门

天一门为钦安殿前的大门，也是中轴线上建筑体积最小的一道门。每年立春、立夏、立秋、立冬四个节气皇帝要在钦安殿设道场，同时在天一门内设坛焚香，祈祷玄武之神（北方水之神）保佑皇宫消灭火灾。在古代社会中，由于宫殿建筑集中，又没有现代防火设施和避雷设施，火灾是皇宫中最大的灾害威胁，明朝从修紫禁城开始，就不断有火灾烧毁宫殿的事情发生，为此将玄武大帝的祭祀场所放在中轴线上，而且到清朝也没有改变，说明皇帝对火灾的恐惧和重视。

十六、钦安殿

钦安殿位于故宫御花园正中，始建于明永乐年间，为明初营建紫禁城时的重要建筑之一，也是在中轴线上唯一的宗教建筑。钦安殿坐北朝南，建筑在高台之上，面阔五间，进深三间，黄琉璃瓦重檐盝顶。殿内为祭祀道教之神的场所，供奉的主神是玄武大帝（也称玄天大帝、玄天上帝)。玄武为北方之神，龟蛇合身之形。按中国传统文化五行学说，北方属于水，水为黑色。又传说，玄武是玉皇大帝派到北方镇守的统帅，是道教的护法神之一，故此殿内玄武的造型为脚踏龟蛇，手持宝剑的武士打扮。据传，在朱元璋平定天下、朱棣夺取皇权的过程中，玄武之神都曾现相相助过，所以在皇宫中要敬玄武之神，而且要在紫禁城北面居中的位置安放钦安殿。由此，玄武又成为皇宫中的保护神。据传说，明朝嘉靖年间紫禁城中着了一场大火，有太监看见玄武之神出现在钦安殿东北角，调动北方之水灭火，并在钦安殿东北角台阶上留下两个脚印。这个传说更增加了钦安殿的神秘色彩。据说在钦安殿前的石刻上还能找到一些附会的依据。例如，在石刻中就雕有鱼、鳖、蟹、海妖和水怪等。

十七、顺贞门

顺贞门在紫禁城御花园最北面，是在北宫墙正中上开三门的形式，因其门正好位于中轴线上，也具有代表性。顺贞门后面正对着神武门门洞，一般是关闭的。顺贞门只是在皇后外出去先蚕坛躬桑祭神时才开启大门，其他事由均走旁门。然而，顺贞门还是出名的，皇宫定期选来的秀女要进此门，并在此门前面排队候选。由此，每当如花似玉的少女列队来到时，沉寂的御花园后墙就会热闹起来，出现一道靓丽的风景线。

十八、神武门

神武门在明代称"玄武门"，因清朝康熙皇帝名"玄烨"，按中国封建社会的避讳制度，将"玄武门"改为"神武门"。玄武为古代北方太阴之神，其形为龟蛇合身形，按五行之说，北方属于水，故此又称为水神，是明朝皇宫灭火去灾的保护神。清朝改称"神武"，其文化内涵既有相同之处，又有不同之点，神武是宫城御林军后军之称。

神武门始建于明永乐十八年（1420年），清朝康熙年间重修。城墙五开间，为重檐歇山顶，下面为高大的城台，中间开门洞。在清朝，皇帝外出去西苑，皇后去先蚕坛、皇帝迎娶嫔妃和备选秀女均走此门。

十九、绮望楼

绮望楼位于景山向阳一面的山脚下，位于中轴线上，建造于清乾隆十五年（1750年），坐北朝南，为歇山重檐顶，黄琉璃瓦，三楹五开间，二层楼式，楼下有月台，三出陛，汉白玉石栏板，楼内供奉孔子神位。在乾隆年间，景山前面是皇家办的官学场所，在绮望楼东南侧原有八旗子弟学校，今已无存。绮（qǐ）为美丽的意思，这座楼也确实是景山一处美丽的景点。

二十、景山

景山，由五座山峰组成，有传说是根据佛祖的五根手指修建。明朝修建紫禁城时，用拆毁原皇宫的渣土和挖紫禁城护城河泥土堆砌成山。名为万寿山。清代改名为"景山"。山脊上五座亭子为乾隆十五年（1750年）修建。亭建成后，每座亭内立铜铸佛像一尊，为五方佛，保佑着紫禁城的江山社稷。五方佛正中为毗卢遮那佛，也称"大日如来佛"，在万春亭内。另外四尊佛从东向西，第一尊为宝生佛，在周赏亭内；第二尊为阿閦（chù）佛，在观妙亭内；第三尊为阿弥陀佛，在辑芳亭内；第四尊为不空成就佛，在富览亭内。五方佛在1900年被八国联军掠走四尊，毁一尊（即毗卢遮那佛）。现万春亭内毗卢遮那佛像为新铸造。景山最为奇特的景象是20世纪末人们利用航空遥感发现的景观。航空遥感的照片隐约发现，从空中看景山整体酷似一尊体态雍容、面带微笑的坐佛。这一发现，更增加了北京帝都文化的神秘感。

二十一、寿皇殿

寿皇殿始建于明朝万历年间，是供奉皇室祖先的场所。在每月初一和先皇忌日，皇帝要亲自来此处祭祀。据史书记载，寿皇殿最早建筑在景山的东北角，清乾隆十四年（1749年）移到景山北面，坐落在中轴线上。

现存寿皇殿是一组完整的祭祀建筑群，布局严谨，建筑华丽。其中大殿是仿照太庙大殿建造的。大殿为重檐庑殿顶，黄琉璃瓦，红色殿身，面阔九间，进深三间，前后带廊，殿前有月台，东西两侧有配殿，还有御碑亭、井亭、神厨、神库。寿皇殿前面为寿皇门，也是殿宇式建筑。寿皇门前面是建造在院墙上的三座门，均为券门。在三座门前面还有一对石狮子和三座牌楼。北京解放后，寿皇殿成为北京市少年宫活动场所。

二十二、地安门

地安门是皇城后门，明称北安门，清顺治九年（1652年）改称地安门。地安门为单檐歇山顶，黄琉璃瓦，红墙身，面阔七间，中间开三门，为方形门洞，于皇城南门——大清门圆形门洞形成对照，表明"天南地北、天圆地方"。在地安门内两侧，原来建有对称的雁翅楼在中轴线两侧。

▲通过旧照片可以清楚看到近处的寿皇殿、远处的地安门和鼓楼，鼓楼顶上多出的部分为钟楼顶端，再次证明钟楼为中轴线上最高的建筑，高**47**米左右。

第三节 从万宁桥到钟鼓楼

一、万宁桥

万宁桥俗称"后门桥",位于地安门外大街到鼓楼的中间位置。桥始建于元代,俗称"海子桥",据说是因为在大天寿万宁寺前,得名"万宁桥"。又因在皇城后门外,又俗称"后门桥"。桥因位于中轴线上,位置十分重要。根据北京旧城中轴线天南地北的传统观念,天桥在南,称"天桥";万宁桥在北,又有"地桥"之说。万宁桥在元代桥墩为大石块垒砌,中间为木制桥梁,能开启落下。明代以后,通惠河漕粮船不经过玉御河进入什刹海,万宁桥改为单孔石拱桥,桥栏为汉白玉石栏板,雕刻古朴大方。据传说,20世纪50年代,后门桥曾出土石鼠一对,在桥两侧,与正阳门瓮城内石马组成北京城市中心的"子午线"(鼠在地支中为"子",马为"午")。另一传说是桥下刻有"北京城"三字,每当夏季雨水多的时候,水位上涨到"北京城"三字时,就表明北京积水多了。为此在北京流传有这样两句话"火烧潭柘寺,水淹北京城"。

二、鼓楼

鼓楼在元代已有,是楼台式建筑,木结构,称"齐政楼"。明永乐十八年(1420年)重建鼓楼,样式保留至今。鼓楼为歇山式重檐屋顶,上铺灰筒瓦,绿琉璃瓦剪边;楼体为木结构拱券式楼阁(外观两层,实为三层,三层为暗层),高约47米,面阔五间;楼下面有高4米的砖台,使鼓楼显得更加雄伟壮观。

鼓楼是古都北京中心区的高大建筑,也是计时、报时中心。计时用"铜壶滴漏"。铜壶设在二楼"漏壶室"。据说,清代乾隆朝以后,铜壶滴漏被搁置,改用"时辰香"计时。报时用鼓。鼓设在一层,有24面大鼓,一面特大的大鼓(用一整张牛皮绷制而成),总计25面鼓。最大的一面大鼓用来报时，其余 24 面鼓用来报一年 24 个节气。1900 年，鼓楼内的鼓遭受八国联军的破坏。由此，在 1924 年陈列八国联军侵占北京的罪证和照片时，鼓楼一度改称"明耻楼"。

▲中轴线北段重点建筑——鼓楼

铜壶滴漏，简称"滴漏"，也有文献称"漏壶""漏刻"，是我国古代主要的计时器之一。中国古代有三种计时器物：日晷、时辰香、滴漏。日晷制作简单，但阴天、雨天和夜晚无法使用；时辰香耗费大，还需要有人看守；滴漏计时准确，但制作复杂。滴漏起源甚早，《周礼》中已有记载。以后历代不断改进。到唐朝已经有比较完备的四级制滴漏。北宋景祐三年（1036 年）研制成功保持漏壶水位平衡的平水壶（滴漏中的一个重要程序），大大提高了滴漏的计时精度和准确性。由此，元、明、清宫廷一直沿用滴漏计时。古代北京有两处安放滴漏，一处在紫禁城交泰殿，一处在鼓楼。目前，鼓楼已经恢复了报时鼓和节气鼓的陈列，并定期有击鼓表演。同时复制了铜壶刻漏。新仿制的刻漏分：天池、平水、万分、收水四个部分。天池在最上面，方形，为储蓄水壶；平水和万分也是方形，为中间的滴漏壶；最下面是收水壶，为圆形。

三、钟楼

钟楼是明永乐十八年（1420年）在元大都钟楼旧址上重建，原为木结构建筑，后毁于大火。现存样式为清乾隆十年（1745年）重建。重建钟楼为重檐歇山顶，灰筒瓦，绿琉璃瓦剪边，无梁拱券式砖石结构，楼高约48米，楼周围有汉白玉石栏杆。钟楼下面为砖石台基，使钟楼显得高耸，俊俏。钟楼的功能也是报时，兼有报警功能。报时、报警用楼内的大钟。钟楼本身具有很好的回音功能，像天坛皇穹宇内的回音壁一样，有着科技原理。有人说，钟楼的回音效果使钟楼成为一个大音箱，体现了古代劳动人民杰出智慧。

▲中轴线末端建筑——钟楼

钟楼内大钟很有名。原来的大钟是铁质的（现存大钟寺），后更换成铜钟。史学家认为，钟楼在中轴线顶端，钟楼大钟的铸造，既有报时作用，还有明朝皇权定鼎北京象征。

钟楼内的大钟出名还由于它出自鼓楼西面的铸钟厂，传说铸钟师傅为铸大钟，牺牲了女儿的生命。为附会民间这种传说，在钟楼旁还真的建有"金炉娘娘庙"（现已毁）。

▲鼓楼在前，钟楼在后，前为阳，后为阴；前面的鼓楼建筑魁梧，砖木结构，像棒小伙，红色墙身像红脸大汉，后面的钟楼为纯砖石结构，像苗条淑女，清秀、冰洁。两者之间是 100 米的空间，形成一个市民活动的广场，同时对声音扩散设计非常合理。两个建筑周围是一片低矮的平房，体现着北京古都风貌，同时也适宜鼓声、钟声传播。

有关钟楼报时，老北京人也有一讲，叫"紧十八，慢十八，不紧不慢又十八"。这里的"紧"和"慢"讲的是敲钟的频率，或称节奏感。三个"十八"正好是 54 下钟声。敲击两遍正好是 108 下。现在北京高大建筑物多了，现代城市噪音也大了，钟声似乎听不到了。而在古代社会里，北京多是四合院和小胡同，悠扬的钟声能传遍京城。同时，作为中轴线北端的建筑也到此为止。

北京旧城中轴线上汇集了古都北京城市许多重要建筑。本课题研究成果因篇幅有限，只是挑选突出重大的建筑加以介绍。北京旧城中轴线上建筑内容不仅博大精深，而且十分丰富，例如：除了永定门、正阳门、大清门、天安门、端门、午门、太和门、乾清门、神武门、地安门、太和殿、中和殿、保和殿、乾清宫、交泰殿、坤宁宫、钦安殿、寿皇殿、鼓楼、钟楼等，还有左右对称或呼应的天坛、先农坛，太庙、社稷坛，文楼（体仁阁）、武楼（弘义阁），万春亭、千秋亭等；其中，桥梁不仅有天桥，还有正阳门大石桥、前金水桥、后金水桥等。作为建筑整体，还有皇城、紫禁城、御花园、景山等。

一条北京旧城中轴线可谓与华夏文化共生、共荣，是华夏文化的最高表现形式。考古发现的众多华夏古都，都有中轴线规划。几千年来，随着朝代的更替，古都的迁移，在华夏大地上，先后出现了数十个古都，北京则是最后一个古都，因此北京古都城和中轴线的历史规划就有了"活化石"的意义所在。①

---

① 朱耀廷、顾军主编，郭超著，《北京古都中轴线变迁丛考》，光明日报出版社2011年版，前言第1页。

第六章　长安新脉

北京有3000余年的悠久历史，有860年的建都史，是世界历史文化名城和中国四大古都之一。长安街作为北京城的东西轴线，如同一条宽广舒缓的彩带横贯北京城的东西两端，在这条街上发生了许多重大的历史事件，记录着北京发展的步伐，见证着首善之区和新中国的过去、现在和未来。

世界上每个国家的中心城市都会有一两条著名的街道，比如巴黎的香榭丽舍大街、柏林的菩提树大街、东京的银座、伦敦的白厅大街和牛津街、华盛顿的宪法大道和纽约的第五大道、圣彼得堡的涅瓦大街和莫斯科的新阿尔巴特大街……这些著名街道是一个国家政治、金融、商业、历史、文化、艺术、宗教集中展示的窗口，也常常是地标建筑最集中的国家名片。相比而言，长安街是这些著名街道中历史最悠久、功能最多元、长度和宽度均首屈一指的大街。

最早的长安街是指从东单到西单，天安门以东到东单是东长安街，天安门以西到西单是西长安街，统称长安街，长约3.8公里，被长安左门、右门分隔为东、西两段。辛亥革命后，1912年长安左门、右门被拆除，长安街始得贯通。1939年，在内城东西两端开辟启明（今建国门）、长安（今复兴门）两个豁口，并形成延长线。新中国建立后，经过多次拓宽、改造，长安街成为从西到东的通衢大道，分别延伸至首钢东门和通州镇，特别是作为城市轴线的地位日益显著。2010年6月，长安街西延道路工程规划方案获得批准，长安街再向西延长到门头沟的三石路与规划中的石龙西路相接处，整个长安街共长51.4公里，成为真正的"百里长街"。

每天，数以万计的中外游客会来到长安街，一次又一次举起相机，感受着一个东方大国的形象和魅力，每一个中国人在体会着与祖国同在之时，还会由衷自豪地感叹：我们这些平凡的人是这条长街、这片广场和这个国家真正的主人！每逢"五一"和"十一"，天安门广场还会矗立起孙中山先生的肖像。一个世纪前，这位伟大的先行者"起共和而终帝制"，迎来了中国民主革命的第一缕曙光。他的身后，人民英雄纪念碑用无言的巍峨告慰着为中华民族复兴前赴后继的英烈们；正前方的天安门城楼上，悬挂着新中国缔造者毛泽东的画像。两位巨人在世界上最大的广场含笑相望。

长安街因其特殊的地理位置成为中国的政治中心和文化中心，在这条街上集中了许多中央机关和文化机构，是中国政治和文化的形象代表，因而又被誉为"神州第一街"。如今，长安街正在以开阔、包容的气度展现着富强、民主、文明、和谐的现代气息。

第一节　长安新脉的历史传承

一、元、明、清时期的长安街

蒙古铁骑入主中原后，由于燕京旧城已毁，元世祖忽必烈决定在东北郊另选新址兴建新都城。元大都是按照《周礼·考工记》规制建设的最完备的封建都城，纵贯全城的中轴线和棋盘般交错的道路，使之具有完整而方正的格局，从而奠定了北京旧城的基础，开启了北京作为全国政治中心的历史。

长安街的雏形始于元大都南城墙内的顺城街，至元八年（公元1271年）建成，宽度大约为20米，长约6.8公里，街南为大都的南城墙，城外是宽约30米的护城河。南城墙有三个门：东为顺城门，西为文明门，中央为丽正门，均与顺城街连通。在顺城街西段路北（今六部口西），建有庆寿寺（双塔寺）。

1368年，明太祖朱元璋在南京应天府称帝，将元大都更名为北平，就是平定北方的意思。"靖难之役"后，明成祖朱棣即位，年号为永乐，将都城由南京迁至京师，并改北平为北京。为了营建北京城，从全国各地征调了数十万工匠和上百万民工，还有大批驻军，相继完成了外城、皇城、宫殿和坛庙钟楼的建设，北京城的轮廓发生了改变。曾经的元大都南城墙被拆除，改作了城内的道路。明永乐十五年（公元1417年），皇城的正门——承天门建成，取"承天启运，受命于天"之意，这就是最早的天安门。永乐十八年（公元1420年），历时14年建成的规模宏伟的紫禁城出现在北京的中心。

在皇城的最南端建有大明门（清代改名大清门，民国时称中华门），即今天毛主席纪念堂的位置。大明门左右两侧各伸出两道红墙，以红墙和宫门合围为一个"T"字形广场，这个封建皇帝的宫廷广场封闭而严密。沿广场的边缘筑有红墙，红墙内侧并建有"连檐通脊"的千步廊，是封建皇帝举行盛大庆典等重要活动的场所。广场北至天安门及两侧皇城南墙，天安门前有一条东西走向宽敞的"横街"，该街东西各有一门，即长安左门与长安右门，据说其名得自盛唐时代的都城长安，取长治久安之意，长安街便以此得名。

明代的长安街特别是承天门附近分布着最重要的官僚机构。承天门东侧为太庙，是皇室供奉祖宗牌位、年节大典祭祀先人的地方，也是保存最完整的明代建筑群之一；西侧为社稷坛，是皇帝祭祀土地神和五谷神的地方。广场两侧的宫墙之外，东侧有宗人府、吏部、户部、礼部、兵部、工部、鸿胪寺和钦天监等，西侧有都督府、太常寺和锦衣卫等。这些中央行政机构通过宫廷前的广场与宫城连为一体，象征着封建皇帝拥有的至高无上的权力。

在广场上还定期举行一些隆重的活动，如被称为"金殿传胪"的科举揭榜仪式和每年的"秋审"和"朝审"，因此长安左门和长安右门又有"龙门""虎门"之称，显示出封建皇帝主宰一切的权威。而皇帝的登基大典或册立皇后等仪式则要在承天门举行隆重的颁诏"仪式"。

清军入关后，仍决定定都北京，清朝统治者完全沿用了明朝的北京城，城市建设未作变动，只是对建筑物作了一些重修和局部的、小范围的改建、增建工作。顺治八年（公元1652年），长安左门、长安右门改名为东长安门、西长安门。在今北京饭店前，建东长安牌楼；在今府右街南口，建西长安牌楼。在今东单和西单还建有东单牌楼和西单牌楼。东长安门以东到东单牌楼称为东长安街；西长安门以西到西单牌楼称为西长安街。此外，在东长安门之东、东长安牌楼以西（今公安部办公大楼门前）建有三座门，称东三座门；在西长安门之西、西长安牌楼以东（今国家大剧院门前）也建有三座门，称西三座门。

清代官署机构大多沿用明代建制旧址。大清门千步廊以东官署基本未变，西侧的官署变化较大。因兵制不同，清代不设五军都督府，废除了锦衣卫，空出来的地方部分改建为民居，部分安置为三法司。在原明朝锦衣卫的旧址自南而北依次是大理寺、刑部、都察院、太常寺和銮仪卫。隶属于都察院的京畿道御史衙门、巡城御史、编修法律的律例馆都迁到正阳门内，靠近刑部诸机构，使职能相近的衙署机构较为集中。

清代还特设理藩院，掌管蒙古、西藏、新疆和其他少数民族事务，位于东长安街北侧、皇城东南角墙外。此外，东长安街还有皇史宬、詹事府、贡院、观象台，西长安街还有西苑（今中南海）、行人司、开平署、庆寿寺（双塔寺）等。

明清时期的长安街与其他街道一样为土路，皇帝经过前要先"黄土垫路、净水泼街"，平时则是"无风三尺土，有雨一街泥"。1905年，东长安街修成石碴路，1907年，西长安街也修成石碴路。

清末，列强入侵北京，对北京城造成了严重破坏。1858年的《天津条约》和1901年的《辛丑条约》后，清政府允许外国使节进驻北京，自此天安门以东、崇文门内大街以西，北至东长安街，南到皇城根，被划为东交民巷使馆区和外国兵营。该地区建筑由各国自行建造，因此，东交民巷地区出现了为外国人服务的一些城市设施，如邮局、旅馆、医院、舞厅和西餐厅等，建筑也形成了各国的特色和风格。

二、民国时期的长安街

辛亥革命以后，封建统治阶级被推翻，伴随着帝国主义的侵略和国内资本主义的发展，旧的城市布局逐渐与经济基础不相适应，长安街的格局亦随之被打破。封建时期，居中的皇城为禁地，不准车马行人往来，在东、西三座门外侧各竖立着一座巨大的石碑，碑上用汉、满、蒙、回四种文字书刻"文武官员至此下马"，以显示天子居所的庄严神圣。因此一直以来东、西长安街被皇城分隔成东、西两段，互不相通，北京居民东、西城之间的交通往来必须经由北安门（今地安门）或正阳门（今前门）绕行，十分不便。为了方便交通，1912年，长安左门和长安右门边的红墙被拆除，仅剩门阙。从此，天安门广场向普通百姓开放，东西长安街得以贯通。1913年，开辟了府右街，1914年打通了南长街和南池子，开辟社稷坛为中央公园（今中山公园）。1917年，为了方便百姓来往，长安街改为柏油路，成为一条主要交通道路。这一时期的长安街曾改过名称。辛亥革命成功后，人们出于对孙中山先生的热爱与拥戴，将天安门前一段天街改名为中山路。后来，袁世凯窃据革命成果，辟中南海为大元帅府，开中南海门为新华门，新华门前的一段西长安街被改名为府前街。

北洋军阀统治时期，主要的办事机构也多分布于长安街上，如大总统府、副总统府、交通部、平政院、大理院、总检察厅、高等审判厅、宪兵营，等等。1924年，北京开始通行有轨电车，第一条线路由前门经过西长安街到西直门。1930年，东西长安街都有了有轨电车。1928年，中华民国政府迁都南京后，北京改称北平，设直辖市。当时的北京虽已走上了近代发展之路，城市建设有一些局部地区的小规模改建，但由于国家内忧外患，城市的建设与发展基本上处于停滞状态，长安街沿线风貌基本没有变化。

1937年，日军侵占了北平，为了满足其殖民统治的需要，对北京的经济、社会及自然资源等进行了详细调查，并编制了《北京都市计划大纲》。在布局上，将北京分成旧城区、西部新市区、东郊新市区和通县工业区，因此出现了旧城与新建区的交通联系问题。1939年时，为了适应东、西城郊工业的发展和交通需要，在北平城东西两端各辟出一门，东侧为启明门（即今建国门），西侧为长安门（即今复兴门）。虽然是为了交通的便利，但实际上这两条路都是只有五六米宽的小巷，通行依然不便。后来又修建了向东西两侧延伸的道路延长线，分别是从建国门到西大望路和从复兴门至玉泉路。这一时期长安街的名称消失了，东、西长安街分别被更名为东、西三座门街，日伪时期出版的地图上是找不到东、西长安街的名称的。

抗日战争胜利后，国民政府接收了北平。国民政府统治时期的北平仍然民不聊生、百废待兴，长安街上摊贩林立、垃圾如山，天安门城楼也破旧不堪。鉴于当时的国内政治、军事形势，1946年，北平市政府编制了《北平都市计划大纲草案》，长安街基本沿袭了日伪时期的旧貌。

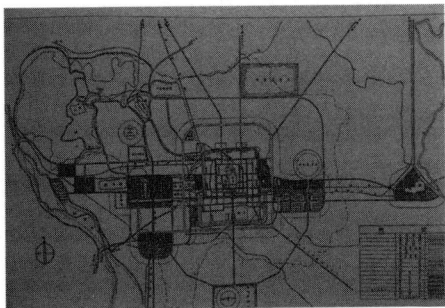

▲北平市都市计划简明图

解放战争时期，由于解放军对北平的包围，国民党军在东单崇文门内大街西侧，拆掉部分民房，修建了小型机场。

到1949年北平解放前，长安街及其延长线尽管是北京的主要交通干道，但其通行状况并不顺畅。从东单到南长街附近为宽15米左右的沥青路并有一部分慢车道，从南长街以西到西单为宽12~24米的沥青路，东单到西单有一条有轨电车线经过。东单到建国门是经过裱褙胡同和观音寺胡同两条各宽5米的小路分上下行相通，建国门至大北窑以东为宽7米的路面；西单到复兴门是经过旧刑部街和报子胡同两条各宽5米的小路分上下行相通，复兴门至公主坟以西为上下行各宽6米的两幅路，中间有隔离带。

三、北京解放后到新中国成立前的长安街

1949年1月，平津战役进入尾声，为了使北平这座举世闻名的古都免遭破坏，解放军在围城后，派出代表同傅作义接触。在人民解放军的强大压力下，由于中共的耐心工作和各界人士的敦促，傅作义终于决心顺应民意，命令所部出城听候改编。1949年1月31日，解放军进入北平接管防务，北平宣告和平解放。2月3日，人民解放军举行了盛大的入城

仪式，入城部队由永定门入城，经前门、东交民巷、崇文门内大街向北到北新桥转向西，过太平仓后与另一路从西直门入城的部队会合折向南，经西四、西单、西长安街、和平门、骡马市大街，由广安门出城。

1949年2月12日，20余万人在天安门广场集会，热烈庆祝北平和平解放，叶剑英市长发表讲话："让我们在自由的天空、自由的城市里边，来庆祝北平人民自己的伟大胜利。这是北平人民第一次获得真正的自由和民主，北平的和平解放，为中国人民解放事业创造了新的榜样。这是与中国共产党正确的领导，人民领袖毛泽东的战略天才以及人民解放军的英勇善战不可分离的"。大会以后，举行了盛大的群众游行。

此后，接管政权的市人民政府开展了对旧城的整治工作，很快使得市容环境和城市基础设施大为改观。1949年3月，市人民政府组建了北平市清洁运动委员会，组织全市范围内突击清运垃圾，城市面貌焕然一新。

▲1949年2月，在天安门广场举行的庆祝北平解放大会

刚解放时的天安门及其广场年久失修，破烂不堪，面目皆非。城楼的梁柱上积存着厚厚的鸽粪，门窗残破不全，城台上尽是断砖残瓦，城墙上的油漆斑斑驳驳，屋顶长满蒿草。金水河里的淤泥污物散发着臭味；广场上杂草丛生，零乱荒芜；广场东侧房屋低矮破旧，电线凌乱不堪；广场西侧坑洼不平，积水发臭。作为将要举行开国大典的场所，天安门广场需要进行彻底的修整。

北平各界人士怀着主人翁的责任感，投入到紧张的修整天安门的劳动中，争先恐后地为新中国的诞生做贡献。市建设局以修整天安门广场为中心工作，集中了全局的主要技术干部和绝大部分的施工工人共500多人，调集了局里大部分的机械投入施工。他们推、平、清、运，日夜奋战，劳动热情十分高涨。4000多名男女

▲1949年天安门广场整修

学生及教员、儿童，700多名华北人民政府干部，300多名邮政工作人员，以星期六突击义务劳动的形式协助完成了此项工程。

由于上下齐心，施工进度迅速，天安门广场修整工程按期竣工。经过北平军民的突击劳动，运走了广场上堆积如山的垃圾，扫除了天安门城楼的鸽粪，栽植了许多花草树木，开辟了一个面积16000平方米、能容纳16万人的广场，修建了一座高达22.5米的升降国旗的旗杆。有关单位还绘制了毛泽东油画肖像，雕刻、制作了中华人民共和国国徽，绘制了"中华人民共和国万岁""中央人民政府万岁！"的巨幅横标，制作了天安门城楼上的大红灯笼，把天安门城楼布置得更加庄严雄伟。

经过清洁大扫除运动和修整天安门广场工程，北平这座文化古城一洗往日脏乱不堪的城市形象，变得干净、整洁、卫生和文明。1949年9月27日，中国人民政治协商会议第一届全体会议通过决议，中华人民共和国国都定于北平，自即日起北平改名为北京。10月1日，北京市30万军民齐集修整一新的天安门广场和东西长安街，具有划时代意义的新中国开国大典在这里隆重举行。获得新生的古城到处洋溢着勃勃生机，以崭新的精神风貌与来自国内外的八方宾客共同见证了中华民族历史上这一辉煌的时刻。

四、新中国成立后的长安街

中华人民共和国成立以后，人民政府十分重视城市建设，先后多次对东、西长安街及其延长线进行改建、扩建，使其成为城市的东西轴线和宽阔的交通干道。

1950 年 6 ~ 9 月，为迎接新中国第一个国庆日，兴建了林荫大道工程。东起东单路口，西至府前街东口（今一六一中学高中部），全长 2.4 公里。在原 15 米宽沥青路面的基础上，南河沿以东的北侧和南河沿以西的南侧，各修了一条 15 米宽的新路。新路与旧路之间的隔离带可以行驶有轨电车，沿路种植了 4 排高大的乔木，形成了规模可观的林荫大道。

1952 年 8 月，为国庆游行和疏导交通的需要，拆除了原来仅存的长安左门、右门门阙。鉴于东、西长安街的交通流量日益增多，1954 年 8 月拆除了西长安牌楼，随后又拆除了东长安牌楼。随着北京东、西郊建设的蓬勃开展，为了沟通城郊之间的联系，1956 年 7 月，西长安街以西五条小巷（即旧刑部街、报子街、卧佛寺街、邱祖胡同和坑沿井胡同）之间的 2500 余间房屋全部被拆除，从而拓宽了马路，路面为宽 35 米的沥青路，称为复兴门内大街。1958 年，东单以东五条小巷（即东观音寺、西观音寺、笔管胡同、鲤鱼胡同和官帽胡同）的 3000 余间房屋也被拆除，将路面拓宽为 35 米，称为建国门内大街，与此同时，拆除了东、西长安街上的有轨电车轨道，将全部架空线路转入地下。

1958 ~ 1959 年，北京市政府对建国门至八王坟之间的道路予以扩建，从原来 10 米宽的路面扩建为 30 米宽的路面，之后，两侧又加铺了各宽 7 ~ 8 米的非机动车道。

1959 年 5 ~ 9 月，南池子至南长街段被扩建为宽 80 米的游行大道，南池子至东单路口地段扩建为 44 米 ~ 50 米宽的沥青混凝土路面，新华门以东至南长街段的道路也相应拓宽。此前，长安街的地下管线种类很少，新中国成立前只有自来水管、电信管道和雨水污水河流管沟三种管线，东西延长线上只有部分自来水管道和电信管道。新中国成立后，随着城市建设的发展和道路的拓宽、打通，路面和步行道下面逐步埋设了各种管线。1950 年，在修建林荫大道时地下相应增修了雨水管。1955 年，拓宽西长安街道路时修建了雨水干管和污水管。1959 年，建成了从第一热电厂向西经建国门、天安门到民族饭店的全市第一条热力干线，同时还完成了由热力干线到人民大会堂、革命历史博物馆、北京火车站、民族文化宫和民族饭店等建筑的热力支线和热力点工程。1959 年 2 月，煤气干线工程正式开工，东起焦化厂，向西经西大望路、建国门、东西长安街直到民族饭店，全长 21 公里。1959 年底开始人民大会堂、革命历史博物馆、北京火车站、民族文化宫和民族饭店等大型建筑陆续供气，从此结束了北京市没有大型煤气设施的历史。

1959 年中华人民共和国成立十周年庆典之前，天安门广场又进行了一次大规模扩建，广场面积由 11 公顷扩大到 40 公顷，全部铺装了混凝土方砖。在天安门城楼前铺砌了长 390 多米、宽 80 米的花岗石路面，与宽阔的广场连成一体。东、西长安街经过三次拓宽修建，街道宽阔平坦，车行道宽 47 米～80 米，最宽处为 112 米，是目前世界上最宽的街道。同时，对地下管线进行了规模较大的建设。在长安街北侧新建了北京市第一条综合管道，东西长 1070 米。综合管道为宽 3.4 米、高 2.3 米的砖砌可通行方沟，沟内铺装了热力、电信、电力、广播等多种管线，并预留了上水管的位置。在天安门广场的周围及长安街沿线新建了雨水、污水、上水、电信、电力、照明、煤气、热力等 8 种管线，共长 110 公里。

1959 年时，长安街已经基本完成了道路的打通和拓宽工程，开始进入以两侧建筑物的建设为主的发展阶段：长安街两侧共建设了纺织部、燃料部、外贸部、内贸部、人民大会堂、革命历史博物馆、人民英雄纪念碑、电报大楼、民族文化宫、民族饭店、北京饭店西楼、北京火车站 12 座大型建筑，其中人民大会堂、革命历史博物馆、电报大楼、民族文化宫、北京火车站被列入"十大国庆建筑工程"之中。

20 世纪 60 年代，鉴于国内政治、经济形势的变化，北京的城市建设进入了低潮期，长安街基本上没有重大工程建设。到了"文化大革命"时期，长安街建设基本处于停顿状态。值得一提的是，1969 年复兴门至石景山地铁主体工程完工后，在复兴门至公主坟地铁加强层上面修建了35.2 米宽的水泥混凝土路面。1964 年，在万里副市长主持下，市政府发动了北京市规划局、北京建筑设计院、北京工业建筑设计院、清华大学、中国建筑科学研究院和北京工业大学等六个单位分别编制了长安街规划。此次规划的编制采取集思广益、民主讨论的方法，收到了良好的效果，进一步完善了长安街的规划，很多当时的指导思想至今仍有重要参考价值。

1976～1978 年，在天安门广场建设的毛主席纪念堂，是这期间长安街沿线最重要的建筑工程。修建毛主席纪念堂的同时对天安门广场也进行了扩建，修建了纪念堂广场和 30 米宽的纪念堂广场东侧路、西侧路，两条路均铺装沥青混凝土路面，其外侧铺装方砖步道。同期实施的市政管线工程除修建东西向横贯广场的市政综合管道干线外，还铺设了纪念堂配套的煤气、热力、给水、排水、电信等多种管道 70 多千米。毛主席纪念堂竣工后，天安门广场面积扩大到 50 万平方米，整个广场开阔、庄严，气势恢宏。

20 世纪 60～70 年代长安街上又完成了北京长话大楼、北京饭店东楼等建筑工程。1978 年第二热电厂开始对外供热之前，市政府开始建设相应的热力干管，其中一条是经白云路沿复兴门外大街向西，经木樨地向北；另一条是经白云路沿复兴门外大街向东，经复兴门至民族文化宫与先期建成的第一热电厂热力干线连通，全部工程于当年 11 月建成并投入使用。

1982 年，北京市城市总体规划方案被重新编制，1983 年 7 月，中共中央、国务院原则批准了《北京城市建设总体规划方案》，并做了 10 条批复，批复指出："北京是全国的政治中心和文化中心。北京的城市建设和各项事业的发展，都必须服从并充分体现这一城市性质""北京是我国的首都，又是历史文化名城。北京城市建设，要反映出中华民族的历史文化、革命传统和社会主义首都的独特风貌""要继承和发扬北京的历史文化名城的传统，并力求有所创新"。

为适应新的建设形势的需要，进一步落实《北京城市建设总体规划方案》的要求，加快天安门广场和长安街的建设步伐，20 世纪 80 年代，天安门广场进行了较大规模的整治。1983 年 4 月，市政府决定拆除玉带河南岸金水桥两侧的 4 座灰色观礼台，新辟总建筑面积 5000 平方米的 4 块绿地。1987 年天安门广场东北角、西北角各建成地下人行通道 1 座，使得行人可以安全快捷地进出天安门广场，解决了天安门前行人横穿东西长安街与机动车相互干扰的问题，提高了道路通行能力。80 年代，长安街沿线新落成的建筑有中国工艺美术馆、中国人民银行总行、中国民航营业大厦、北京音乐厅、中国社会科学院、海关总署、东单电话局、国际饭店、对外经济贸易部（今商务部）等。

1991 年，北京市对 1983 年城市建设总体规划方案加以修订，与以往各次总体规划不同之处在于：一是跨世纪的规划，这是首都第二个 50 年的规划；二是第一次按照市场经济体制的要求研究城市建设方向，不同于以往计划经济体制下的城市建设。1993 年，国务院同意了修订后的《北京城市总体规划》。此时，对外开放、建设国际化都市的规划战略以及房地产开发热潮兴起，使城市建设规模持续增长，长安街也不例外地受到社会经济大潮的冲击。主要表现为：外资及国内外金融机构入驻长安街，建设内容以商务写字楼及配套商业娱乐设施为主，建筑形象强调时代感和商业经营目的。20 世纪 90 年代，长安街沿线先后建成了长安俱乐部、纺织部办公楼改建、北京贵宾楼饭店、中粮广场、恒基中心、全国妇联办公楼、交通部、光华长安大厦、东方新天地广场、华诚大厦、北京邮政通讯枢纽、中国教育电视台、远洋大厦、国际金融大厦、中国工商银行、中国银行、北京图书大厦、中宣部、国家电力调度中心、首都时代广场等。

为迎接新中国成立 50 周年大庆，北京市委、市政府决定对长安街及其延长线进行全面整顿：拓宽改造了东单、西单路口，并完成了路口四角禁左绕行环路。东单到建国门路段道路由 35 米宽拓展为三幅路 50 米宽，并完成了大北窑立交桥匝道。复兴门至建国门路段两侧的步道凡不足 6 米宽的一律改造为 6 米宽；建国门、复兴门以外路段两侧步道凡不足 5 米宽的一律改造为 5 米宽，凡路边、人行过街桥边无步道或虽有步道但

145

不足2米宽的一律修成2米宽步道。东单至西单路段两侧的步道和天安门广场两侧的步道采用花岗石铺装，西单到复兴门至公主坟和东单到建国门至大北窑路段两侧的步道采用彩色混凝土步道砖铺装。天安门广场东西两侧各修建一块宽30米、长160米的大绿地。埋设了热力等部分地下管线，并将全部地下线路埋入地下。整顿了交通、广告牌、商亭、垃圾箱等设施，改造并增加了绿化，改善了夜间照明设施，增加了部分座椅、沿街雕塑，等等。经过整治，长安街东至通州运河广场，西达石景山区首钢东门，路面宽度为50～120米，长度达47公里。

进入21世纪，北京的城市建设进入了新的时代。2010年6月，长安街西延道路工程规划方案获得批准，长安街向西延长到门头沟的三石路与规划中的石龙西路相接处，整个长安街共长51.4公里。

▲长安街西延长线示意图

2011年，长安街西延工程规划初步确定，工程东起古城大街，向西经首钢主厂区、上跨丰沙铁路、永定河及六环路，穿越门头沟现况砂石坑，终点至三石路，全长约6.4公里，道路标准为城市主干路，红线宽60米～100米，规划横断面采用三幅路形式，古城大街至六环路西侧路安排四上四下8条机动车道（含外侧两条公交专用车道），六环路西侧路至三石路安排三上三下6条机动车道（含外侧两条公交专用车道）。西延工程穿过首钢老厂区，跨过永定河，直到门头沟。建于1978年的首钢东门虽然历史并不久远，但它见证了新中国的工业建设，是人们对那个历史年代的记忆。新首钢迁到曹妃甸，老首钢东门被列入工业文化遗产。

2013 年，备受关注的长安街西延线项目破土动工。长安街西延道路的辅路系统及雨水、绿化、照明、交通工程、环保和工程改移等也同步实施，百里长街终于真正名副其实。

第二节 长安新脉的规划建设与现状

新中国成立后，古老的北京焕发了青春，城市面貌发生了天翻地覆的变化。长安街的地位也日趋显耀，从横贯东西的交通要道，逐渐成长为具有极高政治意义的国家大道，本身的宽度从十几米逐步扩展到几十米、近百米，长度也不断地延伸，从局限在东、西单之间延展到建国门、复兴门区域，"十里长街"闻名华夏。继而又与通州、石景山连通，"百里长街"也不再是纸上谈兵。长安街沿线，更是诞生了若干新建筑，它们代表了"新生"，无数建设者们奉献了自己的智慧和汗水，为共和国树立起了一座座丰碑，长安街真正成了共和国的标志。

长安街真正意义上的建设是在新中国成立以后，由于其特殊的地理位置和政治形象，其整体规划几经更替，是北京乃至全国规划次数最多的一条街。长安街的每一次规划，都几乎伴随着道路的不断拓宽和延展。

一、20 世纪 50 年代

新中国成立后，由于需要建设大批中央机关办公楼，长安街规划建设提上日程。最早建长安街的设想是在 1949 年底至 1950 年初由苏联专家提出来的。计划在东单至府右街南侧和崇文门内大街西侧修建新的行政用房。当时遭到了梁思成、陈占祥的反对，他们认为沿街建设长蛇阵式的办公楼将提高人口密度，增加交通流量，车辆无处停放，且办公楼沿街，尘土与噪声为伍，是欧洲式街道的落后做法，实不可取。但是，鉴于当时中央机关急于建设办公用房，而东长安街路南地区原为各国练兵场，崇文门内大街西侧为国民党时期修建的简易机场，是城区内不可多得的空地，于是在没有整体规划的情况下，1951 年前后在东长安街南侧相继修建了公安、纺织、燃料（后改为煤炭部）、轻工和外贸各部办公楼。

1953 年第一个五年计划开始，在迫切需要总体规划来指导建设的情况下，北京市委成立了一个领导小组和一个规划工作组，提出了甲、乙两个城市建设总体规划方案。两个方案的规划年限均为 20 年，在城市大布局上没有原则区别，规划城市总人口为 450 万人，城市总用地 500 平方公里。发展地区东到高碑店，南到凉水河，西到永定河长辛店，北到清河镇。1953 年夏季，北京市规划小组在甲、乙两个方案的基础上提出了《改建与扩建北京市规划草案的要点》和方案图，并于当年 11 月报送中央。

▲20 世纪 50 年代的东长安街

在中央批复的基础上，1955 年 4 月，经中央同意，市政府聘请了苏联专家工作组来京指导规划方案的继续深入和修改，并抽调人员成立了都市规划委员会。在苏联专家的指导下，都市规划委员会经过大量调查研究，并举行展览广泛听取各方面意见，对规划草案进行补充修订，提出了《北京城市建设总体规划初步方案》，1958 年 6 月以草案形式印发各单位研究执行并同时上报中央。1958 年 9 月修改方案向中央书记处做了汇报，得到原则肯定，1959 年市规划局又作了修改完善。直到"文化大革命"前的北京城市建设，大体上是依照这个方案进行的。

▲20 世纪 50 年代的西长安街

长安街道路红线宽度、断面形式是 1953 年、1958 年城市总体规划方案研究的问题之一。鉴于伦敦、东京、巴黎、纽约等一些大城市出现的交通拥挤情况，规划主张街道应该宽一些，红线定为 100～110 米。在断面形式上，由于当时正处于抗美援朝战争后期，主要从战略方面考虑，定为"一块板"的形式，避免阻挡长安街开阔的空间，必要时也可作为飞机跑道。在拓宽长安街时，拆除了挡在街心的双塔寺。为了在街道宽度上保留更多的余地，北京市委决定长安街上安排建筑时先由道路北侧开始，所以电报大楼、水产部办公楼和民族文化宫、民族饭店以及未建成而中途下马的西单百货大楼、科技馆等都建在长安街北侧。

经过多次改、扩建，到新中国成立10周年时，长安街拓展为一条通衢大道，北京城的东西轴线与南北轴线交汇于天安门广场，极大地提升了北京的形象。

二、20世纪六七十年代

20世纪60年代初，国家出现暂时困难，中央提出对国民经济实行"调整、巩固、充实、提高"的方针，压缩基本建设规模，长安街沿线一些已拆了房子或已进行基础建设的项目如科技馆等也暂时停了下来。到1964年，调整国民经济任务已基本完成，国家建设又进入一个新的时期。北京市政府于1964年4月组织北京市规划局、北京市建筑设计院、北京工业建筑设计院、中国建筑科学研究院、清华大学、北京工业大学等六个单位参加长安街改建规划方案的编制，并邀请全国知名建筑专家来京参加方案的审议。经过热烈的讨论，大家对长安街改建规划的原则取得了基本一致的看法：

第一，长安街应严肃和活泼相结合，除了安排办公楼外，可再安排一些文化和商业建筑，现有长安戏院、东单菜市场等要予以保留。

第二，长安街应该体现"庄严、美丽、现代化"的方针，沿街建筑高度以30~40米为基调，布局要有连续性、节奏性和完整性，轮廓线应简单、整齐，不要有急剧高低起伏。在适当地点，如东单、西单、复兴门和建国门，可安排几个高点。建筑轴线过多会冲淡天安门的主轴线，要从整体布局出发安排个体建筑，新华门前不宜搞大型高层建筑，要多留一些绿地。

第三，在建筑风格上，要处理好民族化与现代化的关系，要在现代化的基础上民族化，力求简洁而不烦琐，大方而不庸俗，明朗而不沉闷，要批判地使用古今中外皆为我用。

第四，在建筑标准上，长安街为全国、全世界所关注，建筑标准应该高一些，但也不应与人民生活水平脱离太远。北京是样板，如果弄得浮夸就会失去榜样作用。

审议会后，还留下了部分外地专家和在京单位共同编制长安街的综合规划方案，综合方案连同六单位所做的规划方案一并报送市政府。

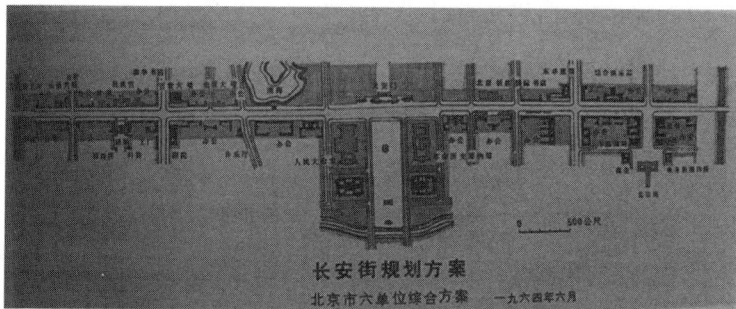

▲1964 年长安街规划综合方案

这个方案虽然因受"十年动乱"影响未予审批，但为以后长安街进一步规划和建设起了重要参考作用，一些思想至今仍有重要参考价值。

20 世纪 70 年代到 80 年代初期，在东西长安街及延长线上陆续建起了一批行政和公共建筑，如复兴门外海洋局和对外贸促会办公楼，建国门外的商检海关大楼，东长安街的北京饭店新楼、复兴门内大街的长话大楼、建国门内大街的东单电话局、社会科学院以及建国门外的外交官公寓、国际俱乐部、友谊商店等等，街道面貌不断发生变化。

三、20 世纪 80 年代

改革开放后，社会政治、经济形势飞速发展，北京市的市容市貌也发生了日新月异的变化。在新形势下，北京的城市建设迫切需要编制新一轮城市总体规划，以适应新时期发展的需要。1981 年 11 月，北京市政府决定成立北京市城市规划委员会。1982 年 3 月，北京市城市规划委员会正式将《北京城市建设总体规划方案（草案）》上报市委。经市委常委会、市人大常委会讨论通过，进一步修改后的方案于 1982 年 12 月 22 日上报国务院。1983 年 7 月，中共中央、国务院原则批准了《北京城市建设总体规划方案》并做了 10 条批复，指出："北京是全国的政治中心和文化中心。北京的城市建设和各项事业的发展，都必须服从并充分体现这一城市性质。"；"北京是我国的首都，又是历史文化名城。北京城市建设，要反映出中华民族的历史文化、革命传统和社会主义首都的独特风貌。"；"要继承和发扬北京的历史文化名城的传统，并力求有所创新"。1990 年，市政府颁布了 25 个街区为"历史文化保护区"，对国子监街、南池子、大栅栏、东交民巷等一批代表传统文化、民族特色与特定时代的街区提出了整体保护的要求。

为了适应新的建设形势的需要，进一步落实《北京城市总体规划方案》的要求，加快天安门广场和长安街的建设步伐，1984 年春，首都规划建设委员会组织了有城乡建设环境保护部建筑设计院、中国城市规划设计研究院、清华大学建筑系、北京工业大学建筑系、北京建筑工程学院建筑系、北京城市规划设计院和北京市建筑设计研究院等多个单位参加规划方案的编制，并邀请了在京城市规划、建筑设计、文物保护、雕塑艺术等各方面的专家、教授多次座谈、讨论，最后由北京城市规划院、北京市建筑设计研究院、清华大学建筑学院进行修改与综合，于 1984 年 12 月提出长安街规划综合方案。

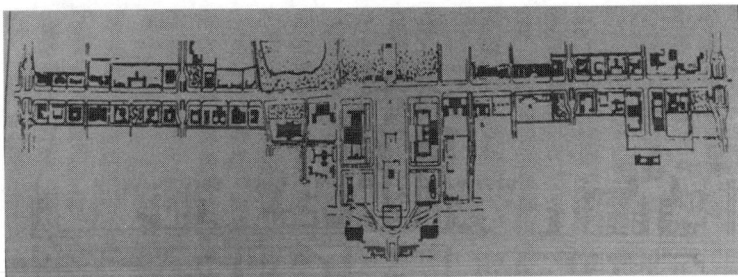

▲1984 年长安街规划方案

综合方案经首都规划建设委员会和北京市委、市政府讨论，原则同意。于 1985 年 8 月 19 日，以市委、首都规划建设委员会和市政府的名义撰写《关于天安门广场和长安街规划方案的报告》正式上报党中央、国务院。这个方案确定的规划原则是：

第一，充分体现首都是全国政治中心和文化中心的特点。主要安排党和国家的重要领导机关，重要文化设施和大型公共建筑，并要为重大集会活动创造条件。

第二，继承和发扬北京历史文化名城的优美风格和建筑艺术传统，并力求有所创新，既要"现代化"，又要"民族化"。

第三，继续保护北京旧城中心地区格局严谨、空间开阔、建筑平缓的传统风貌，严格控制新建筑高度。

第四，贯彻"庄严、美丽、现代化"的建设方针。尽量扩大绿地，植树栽花，使建筑物处在绿荫环抱之中，让街道充满阳光。建设标准应达到世界一流水平。

第五，为各方人士和广大群众提供周到、方便的服务。

第六，把各项基础设施的建设放在优先地位。

此方案的规划设想是：确定长安街红线宽 120 米，天安门广场东西宽 500 米，南北长 860 米。以旧城中轴线为天安门广场主轴，北京站前、新华门和民族宫为三条副轴；建筑高度东单至西单控制在 30 米以内，东单以东、西单以西控制在 45 米以内，保护府右街至南河沿的红墙，北部不建高大建筑；开辟成片绿地，在紫微宫、东单公园、北京饭店对面、新华门对面、西单东北角、民族宫对面以及人民大会堂、革命历史博物馆南侧开辟大块绿地，各建筑之间，留出适当绿化空间，使长安街——天安门广场沿线绿地能均匀分布；天安门广场和长安街既要庄严、肃穆，又要方便群众生活、游览和休息。前门、王府井、西单是北京三大商业服务中心，都与广场、长安街交汇，交汇处安排商业服务业，沿街公共建筑底层向社会开放，长安街两侧辅路多设服务网点，方便群众；东单、西单、建国门、复兴门为四个交通广场。

1985 年规划设想将长安街分三段：天安门广场和府右街到南河沿为长安街中段；南河沿往东到建国门为长安街东段；府右街往西到复兴门

为长安街西段。从 20 世纪 80 年代开始，北京的城市建设范围逐步扩大。1982 年，建国饭店出现在长安街的东延长线上；1988 年，中央电视台出现在长安街的西延长线上，此后在长安街东西两个方向的延长线两侧，陆续出现多个大体量的建筑，商业、金融类建筑开始进入长安街沿线。

四、20 世纪 90 年代

随着改革开放的全面展开，北京社会经济有了空前的发展。伴随着社会主义市场经济体制的确立，对首都的城市规划和建设提出了新的更高的要求，原有计划经济体制下制定的建设规划亟待调整和完善。1991 年初，北京市人民政府和首都规划建设委员会决定对 1983 年总体规划加以修订，并责成北京城市规划设计研究院具体组织规划的修编工作。在市政府各委、办、局和中央有关单位的大力支持下，经过两年多的努力，提出了《北京城市总体规划》修订草案，经首都规划建设委员会、市委、市政府、市政协审议修改，市九届人大常委会审查通过，于 1992 年底报请国务院审批。与以往各次总体规划不同，一是跨世纪的规划，规划年限为 20 年（1991～2010 年），某些方面也考虑了 21 世纪中叶的发展需要。二是第一次按照市场经济体制的要求研究城市建设的方向。规划的具体内容包括：为城市性质体现对外开放建设国际城市的含义，增加了将北京建设成为"世界著名古都和现代化国际城市"的目标，强调了增加城市的文化内涵和全方位的对外开放；进一步明确了城市性质与发展经济的关系，提出大力发展高新技术和第三产业；实行城市建设重点要逐步从市区向远郊区转移和市区建设从外延扩展向调整改造转移的两个战略转移，调整城市的规模、结构和布局；完善历史文化名城的保护规划，明确了文物保护单位、历史文化保护区、历史城市风貌保护的具体内容，并提出建设花园式文明城市的设想；把加速城市基础设施现代化建设放在突出位置，并提出了相应对策。修订后的总体规划报国务院后，国家建设部受国务院委托，组织有关部门的领导、专家对规划进行了认真评审，1993 年 10 月 6 日国务院以国函（1993）144 号文正式批复同意修订后的《北京城市总体规划（1991 年～2010 年)》。

这个时期，长安街建设进入高速发展时期，10 年间的建设量为此前 40 年建设总量的 4 倍，长安街及其延长线两侧的建筑格局大体完成，外资及国内外金融机构入驻长安街成为潮流，建设内容以商务写字楼及配套商业娱乐设施为主，建筑形象强调时代感和商业经营目的，使得长安街政治文化的形象定位受到商业经济的冲击。

1998 年，为迎接建国 50 周年大庆，市委市政府决定对长安街及其延长线进行全面整顿。市政府 1998 年 9 月通过并以京政办发布了《迎接建国 50 周年全面整顿长安街及其延长线实施方案》，经过近一年的时间，1999 年国庆前夕全面完成了整顿工作，长安街及其延长线的面貌为之一新，特别是道路交通面貌、环境景观、照明系统的变化非常显著。

五、21 世纪以来

进入 21 世纪后，1992 年的城市总体规划中确定的发展目标大多已提前实现。新时期、新形势下的城市发展又出现了一些新情况、新问题。特别是北京面临着承办 2008 年夏季奥运会的重任，还要按照中共中央、国务院的要求在全国率先实现现代化，因此迫切需要从战略性、全局性角度寻求解决问题的新途径、新办法。2002 年 5 月，中共北京市第九次代表大会提出了修编北京城市总体规划的任务。在市领导的直接组织下，召开了多次专题会议进行研究，确定了"政府组织、专家领衔、部门合作、公众参与、科学决策"的组织指导原则和工作方针。由中国城市规划设计研究院、北京城市规划设计研究院和清华大学三家承担，并采取中央部门参与、北京市（区、县）部门参与、中外专家参与、广大群众参与的方式，广泛听取各方面的意见建议，同时还与天津市、河北省及周边城市进行了充分沟通。国家建设部全过程参与组织协调。本次修编的总体规划突出了五个原则：一是突出了"四个服务"的原则，即为中央党政军领导机关服务，为日益扩大的国际交往服务，为国家教育、科技、文化和卫生事业的发展服务，为市民的工作和生活服务；二是突出了"五个统筹"的原则，即统筹城乡发展、统筹区域发展、统筹经济与社会发展，统筹人与自然和谐发展，统筹国内改革和对外开放的综合发展；三是突出了城市规划的宏观调控和综合协调原则，在城市发展中突出政府社会管理和公共服务职能，高度重视科技、教育、文化、卫生、体育、社会福利等社会事业的发展；四是突出了尊重历史和文化的原则，在把握先进文化的前提下，保护古都的历史风貌，弘扬民族精神，全面展示北京的文化内涵，形成融历史文化和现代文明为一体的城市风格和城市魅力；五是突出了建设资源节约和生态保护型社会的原则，正确处理好经济建设与人口增长的关系，城市快速发展与保护资源环境的关系，充分考虑资源与环境的承载能力，实现城市的可持续发展。2004年11月北京城市总体规划编制工作顺利完成，按照法定程序经市人大审议通过后，正式上报国务院审批。2005年1月12日，《北京城市总体规划（2004～2020年）》经国务院第77次常务会议审议通过。

伴随着城市总体规划的落实，长安街的规划建设也进入提高完善期。这一时期，长安街东西两侧的北京商务中心区（简称CBD）和金融街分别完成了规划建设任务。作为北京市第一个大规模、整体定向开发的高端金融产业功能区，金融街已经成为首都金融主中心和国家的金融管理中心；而CBD则是汇集了摩托罗拉、惠普、三星、德意志银行等众多世界500强企业中国总部所在地，也是中央电视台、北京电视台传媒企业的新址所在地，更是国内众多金融、保险、地产、网络等高端企业的所在地，是财富的聚焦点，代表着时尚的前沿的CBD是无数中小企业创业和成长的摇篮。长安街将这两个代表着北京高端产业的核心区域连接在一起，并伴随着它们的成长而不断展现出其现代化的风貌。长安街就像20世纪中国一面鲜明的镜子，它的巨变形象地展现着新中国60年发展积累的蓬勃活力。

为进一步提升长安街的环境品质、迎接新中国成立60周年庆典，北京市总结了奥运会环境整治的成果与经验，于2009年年初开始对长安街进行综合整治，包括路面大修和景观提升两大项工作。与此同时，北京市市政市容管理委员会开始组织编制"迎接60周年大庆提升长安街环境景观工作"的规划，涵盖庆典景观、建筑界面、园林绿化、城市家具等9

项内容。此次编制的长安街整治规划，遵循了"以人为本，方便通行；规制齐整，简约宜人；尊重现状，适量递减；经济适用，美观大方"的原则。无论是改造还是新增的设施，其选型和设计主要强调满足使用功能和人性化设计，例如电话亭、信息亭等设施从长安街的安全性、使用便利性考虑采取了通透的设计方案。另外，在设施细节上，设计融入了中国传统符号，展现了长安街和北京的传统文化特色。此次规划的编制工期紧、任务重、标准高，而在规划实施的工作开展中，更是对工程的系统性、灵活性、精确性，各部门协同工作能力等各方面都提出了很高的要求。而且，对于长安街的改造在本次规划实施的过程中更加强调兼顾适用性与文化艺术性两个方面。强调适用性，是根据使用者的使用习惯对设施进行实用、统一的造型设计，不仅有利于营造长安街景观的整体性和统一性，同时有利于促进市民遵守共同的行为准则，形成良好的行为习惯。强调文化艺术性，是在设施的造型、色彩、材质等设计语言中融入中国和北京的文化符号，隐喻时代的精神与观念，传达北京的历史文化与民俗风情，提高市民的文化和艺术素养，创造优质、独特的人文环境，更好地促进北京的文化建设。

城市规划具有公共政策的属性，我国目前推广的"政府主导、专家领衔、部门合作、公众参与"的机制，体现了城市规划的科学性、民主性和开放性进程。这次规划的编制和实施工作，在落实这一机制方面作出了一些探讨和努力。首先，规划涉及市政管委、市规划委、市建委、市交通委、市园林局以及各类设施主管单位、各区相关部门等多个单位，而且规划内部各分项之间都存在着需要协同工作的课题。在市政府的大力支持下，通过多次的部门协调会、现场协调、专家论证会等多种形式，保证了规划实施工作的顺利开展。其次，在公众参与方面进行了一些深入的尝试。在方案编制阶段，通过多次、多渠道广泛地征求公众意见，满足使用者的具体需求，弥补规划编制方在调研和设计方面不可避免的疏漏和局限，保证规划的科学性和可实施性；尝试建立长效的公众参与管理机制，通过对设施进行统一编号和信息化备档，使公众能协助各管理部门迅速、准确地在实际使用过程中发现问题、解决问题，最终实现城市规划的可持续发展和不断完善。

第三节 长安新脉的发展与未来

长安街，其中心点作为共和国的建筑象征体系所在地，具有极其重要的政治意义。而长安街本身作为北京城两轴中的一轴，则具有象征与时俱进的现实表征意义。长安街在共和国前期，改革开放以后，新世纪以后的变化，基本上呈现了共和国的思想变化。长安街在北京，以至全国的地位十分重要。中国的象征——天安门和天安门广场，就在长安街上；这条街上集中了许多中央机关和文化机构，是中国政治和文化的形象代表。那些不同时期、不同风格的建筑，默默地见证着中国的过去、现在和未来。

一、北京走向国际大都市的一个象征

历史上的北京城是一个经过认真规划的城市。自元大都以来，形成了以城市南北中轴线为核心的格局，中心突出、东西对称、起伏有序。民国以后，随着长安街的贯通，一条与中轴相垂直的横轴开始出现，成为东西走向同样重要的轴线。随着时代的变迁，以天安门为核心的北京城在古今、中西交汇的时代观念和两轴的空间结构中逐渐形成多元融合的态势，以故宫为代表的中轴线上的建筑，展现着具有五千年历史和文明的风采，以长安街为东西轴线的横轴体现着一定的现代意识。

中华人民共和国成立后，许多友好国家与中国陆续建交，根据周恩来总理"把使馆从城里迁出，集中建馆"的指示，1955年开始，在建国门外位于长安街延长线的北侧建设了使馆区。首批使馆于1955年7月开工，1957年3月竣工，建筑面积共26277平方米，分别提供给哥伦比亚、斯里兰卡、越南、芬兰、埃及、阿尔及利亚的驻华机构租赁使用。1957年7月，紧邻这批使馆区开始兴建北京第一批外交公寓，共11栋，总建筑面积约5万平方米。为了方便外宾购物，还于1972年8月建成了友谊

商店，也位于建国门外大街路北。

▲1959 年修整一新的长安街

改革开放以后，北京作为国际化大都市的特点更加突出，一大批为国际交往服务的写字楼、宾馆、饭店在长安街及延长线上如雨后春笋般矗立起来，有些已挤进了城市的核心地带，如坐落于东长安街东单与王府井之间、门牌号为东长安街 1 号的东方广场，占地 10 万平方米，总建筑面积达 80 万平方米，包括高科技、投资证券、金融、保险、会计、律师、医药、媒体、广告、奢侈品与消费品等各界精英，成为世界 500 强企业的汇聚地。2002 年的首都规划将发展目标定位为世界历史名城和现代国际化大都市，可以说，以故宫为代表的中轴线，显示了世界历史名城的走向；长安街的这条东西轴线则代表了现代国际大都市的方向。

长安街的东延长线穿过了中央商务区（CBD）的核心，CBD 作为现代国际化大都市的象征，这里高度集中了城市的经济、科技和文化力量，同时具备金融、贸易、服务、展览、咨询等多种功能，也是长安街作为现代国际化大都市象征的一个重要组成部分。而位于西长安街北侧的金融街，已经成为对中国金融业最具影响力的金融中心区，多家企业总部及知名国际机构正在向金融街聚集，其国际化程度不断提高。东、西两个经济核心区的国际影响力日益扩大，它们的成长不仅引领着北京的经济发展，也使得北京的国际影响力特别是经济影响力日趋广泛，进一步促进了北京加速迈向国际化大都市。

2010 年获得批准并随后开始实施建设的长安街西延工程中，跨越永定河需要建一座大桥，为此北京市首次采用桥梁设计全球招标，包括美国哈德斯蒂汉诺威公司、AECOM 集团、英国 WSP 科进顾问集团、迈进工程设计咨询（北京）有限公司等 4 家国际公司在内的 11 家设计公司共提出了 31 份设计方案，经过多轮的暗标评比，来自北京市市政工程设计研究总院的"和力之门"方案最终胜出。在市政建设上采用国际招标方式，不仅意味着更加开放的心态，而且也证明了北京真正具有成为国际大都市的经济实力和国际视野。

二、与时俱进的东西轴线

原本北京城东西走向的主要街道几乎都是平行的，宽度大体在 20 米之内，即元代形成的胡同六步阔、小街十二步阔；南北走向的主要街道几乎都与南北中轴线平行，一些较宽的所谓大街达二十四步宽，这些街道与东西走向的小街与胡同形成长方形围棋盘式格局。长安街这条东西轴线的出现，突破了北京城市以紫禁城为中心的旧格局，特别是东西轴线的发展，使得北京城市空间格局由单一中轴线格局演变成十字交叉、纵横交错式的城市结构系统。长安街上的建筑也呈出了与时俱进的特色。

长安街自新中国成立以来一直在延长。最初的长安街，是由天安门东到东单（称东长安街），西到西单（称西长安街），总长 3.7 公里。20 世纪 50 年代编制的长安街规划，东延长到建国门（1958 年打通），西延长到复兴门（1956 年打通），虽然前者叫建国门内大街，后者叫复兴门内大街，但从建国门连通到复兴门的整条街都叫长安街，全长 6.7 公里。进而到了 20 世纪 80 年代编制的规划，东从建国门延伸到大北窑，西从复兴门延伸到公主坟，全长约 13 公里，这一延长了的长安街的整治工作在 1999 年建国 50 周年前夕最终完成。紧接着第二年即在具有历史标志性的 2000 年，长安街再予延长：东从大北窑延长到通州镇，增加 20 公里，西从公主坟延至首钢东门，增加 12 公里，这时长安街全长 45 公里。2010 年 6 月，长安街西延道路工程规划方案获得批准，长安街再向西从首钢东大门延长到门头沟的三石路与规划中石龙西路相接处，共延长 6.4 公里。这样，整个长安街共长 51.4 公里，至此"百里长街"开始名副其实。长安街经过 5 次扩展，扩长里程近原来的 14 倍，路宽也从最早的 15 米宽石板路拓宽到现在中心区

100～120 米、两侧延长线宽 50 米以上的交通主干道。观察长安街沿线的建筑，更能触摸到北京城市发展的脉络，因为长安街及其延长线上分布着各个年代设计建造的上百个形式各异、功能不同的建筑，也可以说长安街上保存了历史的缩影。长安街沿线上的一些著名建筑，比较集中地反映了当时国家的政治、经济、文化形态。

▲1958 年的东长安街

　　除了明清时期的古建筑之外，建于 20 世纪初期的北京饭店（老楼）、东交民巷地区具有异国风情格调的各式老建筑，反映了那个时代北京处于现代化的起步阶段。国民党统治时期和日伪时期的建筑遗存基本在长安街沿线已经找不到了，也从另一个角度说明了那个时期的城市建设的乏善可陈。到了 20 世纪 50 年代，人民大会堂、革命历史博物馆、民族文化宫、北京站等纷纷入选当时的"十大建筑"，这些建筑具有中国传统建筑风格和苏联建筑风格的融合，反映了那个热火朝天建设新中国的特定历史时期。20世纪 60～70 年代，只建了毛主席纪念堂、北京饭店东楼、长话大楼，反映了当时经济的困难和"文化大革命"给城市建设带来的低潮。80 年代的改革开放，从长安街沿线建筑样式的多样化上即可体现。90 年代以来，长安街沿线建筑的数量与式样之多，更是历史上从未有过的，建筑风格也大多受西方的影响，追求时尚，但个少建筑很快又显得过时，既反映了国力的强大、技术的进步，同时也反映了市场经济的影响日益加深和建筑主体的多元化逐步确立。进入 21 世纪以来，以国家大剧院为代表的建筑更加凸显国际化的潮流，而以人为本的理念逐步渗透到沿街的配套市政建设中，证明了长安街乃至北京市城市建设的脚步从未停歇。

三、演绎中国开放、全球化印记

作为中国政治主动脉，长安街与中国改革开放迈出的每一步紧密相连。30 多年来，从北京人民大会堂、天安门城楼对普通民众敞开大门，到国贸中心、东方广场大规模兴建，再到麦当劳、"巨蛋"在这条街上出现，中国从 1978 年后的开放度，在长安街上被一一体现。

改革开放伊始，长安街首先对内开放。

1979 年 7 月 15 日，人民大会堂正式对普通参观者开放。其实早在 1959 年，人民大会堂正式竣工建成后，除了党和国家的政治活动外，每周都设有一两天的开放日，让普通的老百姓可以走进这个神秘的殿堂，一饱眼福。不过，"文化大革命"开始后，人民大会堂却被封闭起来，只用于举行大型会议和中央领导人办公、接见活动，不再对外开放。1978 年，中共十一届三中全会上，人民大会堂封闭的做法遭受质疑。1979 年 1 月 27 日晚，中断了 15 年的首都群众春节联欢会在人民大会堂举行，中共

▲人民大会堂

中央政治局委员邓颖超代表党中央宣布："人民大会堂将向各界群众开放。"人民大会堂对外开放后，每天至少接待三四千名游客进入参观，从1979年7月15日到2004年10月底，25年间共接待海内外参观者5040多万人次，每年承办各类大小会议、演出活动等3000多场次。人民大会堂的解禁，被誉为"释放了中国改革开放的重大信号"。

1988年1月1日，北京国际旅游年的第一天，天安门城楼正式向国内外游客开放，当天约有2000名游客登上天安门参观游览。与人民大会堂对公众开放不同，天安门城楼从新中国成立那一刻起其政治意义就极为特殊，甚至可以说是国家的象征。这样一个庄严、神圣的场所向普通百姓开放，也是经历了一个过程的。早在1980年，中共中央副主席李先念就提议，是否可以将天安门城楼也向群众开放，但当时由于思想观念和客观条件都不成熟，这个想法被搁置了下来。1984年9月，一封群众来信再次响起"开放天安门城楼"的呼声。这封信受到胡耀邦和中央多位领导人的重视。在多位领导人圈阅后，时任中办主任的王兆国批示："请北京市提出具体意见，报中央审批。"1986年5月1日，天安门城楼开始有组织地接待参观者。当时的参观者主要是中央或驻京部队一些会议的与会者、人大代表或劳动模范。1987年，因为次年恰逢农历龙年，北京市旅游局就把1988年定为"北京国际旅游年"。时任旅游局局长的薄熙成希望"头一炮一定要打响"，他找到北京市政府商量开放天安门城楼。从写报告到获批，只用了3个多月的时间，显示了从中央到北京市坚持开放政策的态度和决心。用他接受记者采访时的话来讲，就是："在筹备的时候，觉得这可能是件挺大、挺难的事情，等做成以后回头一看，大是挺大，但是不难。"正如薄熙成所说，天安门城楼的开放过程，也是这个国家走向开放的一个缩影。

位于长安街东端的友谊商店始建于1973年，是中国首家大型涉外零售企业，主要经营中国传统工艺品以及从西方进口的物品。最初，友谊商店只对外国人、外交官和极少部分的政府官员提供服务，只接受外汇兑换券作为结算货币，人民币并不能在店内使用。在物质生活十分匮乏的年代，这座商店里却摆满了大量市面上见不到的东西。对于计划经济时代的中国人来说，能够出入友谊商店，是一种身份的象征。在友谊商店里买一件其他商店里没有的东西，是当时许多人梦寐以求的事情。1991 年，长期只许外国人和极少数中国人进入的友谊商店对普通群众开放。长安街

▲天安门城楼

上"一礼堂、一商店、一城楼"的先后开放，无疑成为国家改革开放最浓缩的诠释。伴随着观念的更新和经济、政治体制的发展，长安街沿线建筑格局的演变也同样成为中国、对外开放和全球化的最好诠释者。20世纪 80 年代以前，长安街的沿线建筑除极个别外基本上以政治意味浓厚的办公建筑、展览馆为主。1984 年，国贸中心开始在东长安街延长线上兴建，它的投资方是一家具有港资背景的合资企业，标志着经济领域逐步崭露头角。1992 横跨王府井和东单两大黄金地段、距天安门广场仅一公里远的东方广场项目启动，后来长安街上 160 家单位、1800 户居民为此拆迁搬走，项目规模之大与牵涉面之广在长安街历史上实属罕见。进入 21 世纪，一枚在长安街落户的"巨蛋"——中国国家大剧院成为这条街道开放的最新标志。这座文化建筑的前卫和新颖程度，即便放眼全球也足以与各国顶级建筑相媲美。

▲北京友谊商店

四、政治长街

由于是位于城中心，又与南北中轴线相交，自然而然长安街就成为历次政治活动的主要表演舞台。作为一条"政治大街"，它见证了中国百年来的重大甚至具有划时代意义的事件。可以说，这条街天然的就具有政治"基因"，它时刻记录、诠释着中国的政治走向。

1919年5月4日在北京爆发的"五四运动"，是中国革命史上划时代的事件，是中国旧民主主义革命到新民主主义革命的转折点。为了阻止北洋政府在丧权辱国的《协约国和参战各国对德和约》上签字，北京高校3000多名学生冲破军警阻挠，云集天安门，举行抗议集会。游行队伍经由东长安街，直奔赵家楼胡同三号，烧了卖国贼曹汝霖的住宅。学生们还聚集在西长安街新华门请愿，得到广大市民的支持。6月3日，北京数以千计的学生又涌向长安街等街道，开展大规模活动，引发军警大规模逮捕学生，进而更大规模抗议活动在全国各地如火如荼开展起来。

1935年12月9日，北平大中学生数千人举行抗日救国示威游行，反对华北自治，反抗日本帝国主义，掀起全国抗日救国新高潮。游行队伍由新华门出发，经过的重要地点有西单、东单、王府井大街、南池子，在天安门举行大会。这是中国共产党领导的一次大规模学生爱国运动，很多运动的参与者、领导者后来成为中国共产党的重要领导人。

1949年10月1日，30万军民聚集在天安门广场上举行了开国大典，毛泽东主席在天安门城楼上向全世界宣告中华人民共和国中央人民政府成立，并亲手按下电钮升起了第一面五星红旗，随后代表着54个民族的54门礼炮齐鸣28响，代表着中国共产党领导中国人民英勇奋斗了28年，最终取得了新民主主义革命的胜利。毛泽东主席还宣读了《中华人民共和国中央人民政府公告》，紧接着举行了盛大的阅兵式和群众游行。

1976年1月周恩来总理去世，数十万北京市民自发地从天安门广场沿长安街到八宝山送总理，之后发生的清明节前后的天安门事件，为"文化大革命"的结束和四人帮的覆灭奠定了群众基础，在中国当代历史上具有划时代的意义。体现长安街政治内涵的，除了上述提到的划时代的单次历史事件之外，还不能不提到一个持续了半个多世纪的动态展示——国庆典礼上的阅兵式。截止到 2009 年，长安街上共经历了 14 次盛大的国庆典礼、阅兵仪式和群众游行，见证了共和国辉煌的成长历程。而阅兵式则是国家实力的象征，是体现一个国家的国威、军队的军威和民族精神，彰显综合国力、国防实力和增强民族自豪感的重要形式，每次阅兵式都蕴含着深刻的政治意义在内。历数共和国的数次阅兵，较为著名的、影响较大且具有时代意义的阅兵式要数开国大典、新中国成立10 周年、新中国成立 35 周年和新中国成立 50 周年几次最为典型和突出。

▲1949 年开国大典上装甲部队接受检阅

1949 年 10 月 1 日的开国大典，标志着中国从此进入了一个新的历史时期。而在开国大典之后举行的阅兵式，同样是人民解放军建军后最盛大、最庄严的首次庆典。为圆满完成这一盛况空前的重大礼仪，设立了阅兵指挥机构，开国元勋朱德总司令亲自挂帅，担任阅兵总司令，聂荣臻代总参谋长任阅兵总指挥，第 20 兵团司令员杨成武、华北军区司令部参谋长唐延杰等任副总指挥。杨成武、唐延杰主持起草了《阅兵典礼方案》，内容包括受阅部队的选调、编组、阅兵程序、阅兵礼乐及受阅前的训练等。最终，首次阅兵式确定分两个部分：检阅式——受阅部队在静止状态下，接受阅兵司令员的检阅；分列式——受阅部队在行进状态下，接受党和国家领导人、各界人民代表的检阅。受当时政治、军事形势以及客观现实条件、经济能力的制约，当时开国大阅兵的地点如何选择曾让开国领袖们颇为踌躇，最终经过再三斟酌和权衡，周恩来确定了自己的意见：阅兵地点以天安门前为好。因为，不仅天安门本身的建筑结构及其所处的天安门广场环境是群众集会、举行阅兵式得天独厚的最佳场所，而且天安门500年沧桑变迁的厚重历史积淀，天安门广场发生过的历史事件也决定了它在中国人情感上占据着及其重要的位置，具备了数百年风雨中浸染出的政治上的象征意义。在阅兵分列式上，首先通过天安门广场的是年轻的人民海军，随后跟进的是步兵、炮兵、摩托化步兵、装甲步兵、坦克兵和骑兵师。

▲1949年开国大典上骑兵师接受检阅

在步兵行进的同时，年轻的人民空军各型战机飞临天安门上空接受党和国家领导人及各界人民代表的检阅。此次受阅官兵1.6万余人，火炮119门，坦克和装甲车152辆，汽车222辆，飞机17架，军马2344匹，整个阅兵历时两个半小时。开国大阅兵是人民军队诸军兵种合成的海陆空首次亮相，受阅部队展示的武器装备均是自战场缴获的"万国牌"武器，可以说是这次阅兵的一大"特色"。

1959年的中华人民共和国成立10周年阅兵规模比之前历年规模都大，准备工作也比较早，毛泽东、刘少奇、周恩来等党和国家领导人亲自审定了本次阅兵方案。为保证国庆十周年庆典的安全，首次使用了包含地空导弹在内的全新防空系统。本次阅兵式中，取消了骑兵、三轮摩托车和口径100毫米以下的地炮、高炮方队，为适应改造后变宽的长安街，徒步方队横排面增至 24 人，恰好比开国大典的方队增加了 1 倍。接受检阅的部队共 15 个徒步方队、14 个车辆方队和 6 个空中梯队组成，合计 11018 人。本次受阅部队装备的 56 式冲锋枪、56 式半自动步枪、59 式坦克、歼 - 5 型歼击机等国产新式武器闪亮登场，阅兵时所展示的轻重武器装备绝大部分都实现了国产化，标志着人民军队现代化、正规化建设已经起步并取得了重大成就。此外，阅兵式上还出现了一支特殊队伍——"首都民兵师"，充分体现了"全民皆兵"运动的深入开展和国防力量建设向纵深化、梯度化发展的新方向。这次阅兵虽然规模比往年都大，但整个阅兵用时却只有 58 分钟，表明阅兵组织工作比往年更周密、更细致、更成熟。

1959 年之后，受国际国内政治经济形势影响，原定的"五年一小庆、十年一大庆，逢大庆举行阅兵"的国庆制度并没有真正落实，1969 年和 1979 年的国庆都没有举行阅兵仪式。直到 1981 年，根据邓小平的提议，中共中央、中央军委决定恢复阅兵。

1983 年 12 月 10 日，时任中共中央书记处书记的万里在中南海主持召开了 35 周年国庆会议，成立阅兵领导小组，总参谋长杨得志任组长，北京军区司令员秦基伟、总后勤部部长洪学智、副总参谋长何正文为副组长。12 月 27 日，成立了阅兵总指挥部，秦基伟任总指挥，北京军区副司令员马卫华、参谋长周衣兵任副总指挥。本次阅兵方案：受阅部队 10370 人，各种作战飞机 117 架，导弹 189 枚，坦克装甲车 205 辆，火炮 126 门，汽车 2216 辆，组成 46 个方队，其中地面方队 42 个，空中梯队 4 个。每个徒步方队为 14 个排面，每排 25 人，比国庆 10 周年阅兵增加 4 个排面、110 人。由于参加受阅的摩托化、机械化部队数量大、军兵种多、技术装备复杂、物资保障要求高，过去采用的分散驻训方法已不适应，阅兵总指挥部决定，分别在北京沙河、通县、南苑 3 个机场按正规化要求修建临时驻训区，实行集中驻训。本次阅兵是在经过"文化大革命"之后，全面改革开放和现代化建设取得巨大成就的形势下举行的，是中国自改革开放后的首次国庆阅兵，向祖国人民、向世界展示人民军队加速现代化、正规化建设取得的进展和成就。国内外都以好奇、兴奋、期待的目光聚焦中国军队在改革开放后的第一次公开亮相。在这次阅兵中，所有的武器装备全部是国产现代化兵器，受阅的 28 种武器装备中，部分具有世界先进水平，充分反映了我国国防现代化建设的新成果。而压轴的海军导弹方队、空军地空导弹方队和战略导弹方队尤为引人注目，特别是战略导弹是首次向全世界公开亮相，成为当时世界上最具有轰动性的新闻。

1999 年，中华人民共和国迎来了 50 年华诞，在即将告别 20 世纪的时刻，中国以隆重的阅兵，写下了自己对民族百年历史的总结。这次阅兵又称世纪大阅兵，是新中国成立以来军兵种最齐全、武器装备最先进、科技含量最高的一次展示。本次阅兵领导小组组长是傅全有总参谋长，阅兵总指挥为北京军区司令员李新良上将。根据我国武装力量构成成分的变化，为体现现代兵种合成、军种联合的特征，新增加的兵种如陆军航空兵、海军航空兵、海军陆战队、武装警察特警部队、预备役部队等都是首次参加阅兵，空中梯队也由 1984 年的 4 个变为 10 个，加上地面方队总计 52 个方队接受检阅。本次阅兵式受阅部队展示的武器装备种类比 1984 年增加了近 1 倍，95% 都是新装备，显示了人民军队逐步实现从数量规模型向质量效能型、从人力密集型向科技密集型的转变成果。战略导弹部队继 35 周年阅兵式首次亮相之后，又进一步展现了其核常兼备、远中近配套的双重打击能力和威慑力。

▲国庆 50 周年大阅兵中的中国人民解放军女兵方队

　　长安街的政治内涵，还表现在方方面面，特别是历史积淀最为厚重的沿线建筑，更加直观、深刻地反映出中国的政治特色和政治走向。对绝大多数中国人来说，长安街上标志性的建筑物，人们从小就会牢牢印在脑海里。翻开 20 世纪七八十年代的小学课本，天安门、人民英雄纪念碑、五星红旗……从认字开始，所有中国人就知道了北京有个天安门，天安门前的广场上最醒目的建筑是人民英雄纪念碑，高高飘扬的是五星红旗。很多时候，这些符号化的建筑几乎成为政治的代名词。或许，从这些建筑诞生的那一刻开始，就已经与政治结下了不解之缘。

　　虽然历史上的长安街一直被皇权所笼罩，与权力、政治中心有着千丝万缕的联系，但其真正体现出政治长街的作用在新中国成立后才越发明显。中华人民共和国成立后，随着北京成为全国的政治文化中心，长安街作为体现首都政治、文化和外事功能的国家大道日益焕发生机。生活在 21 世纪的北京人，也许很少有人会意识到，历史上长安街也有可能沿着另一条轨迹发展下去，能够更多地保留其历史原貌。当时，新中国刚刚成立，城市的建设还没有真正开始，一切都处于百废待兴的阶段。关于国家行政中心到底置于何处有着与现在的选择截然不同的方案，即梁思成、陈占祥在 1950 年 2 月发表的《关于中央人民政府行政中心位置的建议》中提出：将行政中心建在三里河附近，最大限度地保留北京古城，发展新城。如果这个建议得到实施，我们会见到一个与现在完全不同的北京城，也会见到一个与现在完全不一样的长安街。不过，历史选择了另一条路，国家行政中心最终设置在了旧城中心，一切建设都重新规划、实施了起来，长安街的风貌也随之迅速发生了变化，逐渐演变成我们今天看到的样子。长安街上一砖一石、一草一木的变化，折射出当代中国政治历史进程的变迁。

　　长安街上集中了丰富的政治、经济和文化资源，长安街两侧的建筑体现出政治长街的性质。如全国人大常委会、军委、公安部、商务部、铁道部（2013 年 3 月，铁道部实行铁路政企分开。将铁道部拟定铁路发展规划和政策的行政职责划入交通运输部；组建国家铁路局，由交通运输部管理，承担铁道部的其他行政职责；组建中国铁路总公司，承担铁道部的企业职责）、交通运输部、广播电视部（2013 年，国家新闻出版总署与国家广播电影电视总局合并为"国家新闻出版广电总局"国家新闻出版广电总局）、中国海关、中华全国妇女联合会、中国纺织进出口总公司、国家海洋局、中国国际贸易促进委员会、中华全国总工会等部级办公设施。

坐落在北京西长安街西段的新华门，是党中央、国务院所在地。新华门原名宝月楼，建于清乾隆二十三年（公元 1758 年），民国初年改建为中南海南门，称新华门。这是一幢古典风格琉璃瓦顶雕梁画栋的二层明楼，一对巨型石狮分列左右。门外场地正中矗立着高悬五星红旗的大旗

▲新华门

杆，两旁八字墙上镶着两条红地金边白字的大标语："伟大的中国共产党万岁""战无不胜的毛泽东思想万岁"。进门迎面是一堵青砖到顶的大影壁，镌刻着毛泽东同志手书的"为人民服务"五个金光闪闪的大字，昭示了中国共产党及其领导的人民政府的根本宗旨。

位于复兴路 7 号的八一大楼，俗称"国防部大楼"，1997 年 3 月动工，1999 年 8 月建成。大楼西邻中国人民军事博物馆，南与铁道部办公楼相对，总建筑面积 90255 平方米，由总参工程兵第四设计研究院设计。主体建筑地下 2 层，地上 12 层，南面为举行检阅仪式的八一广场，北面为 12600 平方米的集中绿地。该楼原定为中央军委办公场所，现主要承担军事外事活动，重要政治地位不言而喻。

位于东长安街南侧的中国海关大楼，是国家海关总署和北京海关合用的办公大楼，1990 年竣工。建筑面积 27033 平方米。大楼坐南朝北，东西长 115 米，地下 2 层、地上 12 层，为两座塔楼、上部由连接体相连组成，连接体在第 11、12 层，上面镶嵌着"中国海关" 4 个金色大字。两幢塔楼顶部为具有传统建筑风格的方形顶亭。饰以深棕色琉璃瓦，亭四周为箭垛式女儿墙。地下为整体箱形基础，塔楼为现浇框架—筒体结

构，上部连接体为两层，象征大门的门楣。整幢建筑立面呈"门"字形，象征着中国的大门向世界开放。

▲中国海关总署

这些具有政治象征性地标式建筑，庄严肃穆，具有强烈的政治色彩，进一步将一条"政治大街"的形象深植人心。

五、文化长街

长安街汇聚了国家博物馆、首都博物馆、国家大剧院、北京音乐厅、长安大戏院等极具分量的文化机构。长安街两侧矗立着一批在国内乃至国际上具有重要影响和地位的文化设施和建筑。大街两侧有一批有代表性的博物馆，其中有些属于不同时期的十大建筑。首推的是国家博物馆，始建于 20 世纪 50 年代，时称中国革命博物馆和中国历史博物馆。2003 年 2 月合二为一组建国家博物馆，以历史与艺术并重。2007 年 3 月至 2010 年底，进行了改扩建工程，馆舍总建筑

▲民族文化宫

面积19.19万平方米,藏品数量为100余万件,硬件设施和功能为世界一流。

长安街西侧的民族文化宫兴建于20世纪50年代,建筑面积32000平方米。主楼13层,高67米,东西翼楼环抱两侧,中央展览大厅向北伸展,飞檐宝顶冠以孔雀蓝琉璃瓦,楼体洁白,塔身高耸。整个建筑具有独特的中国民族风格。文化宫基本陈列《中国少数民族传统文化系列展》,藏有大批珍贵少数民族文物、文献。文化宫被国际建筑师协会第二十届大会推选为20世纪中国建筑艺术精品之一。

西延长线上的中国人民革命军事博物馆,占地面积8万多平方米,建筑面积6万多平方米,陈列面积4万多平方米,是中国唯一的大型综合性军事历史博物馆。与军事博物馆紧邻的是上世纪末为了迎接新千年而建的中华世纪坛,占地4.5公顷,总建筑面积3.5万平方米,由主体结构、青铜甬道、圣火广场、过街桥、世纪大厅、艺术大厅等组成,回廊有青铜铸造的40尊"中华文化名人"肖像雕塑,承担着世界艺术收藏、展示、研究等任务。

还有2001年12月奠基兴建、2006年5月18日正式开馆的首都博物馆新馆。建设用地面积24800平方米,总建筑面积63390平方米。展览构成包括基本陈列、精品陈列和临时展览,展陈的核心,表现了恢宏壮丽的北京文化及不断递升并走向辉煌的都城发展史。

▲首都博物馆

　　大街两侧还有一批有代表性的演出场所，如 1994 年在长安街东建国门内大街重建的长安大剧院，1985 年建成的位于西长安街六部口西南侧的北京音乐厅，2007 年建成的位于西长安街以南的中国国家大剧院，等等。

　　由上观之，如果说传统的中轴线代表的是北京城市灿烂的历史文化遗产，那么东西轴线代表的就是新中国首都文化中心文化成就的缩影。

　　长安街上还有一些名胜古迹，虽然现存的并不多，但任意提出一个都可以挖掘出其背后深厚的历史文化信息。无论是天安门、天安门广场还是中山公园、劳动人民文化宫、新华门，甚至是已经消逝了的东单、西单牌楼、双塔寺，都可以说是集中华文化之大成的精品，这些古建筑是现代长安街发展的根基，古老的东方文明在新的时代仍然焕发出耀眼夺目的光芒。

　　长安街还记录了中国成功举办 2008 年奥运会的梦想。2001 年 7 月 13 日，国际奥林匹克运动委员会主席萨马兰奇先生在莫斯科宣布，北京成为第 29 届夏季奥运会的主办城市，百年的奥运梦想终于变成现实。获得消息当晚，约有 40 万人自发地涌向天安门广场，人们用狂欢来表达自己激动喜悦的心情。从这一刻起，长安街就与奥运会结下了不解之缘。2007 年 7 月，由东城区体育局制作的一面长 105 米、高 4 米的介绍北京奥运会火炬传递路线的大型图片展板，出现在东单体育中心运动场紧邻长安街一侧的围网上。展板通过 44 张制作精美的图片，展示北京奥运会火炬传递所经过的国家、地区以及城市的概况和风光。作为主办城市，北京市为奥运会提供了 31 个比赛用场馆，其中长安街沿线分布有 5 个：位于五棵松的北京奥林匹克篮球馆、北京五棵松体育中心棒球场和位于老山的自行车馆、山地自行车场和小轮车赛场。另外马拉松赛的起点位于天安门广场东侧路，并分别经过东、西长安街。

　　2008 年 3 月 31 日，北京奥运会圣火欢迎仪式暨传递启动仪式在北京天安门广场启动。国家主席胡锦涛在众人的注视下，用火炬点燃圣火盆，并将火炬交接给了中国飞人刘翔。仪式结束后，北京奥运圣火启程前往哈萨克斯坦城市阿拉木图，开始火炬接力活动。在奥运会的开幕式上，29 个巨大的焰火脚印，沿着北京的中轴线，从永定门出发，经过前门、天安门、故宫等地一步步走向奥运会主会场，象征着第29届奥运会一步步走进中国、走进北京。

六、经济长街

长安街西有"中国的华尔街"——金融街，东有生机勃勃的中央商务区（CBD）；东单、西单、王府井三大商圈和秀水街市场闻名海内外。

东西轴线还体现了北京作为经济重心的城市性质和功能，为人们熟知的是首先是位于长安街东西两侧的王府井和西单。

位于东长安街北侧的王府井，是北京乃至全国最著名的一条商业街，距今已有700多年历史，享有金街的美誉。新中国建立后，一批名店、老字号由上海等地迁入王府井，以"新中国第一店"百货大楼和东安市场为中心，开创了王府井辉煌的发展时期。王府井商业街以其商品比较全、品味比较高而享誉海内外，成为首都商业的标志。尤其是历经三次整体升级改造后，这条具有独特地位和特殊意义的商业街作为中国商业对外形象展示的窗口作用得到更淋漓尽致的发挥。

位于长安街西侧的西单，是北京经济最繁荣、历史最悠久的三大商业购物区之一。其规模、设施配套程度、业态分布结构、社会认知程度、发展前景等都已具备现代商业区的特征。西单商业区的历史可追溯到明代。据有关史料记载，当时，这里是通往京城西南广安门的主要路口，从西南各省陆路而来的商旅和货物，都要由卢沟桥至东到外城广安门，经菜市口向北进入内城宣武门，再经过西单进入内城各处。由此，西单一带兴建起了各种店铺、酒铺、饭馆、文化场所等。明清之际，西长安街附近的大理寺、太仆寺、太常寺、刑部、都察院、銮仪卫等衙署多到西单周围采办购物，推动了这里的商业发展，促使西单成为长安街上的一处热闹的商业中心。建成于1999年的西单文化广场，是长安街上唯一的大型绿地广场和集购物、康体、娱乐、休闲为一体的多元化商业地带；位于西单西北角的中国银行大厦，是当代世界建筑设计大师贝聿铭为北京设计的第一件作品，成为北京城市的一个窗口性地标。

近年来，随着首都经济的发展，东西轴线上两大重要板块——中央商务区（CBD）和金融街逐渐成为北京经济重要的新支点。据普华永道和纽约合作组织联合发布《机遇之都2012》研究报告称，北京经济影响力跃居全球之首，超越了包括众多历史上重要的全球性城市的其他参评城市。在北京获得第一的经济影响力指标中，包含"世界500强公司总部的数量""金融和商业服务领域的就业形势""吸引外商直接投资新建项目的数量及资本投入额"等指标，其中的一些指标水平在东西轴线上得到印证。

东长安街延长线上坐落着北京中央商务区（CBD），东起西大望路、西至东大桥路，北起朝阳路、南至通惠河，总占地约4平方公里。这里是摩托罗拉、惠普、三星、德意志银行等众多世界500强企业中国总部所在地，以及国内众多金融、保险、地产、网络等高端企业的所在地。CBD作为一张新的"城市名片"和国际大都市的一个重要标志，正在成为首都对外开放的重要窗口和率先与国际接轨的商务中心，成为首都现代化新城区和国际化大都市风貌的集中展现区域。

西长安街连接着占地2.59平方公里的金融街。这条街上聚集了中国人民银行、中国银监会、中国证监会、中国保监会等国家金融决策和监管机构，以及金融机构、要素市场、企业总部1000余家。经过20年的发展，北京金融街已经成为全国高端产业聚集度最高、税收增长最快、人民币资产流量最大的区域。目前，金融街区域外资金融机构和国际组织已经发展到100余家，其中包括高盛集团、摩根大通银行、法国兴业银行、瑞银证券等世界顶级外资金融机构。金融街保持着对金融要素和金融机构强大的集聚能力，金融中心功能和国际影响力与日俱增。

七、交通大动脉

长安街作为北京纵贯东西的一条主线，作为京城"两轴"中的一条实轴，在进行城市规划时，首先需要考虑的是交通功能。作为东西、南北交通的要冲，长安街承担疏散人口和车辆的功能责无旁贷。同时，长安街还服务首都，承担国家、政府大型政治活动、集会、游行等活动。另外，长安街的旅游功能也不容忽视，因为它本身就是一条游客观光的黄金线路。所有这些，都离不开交通这一基本要素。

新中国成立初期的北京城区，涵盖范围大致不超过今天的二环路，城市内部主要街道并不多，而且机动车也不过几千辆，因此以长安街为代表的几条交通干道基本上承担了80%以上的交通流量。随着城市范围的扩大和机动车保有量的增加，交通需求迫使长安街不断地扩宽、延伸。尽管北京目前的城市道路建设已经可以说是路网密集、四通八达，多条城市主干道纵贯东西，但长安街仍然可以称得上是城市交通大动脉。

1978年的长安街还很冷清，在为数不多的车辆中，天天行驶在长安街上的1路车特别引人注目，因其线路长、车型大和经过路线的地理位置重要而被人们亲切地称为"大1路"。那时的1路车，是捷克进口的斯柯达，红车身黄车顶，颇具皇城特色。这车是柴油车，一次能拉四五十人，时速可达60公里，是当时最先进的大客车。但由于当时我国石油匮乏，司机们想出了各种节油的方法。有的司机开车时只穿一个很薄的鞋帮，跟鞋垫一样，就为了踩油门时能更好地感觉油门的深浅。当时公交1路的线路是从公主坟到八王坟，全长14.82公里，途经整个长安街，还包括京西宾馆。

20世纪80年代初的北京只有100多条公交线路，私家车和出租车是那个年代的稀罕物，人们出行除了骑自行车，就是搭乘公共汽车。每条线路的满载率都在九成以上，长安街上跑着的公交车挤得像沙丁鱼罐头。一到站，司机和售票员都跑下车去，用力把堆在车门口的乘客"推"上车。1984年时，1路车使用的是黄河大通道汽车，经历了由蓝白道到红黄色外观改变，换了颜色的1路车，线路并没有变，还是照常行驶在长安街上。1997年，长安街开辟了全国第一条公交专用车道，从公主坟到八王坟，全长15公里，只允许公交走，正点率一下子提高了。

1999年，为迎接50周年国庆，公交公司引进了绿色的清洁燃气车，国庆前夕，新车亮相长安街，打头阵的就是1路车。"戴红花"的1路车途经天安门的历史时刻留在了人们的记忆深处，也体现了公交车车辆的又一次变迁。后来充当过1路车的还有黄海客车。

随着城市建设的发展，1路车的线路也发生了很大变化，由原来的公主坟南延至靛厂新村，由八王坟东延至四惠站，线路长度达24.8公里，一直延续到今天。1 路汽车司机马庆双曾经自豪地说："1 路代表的就是北京，代表的就是中国，还代表了所有公交人的形象。"

同时，位于长安街沿线的北京站、北京西站更是四通八达的铁路交通枢纽，每日迎来八方宾客，将首都与全国各地更加紧密地联系在一起。

另外，在长安街宽广、平坦的柏油路面下方，还有着另一个交通大动脉——北京地铁 1 号线。地铁 1 号线西起苹果园站，东至四惠东站，绝大部分线路与长安街重合。其中公主坟至复兴门一段以及现在归属 2 号线的复兴门至北京火车站一段是北京、也是新中国最早的地铁线路，始建于 1965 年，1969 年建成通车。因最初的规划是作为军事用途为主，所以早起不对外开放。1971 年起开始试运行，逐步承担起市政交通的角色。经过前后近 30 年的整合，1 号线区间不断变动，最终形成现在全长 31.58 公里，设 23 个站点和 2 个车辆段。长期以来 1 号线作为北京市唯一的一条东西走向的主要线路，沿线又负载了国贸、王府井、公主坟、北京西站等地区的大量旅客，客运量长时间保持各线之首。根据 2008 年 6 月的统计，全天运送乘客超 100 万人次。

八、为首都功能的提升提供了延伸的空间

如果说原来的十里长街定位在政治功能上，那么由西向东的百里长街就被赋予了与首都功能完全契合的功能，世界城市和国际化大都市的目标也开始展现出来。同时，东西轴线也肩负起宜居城市的功能，开始具有象征走向世界的符号意义。不断延伸的长安街，不仅从空间上拓展了首都的功能，还从政治、经济、文化等诸多方面强化了首都功能，带动了首都的进一步发展。

长安街的进一步延伸，使得东部的通州和西部的门头沟都纳入了北京城东西轴线的范围。按照新的城市总体规划"两轴—两带—多中心"的城市空间结构布局，通州新城是东部发展带的重要节点和北京重点发展的新城之一，是北京未来发展的新城区和城市综合服务中心；门头沟新城是西部发展带的重要组成部分，发挥引导发展文化娱乐、商业服务、旅游服务等功能。这两个地区按照规划的要求，又是北京城区人口重要

的疏散地，其功能的增加，为当地的人民生活提供了便利。

通州区正在加快建设中心城，使之成为城市化的龙头。新城规划中心城面积达 115 平方公里，能容纳 90 万人口。投资百亿元加强以道路交通、供热、燃气、生态环境等为主的城市基础设施建设。目前，新城基本框架初步形成，公共服务设施不断完善，众多优质教育、医疗资源相继落户，城市服务功能不断增强，为实现宜居城市创造了条件。门头沟原本以产煤闻名遐迩，近几年来，结束了上千年的小煤窑开采历史，大力实施永定河全流域生态修复综合整治和景观建设，形成了永定河 88 公里河道、清水河 28 公里河道百里亲水走廊，建设湿地 120 万平方米。总投资 20 亿元的"一湖多园五水联动"景观体系已经展现。还启动了最大的民生工程——采空棚户区改造。建设安置房 200 万平方米，解决棚户区 3.1 万户、8.5 万人的住房问题。总之，长安街及其延长线两端的宜居功能开始显现出来。

按照新的北京市城市总体规划，长安街延长线的西部为综合文化娱乐区，其中最为重要的是位于东西轴线西端的首钢厂区搬迁以后的利用。在编制其改造规划中，把首钢旧工业区的功能定位为北京西部综合服务中心和后工业文化创意产业区，工业文化遗产保护区、工业主题游览区、行政办公商务区、休闲旅游区等设想均被纳入《首钢旧工业区改造规划》。规划总用地约 8.63 平方千米，总建筑规模约 1060 万平方米。整个服务区呈"L"形，从西北往东南依次是工业主题园、文化创意产业园、综合服务中心区、总部经济区和综合配套区。长安街延长线从文化创意产业园和综合服务中心区中间横穿。沿永定河的一侧，还有一条从东南贯穿向西北的综合生态休闲带。

随着时代的发展，北京城市的优势已经大大突破其原有的政治、文化方面的内容，经济的社会的多方面功能都体现出来，涵盖了国际化和现代化大都市的诸多特点。而作为北京城市的东西轴线，既从本身而言得到多方面的反映，将自身的优势、特点与时俱进地反映出来，也成为北京城市发展变化的重要缩影，对其的研究和关注可有窥全豹之功用。

第七章　朝阜文脉

第一节　朝阜文脉的由来

朝阜路是由自西向东八条街组成，分别是阜成门内大街、西四东大街、西安门大街、文津街、景山前街、五四大街、东四西大街、朝阳门内大街，总长度约7.45公里，沿途有国家级、市区级文物保护单位共47处。朝阜路历史可上溯至元代，元明清三朝因循相袭，终定鼎北京，朝阜路才能一以贯之地发展下来、保留诸多文化遗迹。民国时期，北京中外文化教育资源丰厚，被国际人士称为"中国的波士顿"，传统文化与外来文化在朝阜路有机融合。新中国成立后，国家崛起、民族复兴，现代化的痕迹深深烙印在朝阜路上。可以说，朝阜路是能充分展现北京自元代成为全国性国都之后历史文化的脉络。

从元明清时期位于城市中央的皇城将朝阜路隔为东西不相连通的两段，到1931年景山前街打通，朝阜路连接起来，再到新中国道路改造，朝阜路处于不断的演变当中。

一、朝阜路历史演变

（一）元、明、清

元代阜成门内大街称平则门街；西四东大街被称为马市街；朝阳门内大街称齐化门街。

明代，朝阜路街道分划更为细致，名称也更为接近现在的叫法。阜成门内大街称阜成门大街；西安门大街称西安门旗房；东四西大街称双碾街南；朝阳门内大街称朝阳门大街。明代文津街、景山前街所在位置尚属皇宫禁地，所以没有此二街记载。清代，在明代基础之上，朝阜路街道更为贴近现在的情况。清时阜成门内大街分为两段——从今阜成门立交桥至今赵登禹路与阜成门内大街相交十字路口段称阜成门街；十字路口往东至今西四路口称羊市大街，时此街羊及羊肉类买卖集中，故有此称。亦因历代帝王庙坐落于此街，据庙前牌坊而美称景德街。根据朱一新的《京师坊巷志稿》西四东大街彼时称谓为东大街，也是马市街。西安门大街以西安门为界分为两段，西为西安门大街，西安门以内至今天北海大桥则是西安门大街。五四大街在这一时期多次更名，道路分段逐渐明晰，记载更加翔实。乾隆时期东段称为双碾儿胡同；光绪年间东段名称稍有改动，为双碾胡同，西段称为东、西沙滩；宣统时期定型，东段为双辇胡同，中段为汉花园，西段为沙滩。东四西大街则由光绪时东马市街改为宣统时马市大街。朝阳门内大街依旧沿袭明代朝阳门大街的称谓。

（二）民国

民国时期是朝阜路演变的关键时期，现在的八条道路在这一时期全部出现。阜成门内大街因袭清朝称谓和规划，分为阜成门大街与羊市大街。西四东大街则由马市得名马市大街。据民国初年《燕都丛考》的称呼来看，西安门大街依然分为西安门大街与西安门外大街。到1931年时，西安门大街扩展，文津街出现。文津街，原无此名，30年代前属于西安门大街。据《京师坊巷志稿》记载：西安门大街，迤东为金鳌玉蛛桥，南为西苑福华门，北为阳泽门，门内傍北海，地名小马圈。这个小马圈明代为玉熙宫，清代改为豢养御马的马厩。民国初年改为军营，公府操场。1926年决定于此地建立京师图书馆，1931年图书馆建成之后，为纪念原藏于承德文津阁的《四库全书》迁移至此，经当时政府批准，原金鳌玉蛛桥（现北海大桥）至图书馆西墙定名为文津街。景山前街则是由两条街组成，一条是民国初年打通的三座门大街（为现景山前街西段），另一条是1931年打通的景山前街（除去三座门大街的剩余部分即为当时景山前街范围）。五四大街则没有变化，名称、道路范围依旧是清末格局。东四西大街则由清末马市大街改为猪市大街。朝阳门内大街依旧保持朝阳门大街的名称。

（二）新中国

新中国成立后，北京市政规划变化很快，日益科学化与现代化。20世纪50年代，政府对朝阜路有重点的规划改造，以拓宽道路和加固路面为主。1953年阜成门瓮城被拆除，1956年阜成门大街与羊市大街合成阜成门内大街，范围由今阜成门桥至西四路口。西四东大街之名也是在这一时期确定下来的，1950年路面也修成水泥混凝土路面，宽10.5米。1953年西四东大街在原来的基础上被扩展了3.5米，并修成了14米宽的沥青面层。接下来就是西安门大街、文津街，这两条街道都变为18~20米宽的沥青路面。值得一提的是文津街东起北长街北口，西至府右街北口，街道范围相较之前扩大不少。1954年对北海大桥进行改建，拆除了"金鳌""玉蝀"两座牌楼。桥坡度由8%减至2%，桥面由宽约9米拓宽至34米，车行道宽27米，两侧人行道各宽3.5米。通过拆除300多间房屋以及大高玄殿的牌楼与习礼亭，景山前街变为宽度达18米的大街道，两侧还有由缸砖铺垫而成的人行道。五四大街则通过拆除700余间房屋，利用原来的翠花胡同和弓弦胡同建成18米宽的新路。朝阳门内大街由原来路面宽10米拓宽至15.2米。

1963~1965年，统一在阜成门内大街、东四西大街、朝阳门内大街两侧修人行道。1967年对东四西大街做加固工程。

朝阜路的修正改建工程断断续续一直延续到20世纪90年代末。1975年首先对朝阳门内大街加固处理，并将机动车道修至15米宽，非机动车道为4~5米宽，隔离带1.5米宽。这样一来，朝阳门内大街成为三幅式路面。1977年加铺景山前街面层，更换水泥路缘石及水泥方砖人行道。1979年拓宽文津街，宽度为20~25米。1997年，再次对朝阳门内大街进行改造，朝阳门内大街成了60~80米的现代化大街道。截至90年代末，朝阳门至阜成门之间道路的改造工程基本完成。

二、朝阜路名称的由来及保护措施

朝阜路之名取字北京原来的两座城门——朝阳门、阜成门，这两座城门也是朝阜路的两处端点。朝阜路作为固定称谓并具有北京文脉的历史内涵也是在时间沉淀下出现。

1979 年，范耀邦在《城市规划》Z1 期上发表的《居住区的性质和合理规模的探讨》文章中朝阜路作为北京城区交通主干道被提及。

1980 年，清华大学建筑系城市规划教研室在《建筑学报》05 期《对北京城市规划的几点设想》的文章中涉及朝阜路的道路规划。

1982 年，吴良镛教授在《建筑学报》第 2 期发表的《北京市的旧城改造及有关问题》中提到了保留并加强朝阜路古建筑与园林的传统风格。

1985 年赵冬日在《建筑学报》第 3 期发表的《关于北京长安街规划若干问题的探讨》、1994 年吴晟在《北京规划建设》第 2 期发表的《王府井改建规划的基本思路》、1994 年阮金梅在《北京规划建设》第 4 期发表的《木樨地立交规划浅议》，都以北京城区重要的东西交通干线的主题涉及朝阜路。

1988～1989 年西城区政府全面调查区内历史文化遗存状况，对已公布的文物暂保单位逐项调查、核实、论证，对历史文化街区和阜成门——景山这一段"文化文物旅游一条街"进行专项调查。1990 年，阜成门——景山《建立文化文物旅游一条街的设想》已作为西城区政府近中期发展纲要总报告的分报告。对朝阜路西段的文化挖掘尝试正式开始。

1997 年，西城区政府委托北京华融综合投资公司负责阜景文化街的总体规划和开发建设。同年，西城区开始实施"打开山门，亮出白塔"的规划，拆除了位于原白塔寺山门的副食商场，重修山门和寺内建筑，去掉遮挡建筑的白塔再次落落大方地展现人们面前。1999 年，"建设五街（西单商业街、金融街、平安大街、长安大街、阜景文化街）、发展五业（商贸服务业、房地产业、文化旅游业、科技信息咨询业、金融服务业）"成为西城区今后五年的工作方向。2000 年，经西城区委、区政府批准，成立了"阜景文化旅游街管理委员会"。与此同时，西城区开始对历代帝王庙实施全面的腾退和修缮工作。至 2003 年，已将庙里的一五九中学迁出，修缮大殿的一期工程完工，2004 年修缮东西配殿、景德门、碑亭、山门、钟鼓楼等二期工程均已完成。

着眼于朝阜路整体性保护从 20 世纪末 21 世纪初开始。1995 年刘秀晨在《北京政协》第 10 期发表题为《古都文化第一街——从北京城市文化谈朝阜路》的文章，强调朝阜路的文化性质，展现北京文化的重要作用，并提出将朝阜路打造为"古都文化第一街"。

1998 年，时任北京市长的贾庆林在北京市人民代表大会上采纳了政协委员和九三学社的建议，在政府工作报告中明确把建设朝阜路文化一条街列入北京市建设的重点工作。1999 年，首都规划建设委员会审批、北京市市政府批准《北京旧城历史文化保护区保护和控制范围规划》。从 2000 年 7 月开始，中国城市规划设计研究院、清华大学、北京市城市规划设计研究院等 12 家单位，共同编制了《北京旧城 25 片历史文化保护区保护规划》。这 25 片历史文化保护区涉及朝阜路及两侧有 10 余片，加上由北京市政府批准的旧城内 200 多项中与朝阜路密切相关的各级文物保护单位的保护范围及其建设控制地带，朝阜路的整体保护呼之欲出。

从 2002 年 4 月份开始，北京市规划委利用两个月的时间完成《朝阜路设计规划方案》的编制工作，同时开展了为期 3 个月的方案征集。10 月 23 日，《朝阜路设计规划方案》专家评审会召开，对设计方案进行审议。

2007 年 11 月公布的《北京市十一五时期历史文化名城保护规划中》，对朝阜路的整治与保护方案主要是在"已经恢复历代帝王庙完整历史格局并对社会开放的基础上，恢复白塔寺完整的风貌，同时整治周边环境；复建三座门南侧牌楼，争取腾退大高玄殿；腾退修缮宣仁庙并对社会开放；完成孚王府腾退，修缮后对外开放；腾退修缮朝阜延长线的东岳庙东、西路及中路北部，并对社会开放。"《北京市国民经济与社会发展第十二个五年规划纲要》具体指出：再现朝阜大街美丽景观。重点围绕白塔寺、历代帝王庙、西什库教堂、北大红楼等重要节点，加强整体规划设计，修缮重点文保区院落，逐步恢复历史文化街区风貌。有效保护和合理利用朝阜大街北侧的胡同四合院风貌，发展特色旅舍、小剧场或小商铺，使之成为品味老北京独特韵味的重要街区。在保护文物的同时，更加注重文物背后文化内涵的开发，在展现美丽街道景观的同时，展示北京多元文化交汇融合的独特魅力。《北京市"十二五"时期历史文化名城保护建设规划》提出，要重点推动"一轴一线一带"的保护工作，朝阜路就是其中的一线。2012 年启动了新中国成立以来北京最大规模的"名城标志性历史建筑恢复工程"和"百项文物保护修缮工程"，这项工程每年专项经费 10 亿元，涉及朝阜路上历代帝王庙、大高玄殿乾元阁修缮等多处文物保护单位。

第二节　朝阜文脉的现状

朝阜路作为北京的文脉，文化景观不可胜数，文化内涵不言而喻，沿线文化有以下几种类型：帝王文化、皇家文化、民俗文化、宗教文化、五四新文化、新中国文化。朝阜路不仅文化底蕴深厚，而且一直以来都是一条繁华商街。

一、帝王文化

景山公园：位于北京市西城区的景山前街，西邻北海，南与故宫神武门隔街相望，是元、明、清三代的御苑。公园坐落在明清北京城的中轴线上，公园中心的景山，曾是全城的制高点。现为开放的公园。

▲景山公园

故宫：旧称紫禁城，位于明清北京城中轴线的中心，是明清两个朝代二十四位皇帝居住、理政的皇宫，占地面积 72 万平方米，建筑面积约 15 万平方米，世界上现存规模最大、保存最为完整的木质结构古建筑群之一。明成祖朱棣永乐四年（公元 1406 年）开始营建，永乐十八年（公元 1420 年）落成。现为故宫博物院。

▲故宫博物院

北海公园与团城：辽、金、元的离宫，明、清时期辟为帝王御苑，是中国现存最具综合性和代表性的皇家园林之一。团城位于北海公园南门西侧，辽代为太液池中的一个小屿，金代围成一个圆形小城，元代修建仪天殿，明代重修并改名并填湖为平地，结束了四面临水的历史。乾隆年间进行较大的修建，今天的团城基本保持了乾隆年间的风貌。1900年八国联军侵占北京时，团城惨遭洗劫。北海公园与团城在我国古代园林建筑史、造园艺术史上有重大价值。1961 年国务院将团城及北海列为全国重点文物保护单位。

历代帝王庙：位于西城区阜成门内大街 131 号，是明朝、清朝皇家祭祀三皇五帝和历代帝王的场所。帝王庙占地 21500 平方米，建筑面积 6000 平方米。整体布局气势恢宏，显示了皇家庙宇的尊贵和气派，是中国不可多得的古代建筑精品，1996 年公布为全国重点文物保护单位。

大高玄殿：位于北京市西城区景山前街北侧（景山西街 23 号），又称大高殿或大高元殿，是一座明清两代皇家御用道观。因大高玄殿临街的大门是并排的三座门，故此地地名又俗称"三座门"，与紫禁城西北角

▲景德崇圣殿

楼隔街相望，始建于明嘉靖二十一年（公元1542年），后多有修缮，是明清两代规格最高的皇家道观。1996年列为全国重点文物保护单位。

大慈延福宫建筑遗存：位于东城区朝阳门内大街225号，是一座道教建筑。相传是元代太庙遗址，明成化十七年（公元1481年）敕建，第二年落成。其位置在东四牌楼以东，朝阳门内大街路北。庙内主祀三官，即天官、地官和水官三神，故俗称"三官庙"。该庙建成之后，明宪宗曾撰碑文，记述建庙缘由与该庙的建筑规制。明朝正德十一年（公元1513年），明武宗赐封该庙住持严天容为真人，"领道教事"。可见当时大慈延福宫受到皇室重视，地位非同一般。1990年公布为北京市文物保护单位。

日坛：位于朝阳门外朝阳北路6号，明嘉靖时期修建，后又增建、改建，为明清两代帝王春分日祭祀太阳的场所。从民国到新中国成立前夕，由于无人管理坛内建筑逐渐破败。新中国成立以后，北京市人民政府开辟日坛为公园并将其扩建。1978~1979年，从日坛公园实际出发，将日坛建成具有中国坛庙风格的古典皇家园林，面向中外游人。2006年，日坛被国务院批准列入第六批全国重点文物保护单位名单。2010年日坛公园实施了建园以来规模最大的祭祀古建筑的保护性修缮。

月坛：位于西城区月坛北街甲6号。北京五坛之一，建于明嘉靖九年（公元1530年），是明清两代帝王秋分日祭祀月亮和星宿神祇的地方。清末祭祀活动停止，月坛变为驻军场所。清朝灭亡后，月坛日渐衰败。

日军侵华期间，月坛周边树木被砍光。新中国成立后，1955年辟月坛为公园，两次扩建，多次修缮。2000年后，北京市、西城区专项整治改造月坛公园。2006年列入第六批全国重点文物保护单位。

二、皇家文化

恒亲王府：位于今仓南胡同，朝阳门内大街55号，坐北朝南。原为清圣祖康熙第五子允祺王府，康熙四十八年（公元1709年）被封为恒亲王后建造了恒亲王府。嘉庆时，恒亲王继承者爵位递降，无权再住王府，改迁他处，此府便成为嘉庆第三子惇亲王绵恺的王府。王府原来分为东、中、西三路，规制严整。2003年公布为北京市文物保护单位。2004年北京市政府拨款全面维修。

孚王府：位于北京市东城区朝阳门内大街137号，原为怡亲王府，同治三年（公元1864年），分配给奕譓，改称孚王府。孚王府的布局反映了清代王府最典型的模式，由东、中、西三路组成，三路空间各有一条中轴线，形成对称格局。中路、西路保存较为完好，是研究清代王府建筑的宝贵实例。2001年列为国家级文物保护单位。

美术馆东街25号：位于东城区美术馆东街，是一座三进高规格四合院。此宅院约建于清代后期，这里原是慈禧侄女的私宅，后几经易主，现为多户居民住宅，依然遗留有清代建筑形制、纹饰石雕。2001年公布为北京市文物保护单位。

礼多罗贝勒府：位于西城区白塔寺以西约100米处。依据清代王爵承袭制度，礼多罗贝勒府的府主是清太祖努尔哈赤次子爱新觉罗·代善的后人。礼多罗贝勒府是一座两跨三进的四合院，占地面积约8400平方米，比清代规定的贝勒府规制略大。东路分布着贝勒府的主体建筑，是目前保存较好的一路。清水屋脊、撇山影壁、精美雕刻等为清代旧物。2003年划定为"西城区第0052号保护院落"。

三、民俗文化

元明清时期，朝阜路两侧分布着众多四合院。这些四合院的居住者有普通百姓、富商豪贾、达官显贵，也正是由他们孕育和承载了浓浓的民俗文化。朝阜路上的西四、阜成门内大街、东四等保护区较为完整地保留了北京四合院及在此基础上的民俗文化。

在对北京胡同和四合院的研究上，研究人员普遍认为四合院建造深受儒家哲学思想影响，体现着礼与乐的统一，等级性、规范性，造就了严整、凝重、和谐的建筑品格，其文化价值必须保存。四合院作为构成中国古代城市规划理念的重要组成部分、中国传统城市艺术的真实写照、古代社会培育"修身""齐家"人生观的生活环境，是我国传统居民的典型居所，其装饰、装修中体现出"图必有意，意必吉祥"的特点，处处反映出人们对幸福生活的向往。

▲西四胡同

以西四为例。西四地区，是北京历史文化保护的街区之一，包括西四头条至西四八条东西走向的八条胡同。这些胡同宽4~6米，形成于元代，至今仍基本保持明清街道的规模和格局，四合院以清朝末年民国初年修建的占多数，是北京传统四合院的代表地区之一。

北京的四合院通常都悬挂匾额对联，如"忠厚传家久，诗书继世长"，展现的是府主人的身份、气质与追求。将图画、祝词等融合在四合院的装饰、彩绘、雕刻中，不遗漏门墩、台阶栏杆等处的细节雕刻，体现的都是主人对美好生活的追求。院内摆放的花草鱼缸，种植的各种植物，不仅是为了观赏，调节局部空气，更有表达美好的寓意、告诫自身和表明心的作用。除此之外，北京民俗中往往在门下埋镇物，用以躲避凶祸。四合院的居民在见面的时候都会将祝福送上，彼此亲切地问候一声"吉祥"或者"吃了没有"，透着浓浓的人情味。哪一家如果有什么婚丧嫁娶的大事，邻里之间不仅送上祝福，更会竭尽自己的能力帮上一把，以实际行动表达自己的心愿。

▲四合院中房屋上的精美石刻

　　北京的四合院中保存了自元明清以来各个时代的文化内涵，包括内容丰富的北京传统民俗文化，城市的衣食住行、婚丧嫁娶、生老病死等各种习俗都在四合院中得以体现和传承。

四、宗教文化

　　东四清真寺：位于东城区东四南大街西侧 13 号。建于明正统十二年（公元 1447 年），景泰帝敕题清真寺，明代北京回教"四大官寺"之一。寺院整个建筑具有浓郁的明代建筑特点，又兼有阿拉伯建筑装饰风格。寺内珍藏很多伊斯兰教图书文物。北京市伊斯兰教协会、北京伊斯兰教经学院均设在寺内，是北京伊斯兰教的宗教文化活动中心。1984 年被列为北京市文物保护单位。

　　广济寺：位于西城区阜成门内大街 25 号，历史久远，可上溯至金代中都（今北京）北郊的西刘村寺。规模宏大，皇帝御临，名家论佛，从明代到民国广济寺盛名远扬。新中国成立后为中外佛教交流的重要场所，寺内存有大量古代文化遗迹和国际友人所赠珍品。现在是北京著名佛寺和中国佛教协会所在地，1983 年被定为全国重点寺院，2006 年被列为全国重点文物保护单位。

　　白塔寺：也称妙应寺，位于西城区阜成门内大街 171 号，是一座藏传佛教格鲁派寺院。该寺始建于元代，是元代的皇家寺院。寺内有一座建于元朝的白塔，是中国现存年代最早、规模最大的喇嘛塔，俗称白塔寺。

1961 年，妙应寺白塔被国务院公布为第一批全国重点文物保护单位。现在妙应寺建筑大体保存了明代重建时的风格，各殿内保有原来的建筑特色，具有重要的研究价值。

▲广济寺

东岳庙：是道教正一派在华北地区最大的宫观，位于北京市朝阳区朝阳门外大街 141 号。始建于元代，赐名"东岳仁圣宫"，明代改名为东岳庙。明清两代东岳庙历经两坏三修。清末、民国时期，寺庙也有不同程度的损坏。新中国成立后，为北京安全局占用。1995 年决定恢复东岳庙，1996 年公布为全国重点文物，1999 年以北京民俗博物馆的面貌对外开放。庙内保有大量各具特色的道教建筑和历代碑刻，对研究中国古代道教以及玄教的历史渊源和发展，都具有重要的参考价值。

五、五四新文化

北京大学红楼：位于东城区五四大街 29 号，1917 年建成，1918 年完全投入使用，因楼的墙体和屋面大部分使用红砖、红瓦故称"红楼"。1919 年五四运动，北京大学的爱国学生就是从这里出发。众多的北大教师，如李大钊参与、领导了五四运动、新文化运动。这里也是北京共产党早期组织的发祥地，毛泽东也是在北大做图书管理员时向马克思主义方向快速发展的。北京大学红楼见证了五四运动、新文化运动、中国共产党的创立。

国家图书馆文津分馆：位于西城区文津街 7 号，1931 年落成，北京第一座大型近代图书馆建筑，实现了现代图书馆功能与中国宫殿建筑完美结合。当时蔡元培、钱玄同对这座图书馆一致的看法是：自兹以往，集两馆弘富之搜罗，鉴各国悠久之经验，逐渐进行，积久弥光，则所以便利学术研究而贡献于文化前途者，庸有既乎久，久爱志缘起，用勖将来。1984 年图书馆主楼即文津楼被公布为北京市文物保护单位，2006 年成为全国重点文物保护单位，现在是国家图书馆古籍馆。

▲文津楼

北京鲁迅博物馆：位于西城区阜成门内大街宫门口二条 19 号，是鲁迅 1924 年 5 月到 1926 年 8 月在北京的居所，新中国成立后以故居为主题建立的博物馆。鲁迅就在这里，写下了《野草》《华盖集》的全部及《华盖集续编》《彷徨》《朝花夕拾》《坟》中的部分文章以及翻译作品等 200 余篇译作，因此周恩来总理曾说过"故居虽小，意义和价值并不小"。1979 年鲁迅故居被列为北京市文物保护单位，2006 年公布为全国重点文物保护单位。

北京水准原点旧址：位于西城区西安门大街 1 号，中华民国陆军部测地局招聘日本商人在 1915 年设计建造，是北京地区乃至华北地区建造最早的水准原点。水准原点的主体建筑仿希腊古典建筑造型，而水准原点又是所有的地形图、各种类型的建筑物、地下构筑物、管网以及各等高程控制点，统一的高程起算，包含历史、科学价值，是一处重要的文物。

中央医院：位于西城区阜成门内大街 133 号，1915 年由国务院知名流行病及防控鼠疫专家伍连德倡议兴建，由曹汝霖等 20 多人出资，获得交通、财政、银行及警署等多方支持，1916 年奠基，1917 年建成，1918 年 1 月 27 日正式营运，伍连德任首任院长。中央医院是中国人在北京创办的第一所新式医院，打破了外国人创办新式医院的垄断局面。医院主楼坐北朝南，为钢筋混凝土结构，是典型的美国式医院建筑，平面呈对称展翅蝴蝶状，极具特点。现如今是北京大学人民医院儿童眼病中心。2007 年被列为西城区文物保护单位。

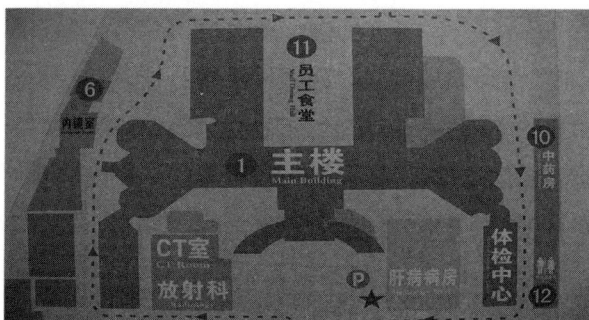

▲中央医院平面展示图

静生生物调查所：位于西城区文津街 3 号，国家图书馆文津分馆主楼西侧。以民国时任教育总长、北京师范大学校长，南开大学的创办人之一范静生命名，其弟范旭东捐资创办。1931 年在现址落成，动物学家秉志、植物学家胡先骕先后任生物调查所所长。1937 年成为我国藏有动植物标本最丰富的单位，为我国动植物分类学未来的发展打下坚实的基础。

六、新中国文化

中国美术馆：位于五四大街 1 号，由著名建筑大师戴念慈主持设计，开建于 1958 年，1963 年竣工，是中华人民共和国 10 周年十大建筑之一，由毛泽东主席题写"中国美术馆"匾额。

中国美术馆是以收藏、研究、展示中国近现代艺术家作品为重点的国家级美术博物馆，其主体建筑为仿古阁楼式现代建筑，具有鲜明的古典民族建筑风格。美术馆收藏作品以新中国成立前后时期的作品为主，兼有民国初期、清代和明末、国外艺术家的画作。现如今，美术馆已成为国际交流、普及美学的重要殿堂。

▲中国美术馆

中国地质博物馆：位于西城区西四羊肉胡同 15 号，为国家级博物馆，也是亚洲最大的地质博物馆。现今中国地质博物馆从一个 100 平方米的陈列馆发展而来，1958 年竣工，2004 年修缮后重新开馆。中国地质博物馆馆藏地质标本 20 余万件，涵盖地质学各个领域，很多藏品名扬中外。不仅馆藏丰富，地质博物馆也很好地履行了专业研究和普及知识的职能。通过出版一系列专著、举办科普活动宣传了研究成果、推广了地质科学，成为地质科学教育基地。

七、商业文化

西四、东四：西四、东四两个地名是西四牌楼、东四牌楼的简称，早在元代这两处就已成为北京城内重要的商业中心。元代羊角市位于今西四一带，枢密院角市位于今东四西南，非常繁荣，为"东南西北人烟凑集之处"。枢密院角市南接文明门，东有齐化门，"盖江南直沽海道，来自通州者，多于城外居止，趋之者如归。又漕运岁储，多所交易，居民殷实。"羊角市南面有"南商之薮"之城的顺承门，西邻"西贾之派"平则门，众多商人在此频繁集聚。同时羊角市也是城内前往京西地区的咽喉要道，"城中内外经纪之人每至九月间买牛装车，往西山窑头载取煤炭，往来于此。新安及城下货卖，咸以驴马负荆筐入市"。

明代史载东大市（今东四）"店房极其繁盛，种种异物，不可殚记"，皇帝也去东四开办皇店，专门经营各地客商贩来的杂货，与民争利。西大市（今西四）也非常繁华，为牛、羊、猪等肉食的集散地，也是煤炭的集散地。除此之外，西大市专业市集集群发展，有缸瓦市、皮货市、羊毛市、箔子市。中国古代封建政府往往选择繁华的闹市区作为处决犯人的刑场，以期达到杀一儆百、以儆效尤的目的，所以历史上有"刑因于市"的说法。西四这一时期成为处决犯人的刑场，也可以佐证明代西四的繁华。

清代东四成为内城东部最主要的商业中心，"康熙三十八年，崇文门内东四牌楼地方，生意最盛。"道光时期，内城的专业批发市场已经恢复，东四牌楼附近有米市、猪市、羊市、马市、估衣市。清后期，东四还是金融中心，遍布钱庄、账局、炉房，最有名的还是"四恒号"，被称为"都中钱肆巨擘"。到乾隆、嘉庆时期，西四再度成为内城西部的商贸中心，"鞍辔行装，铺设牌楼西大市"，出现了一些名气很大的店铺，以"缸瓦市中吃白肉，日头才出已云迟"闻名于世的百年老店砂锅居最负盛名。西四牌楼附近有非常多的娱乐场所，恢复了"歌吹之村"的面貌，并出现了被称为"清吟小班"的乐户。"间阎扑地，歌吹沸天。金张少年，联骑结驷，挥金如土，殆不下汴京之瓦子勾栏也"，描绘出这一时期西四的盛况。

隆福寺庙会：庙会，是与佛、道等宗教祭祀活动结合在一起的市集。每逢寺庙向百姓开放，男女老幼入寺烧香求佛的盛大节日，众多商贩在通向寺庙的道路两侧或是寺庙空地上摆摊售卖，大量民间艺人也趁这人头攒动的时候表演绝活。这种集宗教参拜、商品售卖、表演娱乐于一身的活动深受百姓喜爱，发展成为一种定例。

隆福寺庙会在明代已经出现，清代名镇京城。雍正时期，隆福寺开设庙会，每月逢九、逢十开市，享有"百货骈阗，为诸市之冠"的美誉。隆福寺庙会繁荣时，达官贵人也都前去逛会，而且人数众多。据《藤阴杂记》记载："庙寺唯东城隆福、西城护国二寺，百货具陈，目迷五色，王公亦复步前行评玩"。

清嘉庆竹枝词对当时隆福寺庙会的繁荣景象做过如此描绘：

东西两庙货真全，

一日能销百万钱。

多少贵人闲至此，

衣香犹带御炉烟。

足见当时隆福寺庙会的火爆程度！到了清末，隆福寺庙会已经变为纯粹商业活动，"百货具备，游人甚多，绝不礼佛"。民国时期，隆福寺庙会的繁荣带动周边出现了同类型商业店铺集聚，形成书市与文物市场。《清稗类钞》中记载："内城隆福等寺，遇会期多有卖书者，谓之赶庙。散帙满地，往往不全而价值甚廉。朱豫堂日使子弟物色之，积数十年，蓄数十万卷，皆由不全而至于全。盖不全者，多系人家奴婢窃出之物，其全者固在，日日待之而自至矣。"散佚的书通过这样的方法可以收集成套，由此隆福寺书市规模之大可见一斑。

新中国成立后，隆福寺先后改为东四人民市场、国营百货商场，建筑规模也不断变大，但经历了1993年的一场大火之后，隆福寺的商业始终没有找到合适的方向。但鉴于隆福寺完备的基础设施，优越的地理位置，光辉的商业传统，其商业潜力仍需努力挖掘。

白塔寺庙会：白塔寺庙会于清末民初兴起，每月初五、初六、十五、十六、二十五、二十六举办庙会，商摊达到七百余家。每逢开庙之日，各处的小商小贩推车挑担蜂拥而至来此设摊卖货，全城的男女老少也从四面八方到此买物游逛。庙会货物买卖上，白塔寺与其他庙会有很多类似，但也有其独具特色之处。《旧都文物略》中说："白塔寺的木碗花草、土地庙木器竹器，皆属特有。"

除了这些日常用品和风味小吃以外，白塔寺庙会中还有许多最吸引逛庙会百姓眼球的文娱活动。有唱大鼓、说相声、耍武术、卖把式等众多类型的活动将庙会推向一阵阵的高潮，这些人中也有为观众熟记与喜爱的老艺人傅士亭和侯五德，他们的表演为百姓喜爱。艺名"小蜜蜂"的张秀峰所唱的《刘公案》，声震北京。新中国成立后，出于保护白塔的目的，白塔寺庙会逐渐停办。

朝阳门：朝阳门，北京内城九门之一，位于内城东垣，始建于1268

年，坐西朝东，原名齐化门。由元至清，朝阳门一带一直是经济繁盛之地。据雍正皇帝《御制朝阳门至通州石道碑文》记载，"潞河为万国朝宗之地，四海九州岁致百货，千樯万艘，辐辏云集"，全国各地进京的货物都要装在车上，由通州经朝阳门关厢运到城内，所以这里"商贾行旅，梯山航海而至者，车以织路，想望于道"。元代修建大运河后，北京与南方交流、来往，往往凭借大运河，也必经朝阳门，这为朝阳门的繁荣提供了优良条件。无论是从京城南下，还是北上京师，朝阳门是重要关卡与通道。南方北运的漕粮也要由此而进京，储藏官员俸禄、百姓口粮的众多粮仓也都在朝阳门附近，这也是朝阳门"粮门"名称的来源。由此衍生的官僚机构、工作人员也都在朝阳门消费。大量的人流物流聚集，朝阳门商业应运而生，始终保持比较繁荣的状态。

▲朝阳门现景

到光绪三十年（公元1904年），津浦铁路通车，漕运停止，朝阳门运粮功能消失。但朝阳门仍是人们进出北京城的重要通道，人流量大，城门两侧及城门外关厢商业仍旧十分繁荣。今天，朝阳门附近的商业发展成为金融业、高端商业服务业。

阜成门：阜成门，北京内城九门之一，位于内城西垣，坐西朝东，前身为元大都的平则门。因北京西郊门头沟附近产煤，城内居民取暖用煤都由门头沟供应，阜成门自然成为运送煤炭的必经之门，有"煤门"之称。根据清人王庆云《石渠余纪·纪节俭》的记载，宫中每年消耗木柴2600余万斤，红螺炭1200万斤。乾隆年间直隶提督永常也曾提到"京城内外人烟繁庶甲于天下，唯赖西山之煤，取用不穷"。阜成门还有"阜三多"的称号，骆驼多、煤栈多、煤黑子多（煤矿工人的旧称），足见当时阜成门作为运煤要门的盛况。阜成门也是西南而来的外地人进入北京的重要城门。新中国成立后，阜成门商业不断调整发展方向，现主要为针对普通居民的商业服务业与饮食业。

第三节　朝阜文脉面临的挑战与对策

一、朝阜路认可度的再次提升

《北京市"十二五"时期历史文化名城保护建设规划》提出建设"一轴一路一带"，一轴就是北京的中轴线，一路就是朝阜路，一带是指长安街至前三门大街区域。《规划》的出台表明朝阜路已成为北京历史文化名城建设的重要一环，但与中轴线与长安街至前三门大街区域的知名度相比，朝阜路认可度仍有很大的提升空间。朝阜路作为文脉的概念提出于20世纪90年代，时间较晚，关于朝阜路整体性研究的历史也只是短短20年，论文、著作起点高但丰富程度稍有欠缺。学界、社会对朝阜路尚未完全了解，朝阜路从元代至今700多年历史，北京成为全国性首都时朝阜路的历史同时开启，待挖掘、可宣传的工作还有很多。

二、文保单位的开放

朝阜路上出于客观原因暂未开放、禁止参观的文保单位有10余处。对这些文保单位来说，开放参观的条件尚未齐备。倘若贸然开放，必然带来不可预估的风险。而这些文保单位又是朝阜路上典型的、不可或缺的文化要素。它们的不开放对于朝阜路文化的丰富性来说不啻是个遗憾，更是巨大缺损。对研究人员、历史爱好者、游客深度了解朝阜路，接受朝阜文脉都是不小的障碍。面对这样两难的境地，如何做好开放工作，文保单位任重道远。

三、仿古建筑的出现

在对朝阜路文脉街打造的过程中，不可避免地使用仿古修复手段。

在胡同四合院的修复过程中，仿古修复以"修旧如旧"为原则，很好地保持了历史风貌。而对于仿古建筑，则应该谨慎对待。以2015年在西四地铁口出现的牌楼为例。西四仿古牌楼从2014年9月开始动工，至2015年年初露出庐山真面目，问题也由此来。西四地区原称西四牌楼，因

▲新修的西四牌楼

十字路口东西南北四个路口都有一座四柱三间的木质牌楼，牌楼描金、油漆彩画，檐下有如意斗拱。四座牌楼上都带有文字，东边为"行义"，西边为"履仁"，南北均为"大市街"。而此次修建的牌楼在东北角，与历史原迹不符。古牌楼上方的斗拱为中间6个、两侧5个，而新牌楼的斗拱则是中间8个、两侧7个。同时，牌楼中间的图案也有差异，柱子高出檐顶的长度与以前的也不同。《红楼梦》中有一句"假作真时真亦假"，不明就里的人看到仿古牌楼就很有可能怀疑周围许多文物的真实性，朝阜路不值得、也冒不起这样的风险。

四、东城西城各自建设模式的局限

朝阜路由八条道路组成，涉及东城区、西城区两个区，文化资源分布不平均。相较来看，西城区阜成门—景山段文保单位较多，从元代开始，历史厚重，遗迹典型。东城区朝阳门至景山段古今文化交融，现当代文化资源更为丰富。两城区从各自实际出发，推行符合区情的发展战略，都取得了非常大的成果。这种发展模式也有一定的局限性——联合建设上的不足。目前朝阜路的发展就到了这样的瓶颈期，如何打破这种局面，已成为当前急需解决的问题。

五、确定朝阜路的文脉定位，加大宣传研究力度

对朝阜路来说，首要一点是确立其文脉定位的社会认可度。没有广泛的认可，朝阜路的保护就定不准基调、找不好方向。为此，最好的方法是召开各界论证会，以权威、全面的结论诠释好朝阜路的文脉特征。确定好这一点之后，开展单独的或与中轴线组合宣传，形成广泛的社会共识，推进朝阜路文脉研究、保护、建设三步共进。

六、制定实施统一的发展规划

朝阜路保护、建设是一项大工程，需要合多方之力方能做好。由北京市政府牵头，东城区、西城区协同，制定一个统一、全盘、长期规划，实现朝阜路的整体保护。在实施过程中可以借鉴西城区成立的阜景文化旅游街管理委员会的经验，建立朝阜路保护管理委员会，具体操作实施规划，保证规划落实到位。

七、严格保持朝阜路现状

20世纪90年代，北京市政府对朝阜路道路建设已经划定了不可跨越的红线，所以对朝阜路建设的一个准则就是不能超越红线。不仅如此，朝阜路内现有的历史遗迹、文化景观都应尽最大可能避免改动。至于重建消失的文化景观，务必通过召开专家论证会、市民论证会等多个环节，讨论有无必要、实施方案，审慎地、敬畏地采取措施，保证朝阜路文化景观的历史真实度、文化一贯性。

八、根据情况提高文保单位开放程度

对限制开放或不开放的文保单位来说，如能做到整体腾退搬迁，还原历史遗迹的本来面貌当然最好。当然也应根据实际情况采取更合适的方式实现对外开放：（1）每周或每月选择固定天数开放，这样不仅可以最大限度地保护历史遗迹，同时对在文保处办公的单位或私人住宅还避免受到打扰，也实现了文保单位的最优开放。（2）对文保处办公单位人

员或居民进行培训，他们是文保单位的第一接触者，帮助他们了解文物的历史价值，能实现最佳保护。对外开放日，由参培人员进行引导讲解，宣扬文化价值，避免参观人员随意参观带来的工作隐患。（3）设立工作进程表，加快对未占用的文保单位的修缮腾退，定期对社会公布，实现早日开放。

正如舒乙在《发现北京：舒乙眼中的北京》中对朝阜路的描写一样："文化大道是绝对名副其实的，而且是中国文化大道，内容涉及中国皇家文化、士大夫文化、平民文化、宗教文化、现代文化及文学、美术、文物、园林等丰富多彩的文化内容，来到这里，宛如步入中国文化博物馆群。"对于朝阜路这条真正的文化街我们的历史使命是做好根本性保护，实现传承性开发。

第八章 北京旧城街巷胡同与城市肌理

在北京城市发展史上，四合院、胡同既是与北京古都城市——元大都共同营建和同时形成的城市规划格局，也是延续至今并最具北京城市文化特色的民居建筑。北京旧城街巷胡同的肌理是北京城市的骨架系统，其格局和空间尺度是决定北京城市面貌的重要因素。因此，传承城市历史文脉的重要内容就是如何保持北京城街巷胡同围绕中轴线对称展开且呈网格化的布局方式，以及如何保持北京传统街巷胡同的空间和尺度。同时，与这种传统布局和空间尺度特色伴生的胡同里的传统住宅建筑也是传承城市历史文脉重要的内容。因为，这种街巷肌理所服务的是传统住宅方式，如果仅保持街巷胡同肌理而传统住宅方式改变了那也必定带来无尽的矛盾。因而，如何更好地传承北京城市历史文脉要解决的重要问题就是怎样让传统的住宅方式在现代都市生活条件下得以涅槃重生，或者说现代都市生活作怎样的调整以尊重城市的传统文脉。

第一节 街巷胡同的历史变迁

一、元代街巷胡同的基础格局和基本空间尺度的确定

北京旧城现存的街巷总体格局肇始于元代大都城时期。元世祖忽必烈于至元四年（公元 1274 年）在金中都城的东北方建造大都城。大都城内除了皇城之外，划分为 50 个网格化的"坊"，每个"坊"之间有主干道和次干道系统分割和联系。这些干道除了因河流、湖泊和皇城等而不得不采取避让等迂回变通方法外，其余街道基本上都采取了横平竖直网格化的布局。这是北京传统街巷胡同在格局方面的基础特色。

"坊"内有可供马车行驶的小路，即现代的胡同（或条）。元代对于大街、小街、胡同都有具体宽度标准，规定大街宽24步（约为37.2米）、小街宽12步（约为18.6米）、胡同宽6步（约为9.3米）。胡同东西向排列整齐，胡同之间距离为50步，合77米。这是北京传统街巷胡同的基本空间尺度。这种格局的基础特色和基本空间尺度由元代一直没有改变。

二、明代街巷胡同格局和空间尺度的变化

明代洪武元年（公元1368年），徐达攻克大都城，将元代大都城的北半部分向南缩进了2.5公里，并重新修筑了北城墙，但是并没有改变元大都的其他部分街巷格局和尺度。明代永乐四年（公元1406年），永乐皇帝将北京城的南城墙向南拓展了0.8公里，并重新修筑了南城墙，这拓展出来的南侧一部分（也就是今天的长安街南侧至前三门大街北侧一带）的街巷格局仍然采取了横平竖直的网格化布局，街巷的尺度也基本上与元大都一致。

明代嘉靖三十二年（公元1553年），嘉靖皇帝在北京城南侧加筑了外城。外城的街巷格局虽然也试图采取横平竖直的网格化格局，但是第一，外城的河道密布，很多临河道的街巷只能随河道走势呈现出弯曲和斜向的情况，如原崇文区的三里河一带、草厂一带。第二，外城修筑的部分叠压在隋唐以来旧城的基址上，原来的居民仍然存在，因此也延续了部分旧城的格局和尺度，如目前的菜市口南北大街以西一带均为辽金旧城的范围。第三，在明代永乐年间的北京城和隋唐以来旧城之间，因为两地之间的居民往来，也已经自然地形成了一部分道路，这部分道路都是因为行人抄近路而自然形成的斜街（即现在的杨梅竹斜街和铁树斜街一带）。因此，明嘉靖朝新扩建的外城一方面是主要的大街道和部分较平坦的地区（如花市地区和骡马市大街以南的区域）还是横平竖直的网格化街巷胡同，大街道的宽度也和前代的尺度基本一致；另一方面，大网格下的小区域内的很多小街巷和胡同由于受到了以上所述历史和自然因素的影响，无法实现横平竖直。根据地形和历史因素规划建造街巷而

伴生的就是外城街巷尺度和街巷胡同之间的空间上也表现出了宽窄不一的特色。而这种规划街道横平竖直与部分地区街巷弯曲的特色，就是明代中期以后外城街巷胡同的历史风貌。

三、清代和民国时期街巷胡同的延续和变化

清代的北京城，延续了北京城原有格局的方式。但是，清代前期实行了"满汉分居""分治"政策，满蒙居住在内城，汉人只能居住在外城。这种政策造成内城人口相对较少，建筑空间相对宽松，延续使用元明以来的街巷胡同格局和空间尺度。而外城却人口激增，居住空间相对狭小，清代街巷胡同在明代的基础上逐渐变得更加窄小，建筑和庭院占地面积也相对更小。这就是清代北京街巷胡同的基本特征。

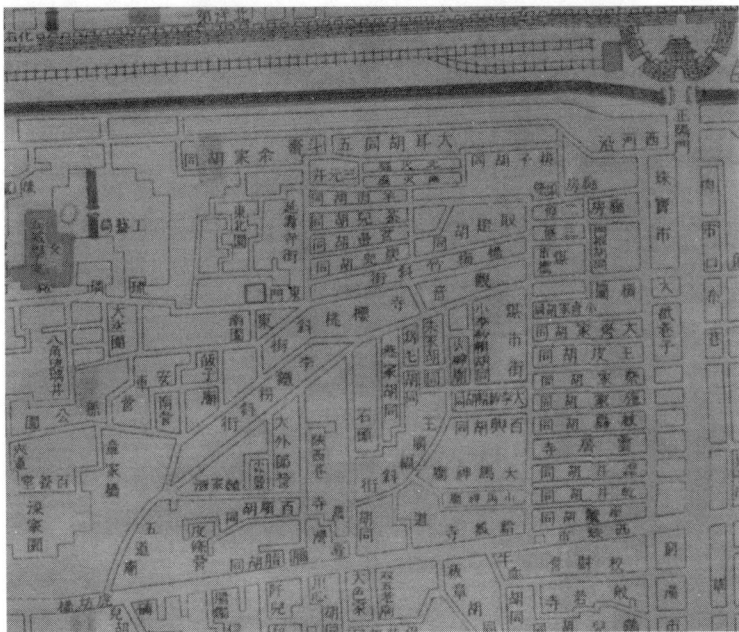

▲清代光绪三十四年《京城详细舆图》上表现出的外城西侧斜向的街道

▲清代光绪三十四年《京城详细舆图》上表现出的外城东侧斜向的街道

民国以后，除了对少部分街道和胡同进行了拓宽和改造之外，也基本延续了清代街巷胡同和建筑的基本特征。这种内城延续了元明以来街巷布局和空间尺度，外城在明代布局和空间尺度的基础上街巷更窄和庭院占地空间更小的特征也就是我们今天认识的北京城的历史风貌。

第二节　街巷胡同与历史文脉

北京是国务院公布的中国第一批历史文化名城，而北京传统的街巷胡同四合院是历史文化名城的重要组成部分。元明清以来，北京的街巷胡同四合院与皇宫御园、坛庙寺观、城门城墙等建筑共同作为北京历史文化的载体，构成历史文化名城不可替代的一部分。

北京的街巷胡同四合院的格局和建筑，维系和保持了古都景观的整体和谐。元大都的整体规划中，街巷胡同四合院是全城总体建筑布局中围绕皇宫、御苑、府邸、衙署的平民居住区，它以其固有的规划建筑形制布局及外观特色，支撑和展现着布局历史文化名城的独特城市人文景观。

　　发生在北京的历史事件和历史人物，是以街巷胡同四合院作为舞台和场景的。在北京历史上有着重要影响的郭守敬、文天祥、于谦、谢叠山、袁崇焕、纪晓岚、康有为、鲁迅、老舍等重要人物的生活与活动以及重大的历史事件，都可以在保留至今的北京街巷胡同四合院中加以解读。作为北京历史文化名城中的历史文化载体，街巷胡同四合院所揭示的文化内涵，往往是历史文献所未能表达的。

第三节　街巷胡同的现状与挑战

一、街巷胡同与四合院的现状和挑战

　　新中国成立后，北京老城区的街巷和胡同开始有了较大变化。据统计"胡同保有量从 1949 年的 3250 条减少到 1990 年的 2257 条；经过 20 世纪 80 年代末 90 年代初几次大拆大改，老北京胡同到 2003 年仅剩 1571 条；到 2007 年剩下了 1243 条。这 4 年间平均每年消失胡同 80 多条。"①

▲拆迁前的大吉片北大吉巷内，胡同尺度亲切，胡同内安静

而且，2008 年以后，西城区的大吉片拆迁又有几十条胡同消失（大吉片胡同今昔对比，见图）、西城区的金融街南扩、北扩和东扩都造成了数十条胡同消失（金融街胡同今昔对比，见图），西城区的椿树片改造导致数条胡同消失，东城区的王府井西扩和东四南地区的胡同改造也造成了数条胡同消失和数条胡同被拆成了半条胡同。而这种一条胡同拆

――――――――――

　　① 崔健：《北京胡同保护规划研究》，载《北京规划建设》2009 年第 11 期。

▲拆迁前的大吉片南大吉巷内，胡同尺度
亲切，胡同内安静

▲拆迁前的大吉片内粉房琉璃街，
虽然是片区内的主要街道，但是仍
然显得安静而亲切

迁、部分院落，逐步蚕食的方法，胡同虽不是骤然消失，但对胡同的破坏更加隐蔽，更能够找到破坏胡同的各种理由和借口。时至今日，西城区仍在对菜市口以西的校场口地区进行拆迁。虽然，北京市已经在《北京城市总体规划》中确定了整体保护旧城风貌的原则，而且北京市已经划定了 30 片历史文化保护街区，但是受保护的胡同仅有 660 条左右。而保护区以外的街巷胡同如果仍然没有强有力的保护措施，仍然是"权大于法"，为眼前利益牺牲长远利益，必然还会有很大一部分胡同街巷遭到被拆迁的命运，从而使北京的城市历史风貌一点点、一片片地消减，最终北京的历史文化名城将名不副实。因此，历史街巷胡同的保护和延续仍然是北京城市肌理保护的最大挑战。目前，北京的很多街道尺度已经远远超出了历史的空间尺度，有的甚至被加宽了数倍；另一方面，很多胡同内由于长期被挤占空间，历史空间尺度也有变窄的趋势。而且这种拓宽道路和挤占道路的现象仍然在继续，它也是对历史空间尺度的改变和破坏。

另外，目前胡同内现存的建筑由于多年不合理的改造和利用，呈现出了建筑形式、体量和色彩的纷乱现象，一些现代式样甚至是高层建筑不和谐的穿插在胡同四合院之中，传统的、有规律的、高低错落和较为统一的竖向空间尺度和传统建筑色调基本上被打乱。这也是目前北京城市历史面貌面临的现实问题。

▲金融街大乘胡同某处安静的宅院

二、街巷胡同格局和空间尺度破坏产生的原因

（一）经济的利益驱使，破坏历史风貌

街巷胡同之所以在数十年间，尤其是近十几年间遭到迅速破坏，一个重要原因就是利益驱使。众所周知，北京旧城是寸土寸金的地方，如果能够获得拆迁改造的权利或者增加建筑面积，那么就意味着巨大的经济利益。不管是地方政府还是开发商抑或是某些单位和个人，对此都不能无动于衷，甚至千方百计地参与其中，谋取利益。很多居民为了获得巨额拆迁款，也希望拆迁。而根据笔者走访，事实上很多没有其他住房，真正居住在这些街巷内的人是不愿意拆迁的，因为拆迁就意味着要迁往郊区县，生活和工作上会造成很多困难。而愿意拆迁的恰恰是拥有多处住房，希望得到大笔拆迁款和更多住房的人。

（二）巨大的人口压力造成胡同街巷的破坏

众所周知，北京旧城区内在数十年内人口增长了数倍，过去一个家庭或家族居住的四合院变成了多户甚至上百户居住的现象比比皆是，过

207

去的很多公共建筑（如寺院、道观、会馆等）也都住进了大量人口。院内私搭乱建严重，造成原本宽敞明亮的庭院空间变得狭小拥挤，院落内的生活条件恶劣。如同很多老旧楼房小区一样，胡同内也因为停满车辆而造成拥挤。这些都加速了侵占胡同街巷空间和拆改四合院建筑等破坏行为的产生。同时，很多拥有其他住房的居民，将房屋出租，而租户大多为流动人口，保护意识很差，公共意识不强，造成了更多隐患。这些都必然倒逼拆迁和拓路等破坏历史道路街巷肌理的现象产生。

（三）政府部门重视不够

由于现实的问题，一些政府部门单纯希望通过拆迁或拓宽街巷胡同的尺度来解决问题，而没有顾及或顾及不到历史文脉的因素。如很多传统街巷的规划红线（道路规划红线是城市规划部门拟拓宽至的街巷宽度线）都是在现有街巷尺寸的基础上加宽数米至十数米。这些在规划部门就已经确定要加宽的道路，是否能解决交通拥堵尚未确定，但是从其加宽的行为来看，最起码没有将尊重城市街巷的历史文脉放在最重要的地位，因此传统的街巷空间尺度受到了较大的挑战。谢辰生先生曾指出"红线、胡同是城市的肌理。怎么样改变以前红线的观念？如果还要有红线的话，肌理就是红线。不能以红线破坏肌理而应是促成肌理的保护。"① 从另一个角度讲，拆迁、道路拓宽或取直后也会产生另一个问题，那就是会使更多的人口、车辆涌入，而人口的激增，会对周边产生更加巨大的影响，会再次形成新的问题，那么只能陷入再次拆迁和拓宽道路的循环圈之内。我们过去几十年的发展已经说明了这一点。以骡马市大街以南的大吉片拆迁为例，由于建造了大量高层建筑，吸纳进了大量人口，虽然对周围道路进行了拓宽，但是我们看到拥堵越来越严重，周围的街道停满了车辆。而这片拆迁区，消失的却是南城地区不多见的胡同街巷平直方格网状和胡同内的上百座四合院，以及数十座具有较高历史价值的会馆、店铺、医院。总而言之，在城市规划建设中，只

---

① 谢辰生：《胡同是静脉，四合院是细胞——文物专家谈北京胡同保护》，载《北京规划建设》2004 年第 12 期。

要还将着眼点放在"头痛医头，脚痛医脚"简单的城市治理模式上，而不是把尊重历史格局和空间尺度作为前提，站在宏观的、对历史负责的高度去审视和处理现实问题，那么就会不断有新的问题倒逼拆迁和拓宽道路，那么北京历史文化名城的整体保护和历史文化的传承就只能是美好的愿望而已。

（四）不恰当的改造和维护造成传统建筑的破坏

目前，我们也看到了大量的胡同和四合院的改造工程，这些改造和维护工程的总体质量不高，多数还是按照现代工程的做法，对街巷胡同内的传统宅院和其他建筑物的原始构件、装修、装饰物、雕刻等都没有过多的考虑，很多都是将旧物拆除之后，换成新的，造成了历史信息的大量消失。而即使抛开历史信息不说，目前的古建筑建造的传统手工艺水平与古代相比也还有很大的差距。就以墙体的砌筑为例，目前的很多改造工程中，不但砖的质量与传统的手工砖工艺水平相差较大，砌筑的工艺水平也相差甚远。而现代改造工程往往将传统磨砖对缝工艺砌筑的砖墙拆除之后，再重新砌筑工艺低劣的现代墙体或现代仿古墙体。还有街巷内一些具有较高艺术水准可以成为胡同景观的公共建筑物，如大门外的影壁、上马石等，被不和谐的建筑物遮挡（如图），造成街巷景观的损失。

▲被厕所遮挡的砖雕一字影壁

第四节　街巷胡同保护的新契机

一、首都经济中心地位的弱化必将带来新的契机

习近平总书记在北京视察时明确提出了北京城市功能的总体方向是政治中心、文化中心和国际交往中心。2017 年 4 月 1 日，中共中央、国务院决定在河北成立雄安新区，集中疏解北京非首都功能，随着各大企业的外迁和北京严控人口，未来必将在很大程度上缓解北京的人口压力，随之胡同街巷的拆迁压力也会相对减小。

二、北京市委、市政府的外迁会疏解部分人口

北京市委、市政府及其相关委办局的迁出北京旧城，也必将疏解部分北京旧城内的人口。随着机构人口的外迁，对旧城房屋的需求量、土地的侵占、道路的通行率的压力都会大大缓解，对旧城传统街巷胡同的保护都十分有利。

第五节　传承文脉的对策与建议

一、出台更加严格和更有利于完整保护旧城的法律法规

虽然《北京城市总体规划（2004—2020 年）》已经明确提出了"完整保存"北京旧城区，《北京控制性详细规划》也对每个区域的高度和体量有了规定。但是，这些文件多数是只言片语性的，不具有系统性和具体指导性，我们还是忧心忡忡地看到旧城内拆迁现象仍然存在。因此，一方面是一部针对旧城保护的系统性和具有可操作性的法律法规应当抓紧制定。另一方面，应当在法律和政策层面保护和鼓励旧城的保护行为，引导和推动更有利于文保的产业、单位和个人在旧城区的发展和繁荣。

鼓励和保护民间的文保行为国际上已经有了成功的范例，也有得到广泛认可的经验。这样既有法律上严格控制破坏历史风貌、城市肌理的行为，又有政策上的引导文保行为，就能形成疏堵结合、双管齐下的良好局面。

二、继续疏解非首都核心功能产业内容

对非首都核心功能区产业的疏解，一方面有利于降低旧城区的人口密度；另一方面，替换出的空间必然会有新产业的进入，而积极引导有利于旧城保护的产业进入，将在更深远的意义上促进旧城区的保护。

三、建立破坏追责机制

首先，对院落内私搭乱建的违章建筑应该予以清理。搭建的临时性建筑可以分为几类：生活设施，即厨房、洗浴间、住房、储物间。这些临时性建筑一部分是必需的，也就是家庭居住面积不够而不得不采取的临时性措施，可以暂缓处理。而另一部分是为了抢占面积，纯粹为了出租和其他商业用途而搭建房屋，这部分应该予以清理。

其次，对违反《北京城市总体规划》《北京控制性详细规划》《中华人民共和国文物法》《文物保护单位保护范围和建设控制地带》等相关法律、法规的单位和个人，应该追究政府部门、单位领导人的相关责任。

四、加大宣传力度，增强全民的文保意识

目前，虽然文保意识已经得到加强，社会各界已经有越来越多的人认识到了保护北京旧城风貌的必要性，但普通百姓的关注度还不是很高。郑孝燮先生也曾强调媒体的宣传作用。"媒体也要大力宣传保护老北京的胡同。如果有可能，我们应该拍一套胡同的系列电视片。一个胡同就是一个故事，包含了很多人文的东西。我很赞成把胡同提到保护的高度上来。"[1] 只有积极地、持续地对北京市民和定居北京的常住人口进行宣传，

---

① 郑孝燮：《胡同是静脉，四合院是细胞——文物专家谈北京胡同保护》，载《北京规划建设》2004 年第 12 期。

培育群众基础，才能够更好地建立起更强大的保护群体，也才能够有更多的智慧和途径，保护也才有了根基。

五、大力发展地下交通网线，解决城市交通问题

目前，北京大力发展地下轨道交通，能在一定程度上缓解地上交通的压力。同时，北京也在思考制定一系列相应的机动车管理办法，限制和减少城市核心区的交通流量。这样多管齐下，综合治理，在不拓宽传统街巷道路的尺度也不破坏城市肌理前提下，解决城市交通问题。

总之，在清楚地认识北京历史街巷肌理和街巷肌理下的建筑物面貌的基础上，总结过去发展的经验教训，分析面临的挑战和机遇，才能切实有效地制定相应的措施，以保住北京这座东方古都的历史文脉。

第九章 皇家园林

城市，是人类文明的标志、社会发展的缩影，是人们物质与精神生活的栖居地，因而人们对城市倾注了极大的热情和渴望。亚里士多德曾经说过，人为了生活营建了城市，为了更好地生活，在城市里留下来。文脉一词，最早源于语言学范畴，是一个在特定的空间发展起来的历史范畴，其上延下伸包含着极其广泛的内容。历史文脉彰显城市特色。城市的历史文脉不同，面貌就不同，所承载的精神也不同。

第一节 皇家园林建设的脉络

北京是一个有 3000 多年建城史、800 多年建都史的历史文化名城。这座古老的城市，历经沧桑，在洗尽铅华后毅然显现出独特的民族神韵和文化魅力。在北京城市的历史文化发展长河中，有一种连绵不断的文化现象，那就是皇家园林的开发建设，他们与城市的建造理念、规划布局、生态资源的可持续保护利用密切相关，是一个城市文明的重要象征和佐证。

作为都城，北京皇家园林在城市中的比重是其他古都难以比拟的。北京皇家宫苑无疑是北京历史文化名城中的精华。在遵守事物本身自然规律的同时，将人的意识与园林景观融糅，追求人与自然和谐共处，天人融合，物我合一，以此来传承着历史文化主脉。

北京古代城市建设一直是以皇家宫苑为主线。北京城最早的城址称"蓟"，这是公元前 1045 年周武王在伐纣灭商之后同时在北方分封的两个诸侯国中蓟的政治中心。蓟城的具体位置大体在今北京城卢沟桥东北约10 公里、莲花池以东广安门一带。战国时期，燕昭王在蓟城西郊营建园林风景区。这是北京地艮园林的最初形式。公元前226年，秦灭燕国，在蓟城设广阳郡。秦代，北京出现了最早的行道树。魏晋时期，今莲花池、玉渊潭、紫竹院一带以及万泉庄、什刹海等地区，成为士大夫举行活动和宴集的优美风景区。从此，北京地区园林形成帝王宫苑、寺观、郊区风景园林发展的局面。

辽代，将幽州升作陪都南京。从辽代开始，北京开始了由地区性的行政中心向全国政治中心过渡的进程。佛教是外来的宗教，在"外来"这一点上同少数民族政权有共通之处，有利于其统治。也正因如此，极力推崇佛教的少数民族政权在北京地区兴建寺庙园林。在城郊的自然风景区兴建皇家佛寺，如香山寺等，以便于皇帝驻跸游幸。自此以后，行宫与寺庙结为一体，凡是较大的寺庙都有园林，较大的园林中必有寺庙。北海琼岛正中就是一组寺庙建筑（永安寺），北海北岸还有天王殿、阐福寺、小西天等庙宇；颐和园后山有大型的喇嘛庙；承德避暑山庄内有永佑寺、珠源寺等等；就连北京故宫的许多个御花园中无不有大小寺庙道观。

不过宋辽时期，作为辽南京的北京，虽然也有很多皇家园林建设，但多是自然风景和宫殿建筑的一般性的组合，园林艺术水平不高。但统治黄河以南的北宋王朝，这时园林的发展则进入了一个相对成熟的阶段。在这一阶段文人墨客的地位凸显，诗歌绘画的发展，使得文人园林随之兴起。皇家园林也受文人园林的影响，出现了更接近私家园林的倾向，冲淡了象征皇权的皇家气派，封建的政治体制变得开明，文化政策宽容，各类思想相互交融。皇家园林不再仅服务于皇帝，皇帝更加亲民，定期向社会开放，向公共园林发展。承担起这一历史转折的代表性作品，就是宋徽宗所筑的艮岳。艮岳改变了秦汉以来"一池三山"的仙苑造园模式，把文人的诗情画意引入园林，进行山水创作，用单纯的游赏性取代前代朝会、仪典、居住的功能。艮岳以掇山置石而闻名，假山堆叠形象生动，优选千姿百态的石料，奇石颇多，犹以太湖、石峰、黄山石山为盛。

艮岳在中国园林造园史上创造了新的亮点，开创了造园技术的先河。

它的完成标志着中国皇家园林发展进入一个成熟时期，它所创造的"山水宫苑模式"，成为此后 800 多年中国皇家园林建设的经典蓝本。

封建社会，皇家园林虽然只是为帝王服务，却无形中影响了北京城市建设的布局和走向。金代的中都，是有史以来第一个在北京地区建立的国都。金中都是在古蓟城旧址上发展起来的最大的也是最后一座都城。女真人由渔猎生活向农耕生活过渡，没有多少造城的经验。但金海陵王迁都后，命张浩实测了北宋东京汴梁。实质上也就是按照农耕文明的都城形制建设了金中都。汉族的都城是按照《周礼考工记》的模式发展起来的，到了宋代已经很完善，宫苑相依，宫主苑次，引水绕城。金代统治者毕竟是渔猎民族，对于水的渴求，还是对汉族宫苑分置的格局进行了创新，让水流入宫墙，在宫城内形成鱼藻池，在皇城内形成了左宫右苑的布局。围绕着城内的水系，当时建设的园林有名的就有八处，名为中都八苑。

北海的水泊，原为永定河故道积水而成，以荷花之盛闻名，名为白莲潭。辽代在这一地区开始种植水稻，形成了宛若江南水乡的风貌。公元 1166 年（金大定六年），金朝国内形势渐趋平稳。金世宗开始在中都城外东北方向这片北国水乡，营建自己理想的山水宫苑——大宁离宫。

大宁宫的营建从挖湖叠山开始，人工开拓了辽阔的水面，并用挖湖之土，扩充成岛屿和环海的小山，其中央大岛称"琼华岛"，并建造了"广寒殿"。琼华岛的山体形象、园林布局和造景意向完全仿效艮岳，工艺和技术也全部传承于北宋的艮岳，连堆叠的山石也要玲珑剔透的太湖石。琼华岛对艮岳的仿建是中国皇家园林发展重心北迁的一个重要标志，由此北方皇家园林在全面学习和继承中国古典园林成果的基础上，开启了具有北方特色的"山水宫苑"新篇章。

金世宗建的离宫大宁宫后来成为元大都的中心，而元大都的营建，使北京正式成为全国统一政权的政治中心。

蒙元时期的北京，园林是封建都城的核心功能，这表面上看通过皇家园林带动城市交通条件，社会活动网和设施建设，弥补都城自然环境诸多不利因素，这实际上是古人生态文明的传统。虽然皇家园林主要服务帝王一人，但不同民族在以皇家园林来服务都城建设时，也有本民族对于生态自然的感情。北京作为中国封建王朝都城的历史，其首尾都是少数民族政权，这一特性与北京的城市面貌和皇家园林有很大关系。北方少数民族多为游牧民族，有逐水而居的习惯并且惧怕城中的酷暑，因此，无论是金中都还是元大都，在城市的核心部位都有大的水面，这是不同于以往中国历代都城的一个特点。蒙古人称湖为海子，城中的这些水体至今仍以海为名。这种多元文化的最直接影响是使园林建设成为城市建设的重要特征。

元代的蒙古族是游牧民族，逐水而居，对于水的亲近要远胜于女真人，因此元大都的建设是以金代大宁宫的北海水域为中心，兴建了一个新的都城，并形成了一条鲜明的中轴线，南自泰山，中贯北京，末端是元代蒙古都城。忽必烈改琼华岛名为"万寿山"，改湖名为"太液池"。围绕这潭水，东面建了大内，西北建了兴庆宫，西南建了隆福宫，形成了"苑主宫次"的布局。

明代，把中原农耕文化视为"正统""主流"，明代皇家园林与都城建设都具有显著的中原文化特征。后来清代皇家园林建设之所以能达到巅峰，也是因为明代打下了良好的基础。清代统治者不仅继承了明时的宫殿，也继承了明代的园林风格和人文传统。

明清时期，北京城又恢复了"左宫右苑"的都城格局，明清北京建设完成了当时世界上最为完善的城市风景园林体系，并将中国古典园林带进了最后一个成熟期。完整的园林绿地系统，凝聚了京华天地灵气，诠释了中华生态智慧。

都城内的园林体系，皇家园林和遍布城市的四合院绿化，将古城置于绿荫之中。尤其是三海在皇城内的分量空前。因此后来乾隆才会有"平地起蓬瀛，城市而林壑"的感叹。明、清两代约500年时间，是北京古都按照宏大而周密的城市规划建设和完善的最后定型期，布局特点为：紫禁城居中，向外依次有皇城、内城、外城三道围墙拱卫；全城有一条长达8公里的中轴线纵贯南北，构成城市脊梁。园林规划建设被成功地组合到城市总体规划中，形成了完整的体系。

今天提到的皇家园林多是这一时期的遗存，皇家园林体系包括御苑、坛庙和陵寝。可以说，清朝在继承的基础上，将北京园林建设推向了一个历史高潮，这是人类文明史上空前的一次园林建设。不仅形成了一个完整的都城园林体系，还建设了"三山五园"和承德避暑山庄这样的园林卫星城，上百处行宫园林，远达苏杭。这笔生态文明的文化遗产已经列入《世界遗产名录》。

园林与城市，历来相辅相成并相得益彰。园林是城市文明中的一种文化现象。这种文明现象在传承中也有它的特殊规律。一是它是有生命的文化建构，其重要基础是植物和河流山林等生态环境，树木有四季、有生死，生态是城市发展中最先受到冲击，最容易遭到破坏的因素。二是园林是上层建筑的物质载体，国家兴亡、思想变革、文化交流、生活百态等重要历史事件都在这里演绎，这些文化现象如不真实记录也是最容易灭失的。

清晚期，由于当时制度落后，导致朝廷堕落贪腐，列强蛮横入侵，皇都惨遭蹂躏，皇家园林惨遭劫掠焚毁。

综上所述，在2000多年的历史沧桑中，北京皇家园林曾经的兴衰变化与历史的社会政治、经济、文化的发展演变紧密相连，其丰富遗存是北京历史文化名城风貌和城市文脉传承的真实写照。

第二节　中轴线上的皇家园林

作为闻名于世的历史文化名城，明清北京城是一座经过精心设计的都城，从空中俯瞰，明清北京城由一条从南到北的中轴线所贯穿，在这条轴线上依次分布着：永定门、箭楼、正阳门、端门、午门、内金水桥、太和门、太和殿、中和殿、保和殿、乾清门、乾清宫、交泰殿、坤宁宫、坤宁门、天一门、银安殿、承光门、顺贞门、神武门、景山门、万春亭、寿皇门、寿皇殿、地安门桥、鼓楼、钟楼。整条轴线长7.8公里，堪称世界之最。

一、中轴线上皇家园林的现状

在紫禁城内，就有宫廷园林四座：皇城内太庙和社稷坛位于紫禁城左右，景山居其后，北海、中海、南海和前海、后海、西海贯穿南北，形成大片园林水系，与严谨对称的宫殿建筑群互相借景，交相辉映。天、地、日、月四坛分布城市南北东西。

（一）中轴线上的制高点——景山宫苑

景山是一座精心规划的由人工堆砌的土山，明代称"万岁山"，清顺治十二年（公元 1655 年）改称"景山"。作为元、明、清三代皇宫的重要组成部分，是建筑等级最高的皇家园林，其位置之显赫、功能之特殊、气势之宏伟、建筑之辉煌、建筑之完整，无与伦比。

辽代时，已有了景山的雏形。当时这里是皇家的行宫，称为：太宁宫。《金史·地理志》中记载："京城北离宫有太宁宫，大定十九年（公元 1179 年）建。"太宁宫的面积相当大，南在天安门一线，北在地安门一线，东、西分别在东、西皇城根一线。太宁宫后改为寿安宫，寿安宫明昌二年（公元 1191 年）改为万宁宫。《金史·章宗纪》："明昌六年（公元 1195 年）章宗命减万宁宫陈设九十四所"。仅这一次被裁减的陈设就有 94 所之多，整个万宁离宫的排场和壮观可想而知。

到金代时，景山称为"镇山"，就坐落在万宁宫中，成为万宁宫建筑轴线上的制高点，可以说万宁宫的建筑轴线是依据景山确定的。

元代，北京被设为国都，称为"大都"。当时的元朝皇宫，就是借助于万宁宫的基础修建的。景山完全改变了北京城中轴线的政治地位和北京的城市格局，同时也为以后明、清两代皇宫的建设奠定了基础。

13 世纪，意大利人马可·波罗曾经来到北京，亲眼看到了元代的景山，被这里美丽的景致所吸引，并在《马可·波罗游记》中留下了这样的描述："离皇宫不远的北面，距围墙一箭远的地方，有一座人造的假山，山高整整一百步，四周长约一点六公里，山上遍栽着美丽的常青树。"

现在的景山公园南依故宫，西靠北海，北与鼓楼遥遥相望。1928 年开放，1957 年被定为北京市重点文物保护单位，2001 年被列为全国重点文物保护单位，2002 年被评定为国家 4A 级景区，2005 年被评为北京市"精品公园"。园内古树参天，山峰独秀，殿宇巍峨，牡丹品种繁多，文化活动丰富。山上五亭横列，中锋万春亭坐落于北京城中轴线制高点，尽享天时地利，登临其上，可俯瞰故宫全景，一览京城轴线，领略整齐对称的布局神韵，品读气势恢宏的宫廷建筑。公园内保存着寿皇殿、观德殿、护国忠义庙、绮望楼等古迹文物。

景山是皇宫的重要组成部分，是皇宫依托的象征。景山园林周围环绕着双重红色围墙，所以，称景山为"宫苑"。景山五峰并峙，山呈五指形，其主峰恰在中轴线上，又是北京内城对角线的中心点，主峰压在元代宫城主要宫殿延春阁的基址上，以镇压前朝王气，故景山又有"大内镇山"之说。景山上原无亭，清乾隆十六年（公元 1751 年）在五峰顶上各建一亭。主峰万春亭高 17 米，正方形三层檐，呈四角攒尖式，华丽典雅，与青山相得益彰。《北京宫阙图说》中描述从景山万春亭内看到的景致："登中锋亭上而望，蓟门烟树，郁郁苍苍，由以南望禁城，九重宫阙，黄屋辉映，诚为矩观也。"对于信仰神灵的古人来说，万春亭是当时京城中离天最近的地方，人们登上万春亭，也就最大限度地接近了神灵。乾隆皇帝修建五方亭，塑五方佛，均是为营造出"人神交会"的环境，体现出"君权神授""天人合一"的思想理念。

（二）敬天文化的最高表现形式——天坛

祭天是敬天文化的重要表现形式，也是一项延续了几千年的国家礼仪。封建帝王的祭祀活动需要一定的空间来完成。天坛作为中国古代祭天文化的载体，是礼制建筑中最考究的建筑遗物，积淀了中华五千年祭祀文化的结晶，是中国"敬天"文化级别最高、规模最大、格局最完整的实物遗存。天坛既记载了中国古代先民的企盼和希望，也记录了封建帝王的睿智、昏庸和腐朽。

明永乐十八年（公元 1420 年），北京天坛建成，初称天地坛，是明成祖朱棣仿明太祖朱元璋南京祭坛的形式建成的，其规制与今日天坛迥异。初建成的天地坛，形制以方，用于合祭天地。其主体建筑为大祀殿，四面坡庑殿顶，重檐，后来的祈年殿即是在大祀殿的原址上建起的。明世宗嘉靖时，改天地合祀为天地分祀，嘉靖九年（公元1530年），在大祀殿南建圜丘，专以祭天。圜丘为蓝色琉璃砌造的三层圆台，内外两重坛墙，内墙圆形，外墙方形。天坛自此形成了南北两坛依轴线布置的格局。明嘉靖二十一年（公元1542年），大祀殿被拆除，嘉靖二十四年（公元1545年）在原址上建成大享殿，大享殿为圆形三重檐攒尖建筑，坐落在三层石台之上，这与今日祈年殿已极为相似。大享殿与圜丘共同形成了天坛的南北两坛对称分布，建筑北高南低，主体建筑均为圆形的天坛总体布局。

清乾隆时期，天坛经历了一系列的改扩建工程，乾隆十五年（公元1750年），改扩建圜丘，以艾叶青石和汉白玉替换原来的蓝色琉璃，圜丘更显圣洁。乾隆十六年（公元1751年）改"大享殿"为祈年殿，大享殿的三层檐青、黄、绿三色覆瓦统一改为青色覆瓦，乾隆的改制更凸显了天坛建筑的崇高，建筑色彩也更鲜明、浓烈，象征寓意更为丰富。乾隆十九年（公元1754年），天坛西外垣垣门之南增建一座坛门，称"圜丘坛门"，将原来的西垣门称之为"祈谷坛门"，形成了天坛南北两坛单独成制、规制严谨的格局，至此，天坛的建筑格局及建筑形式最终形成，成为世界上现存规模最大、形制最完备的古代皇家祭天建筑群。

现在的天坛占地达273万平方米，主要建筑有祈年殿、圜丘、皇穹宇、斋宫、神乐署、牺牲所等。1918年辟为公园。天坛分为内、外两坛，内坛由圜丘、祈谷坛两部分组成，内坛北部是祈谷坛，内坛南部是圜丘坛，一条360米长的丹陛桥连缀两坛，两坛的主要建筑就集中在丹陛桥两端，丹陛桥南端有圜丘、皇穹宇，北端有祈年殿、皇乾殿。丹陛桥也称海墁大道，是一条巨大的砖砌高台甬道，也是天坛建筑的主轴线。在丹陛桥的东侧建有与天坛祭祀功能相适应的附属建筑：宰牲亭、神厨、神库等。丹陛桥西侧有斋宫，斋宫是举行祭天大典前皇帝进行斋戒的场所。外坛为林区，广植树木，外坛的西南部有神乐署，是明清时期演习祭祀礼乐及培训祭祀乐舞生的场所。

神乐署、斋宫都是祭坛的附属建筑，是祭祀大典的服务用房，故斋宫、神乐署都是坐西向东，其建筑规格、瓦色、装饰彩画均逊于天坛的祭祀建筑，强烈地表达了中国古代的"敬天"思想。天坛有 3500 余株古松柏、古槐，树龄逾数百年。坛庙在中国古代被誉为国家的"万世不移"之基，故中国古代对坛庙植树极为重视。明永乐年间初建北京天地坛时，即"树以松柏"取"尊而识之"的寓意，以后历朝陆续补植，至清朝中叶形成颇具规模的天坛古树群落。大量的古松柏分布于圜丘、祈年殿等祭祀建筑周围，苍翠的古树与古老的建筑、茵茵的绿草共同构成了天坛庄重肃穆、静谧深远的环境氛围。

从明永乐十八年（公元 1420 年）北京天地坛初建成时开始，天坛作为皇帝祭祀皇天上帝的专用祭坛的历史一直延续了 490 余年，1911年爆发的辛亥革命结束了中国两千余年的封建帝制，也结束了贯穿中国历史达五千年的祭祀史，专用于为皇帝祭祀服务的天坛从此"任人游览"。

1918 年，民国政府将天坛辟为公园，实行售票开放。1951 年，北京市政府组建了天坛管理处，1957 年天坛被列入北京市第一批古建文物保护单位。1961 年，被国务院列入第一批全国重点文物保护单位。改革开放以后，天坛的文物保护工作受到了重视，各方面的管理得到了加强，清理了大量的非景观建筑，迁出驻园单位，并将占用的古建筑腾出。20世纪 80 年代后，又陆续完成了坛内古建筑的保养修缮，园内的基础设施建设也得到了进一步的完善。1992 年修复圜丘坛内外 24 座棂星门，1993年复建了圜丘望灯杆，以后又陆续复建了东北外坛墙，重修了南神厨、三库、宰牲亭等。为了维护天坛优美的环境及祭祀氛围，天坛一方面推行自然草坪园林化管理，另一方面又大面积地种植人工草坪，植树绿化提高绿化覆盖率并采用无污染防治病虫害的方法进行植物保护，极大地改善了天坛的生态环境，形成了萋萋芳草与参天古柏相映生辉的壮美景观。1998 年，联合国教科文组织世界遗产委员会将天坛列入了世界遗产名录。天坛独特的历史文化内涵、宝贵的科学艺术价值及优美的园林景观获得了世人更广泛的认识和关注。

现在，天坛公园的面积为 205 万平方米，保存有祈谷坛、圜丘坛、斋宫、神乐署四组古建筑群，有古建筑 92 座 600 余间，是中国也是世界上现存规模最大、形制最完备的古代祭天建筑群。天坛内还有九龙柏、七星石、甘泉井、望灯等古迹。天坛公园有各种树木 6 万多株，更有 3500 多株古松柏、古槐，绿地面积达 163 万平方米，环境森然静谧，气氛肃穆庄严。巍峨壮美的祈年殿，圣洁崇高的圜丘，优雅庄重的斋宫，都坐落在万千树木掩映中，形成独特的坛庙园林景观。天坛成为一处集中国古代建筑学、声学、历史、天文、音乐、舞蹈等成就于一体的闻名世界的风景名胜。联合国教科文组织世界遗产委员会这样评价天坛：天坛是建筑和景观设计之杰作，朴素而鲜明地体现出世界伟大文明。

（三）国家祭祀场所——社稷坛

祭祀的意图是教化。封建社会"农为国本"，统治者在诚心礼拜，祈望风雨以时、田禾丰稔的同时，更是传达了他们"重民"的思想，只有体察民情、维护民意、激励民心才是农业生产的保障，才是国家昌盛最可靠的基石。

皇帝祭祀社稷神是政治的需要，权力的象征，故此社稷的概念与国家、江山意义相同，祭祀庄严隆重，祭品丰厚，程式严格，等级分明；而民间祭祀的社稷神是农业的保护神，是生活的需要，是情感的表达方式，祭祀活动简朴随意，欢乐祥和。

社稷坛建筑作为国家祭祀的重要场所，必然受到这一思想的深远影响。明清社稷坛在设计布局上遵循"匠人营国"中"左祖右社"的理念是肯定的。

社稷坛位于端门的西侧，从前后方位来看，位于天安门（明代称"承天门"）之后，午门之前。而午门是传统意义上宫城城门，所以社稷坛在方位上位于宫城之外，这是为了表现对土地神的崇敬，不将社稷坛放在帝王居住的宫城之内，而建于宫前。从水平方位来看，社稷坛与太庙，一西一东，两处相连为纬线排列；地安门与天安门，一北一南，呈经线排列。

社稷坛与太庙一左一右，是阴阳观念的体现，社稷坛祭祀的象征土地神的社与谷物神的稷，两者都指向土（坤），坤属于"母"，具有阴性，因此社稷在右，太庙在左。

社稷坛初建时总面积为三百六十二亩一分（约为 24.1 万平方米），其中陆地面积三百零三亩四分（约为 20.2 万平方米），水域面积五十八亩七分（约为 3.9 万平方米）。现在在中山公园内。

1914 年，社稷坛在北洋政府内务总长朱启钤主持下辟为公园，10 月 10 日正式对外开放，为北京市内第一个公共园林。1928 年，为纪念民主革命先驱孙中山改名中山公园。作为由明清祭坛辟建的公园，园内较好地保存了祭坛、拜殿、戟殿、宰牲亭、神厨神库等社稷坛遗迹，以及辟建公园后各个历史时期形成的唐花坞、蕙芳园、水榭、愉园等一批园林景观景点。现在中山公园总面积 23.8 万平方米，其中陆地面积 20 万平方米，水域面积 3.8 万平方米。

（四）人间琼岛上的离宫别苑——北海

北海是中国现存历史最悠久、格局最完整的古代皇家园林。作为大内御园，既要创造一个城园同构的优美景观核心空间，又要为帝王精心营造一个精神栖居的圣地。

西苑园林是典型的"一池三山"模式的园林，西苑园林的水系本系高粱河下游的一片天然湖泊，经过人工疏浚，堆土成岛，形成了西苑园林的雏形——太宁离宫。金世宗时，下令修葺海子，营建离宫。也就是在此时，太液池奠定了"一池三山"的基本格局。即在自然水系的基础上、在皇家御园内开凿人工水池中，堆筑出三个人工岛，作为东海仙岛的象征，从而迎合帝王们寻仙访道，长生久视的心理。而这三个人工岛，便是现在北海之中的琼岛、团城和中南海之中的犀山台。

元代附会蓬莱神话原型意象，拓宽太液池，增添圆坻、犀山二岛，再现"一池三山"。在明代的太液池扩建过程中，圆坻、犀山并为半岛，琼岛成为太液池中心的唯一岛屿。

"意在笔先"是中国园林设计的一个程序，设计师在设计景观之前，已经在自己的内心世界中构思出了理想的精神家园。这种以文化为艺术手段的造园方式也成为中国园林艺术创作上的一个传统。金山自古有"紫金浮玉"之称。"浮玉"一语出自《山海经》，指仙人所居之山（《山海经》之《西山经》，说西王母居玉山）。后也借指金山，形容其峰壑崒然天立、虚廊环水相萦的景致，犹如仙境现于江面。千百年来，这一气势磅礴的意象引发文人无限审美联想，也成为乾隆以之为蓝本，在琼岛加以移植写仿的重要原因。乾隆十六年（公元 1751 年），乾隆首次南巡返京，对镇江金山寺寺包山的整体意向印象深刻，感慨于琼岛位居要冲，与金山地处汇心、"崒然天立，镇乎中流"的气势产生深层的意象关联。随即以镇江金山寺"金山江天"为原型进行北海琼岛的再创造。这就客观上使北海作为相对独立的山水园林的意向更加突出，"一池三山"的环境布局则成为了历史的注解。

以藏式白塔为标志的琼岛位于北海中心，四面环水，呈放射状构图，形成了鲜明的整体特征和标志性的观赏效果，不仅成了北京"平地起蓬瀛，城市而林壑"整体经营意象的画龙点睛之笔，而且创作意匠融会了道教"蓬莱仙境"的神话原型、佛教"曼荼罗"图式以及禅宗"妙高境界"，反映统治者政治观、文化观和宗教观的原型意象，形成了蕴藉更为丰厚的寓意和审美境界，成为中国皇家园林中最具多元象征意义的文化丰碑。

北海集大成于乾隆时期，乾隆帝更是亲自点题了大量的匾额楹联，《日下旧闻考》中记载永安寺法轮殿"御书额曰慈云觉海，又曰人天调御。"其中"人天调御"指的是佛能教化引导人道与天道。度化信徒脱离苦海。永安寺始建于清代顺治年间，坐北朝南，建筑依山而建，从山脚到山顶分布着佛寺殿堂，包括：法轮殿、正觉殿、普安殿以及配殿、廊庑、钟鼓楼等。整个寺庙与园林风景融为一体，建筑群体量庞大，气势恢宏，在宫苑中营造出浓重的佛国净土气氛。

辛亥革命后，1925 年北海辟为公园对外开放。1949 年新中国成立后，党和政府对北海公园的保护极为重视，拨巨资予以修葺，1961 年被国务院公布为第一批全国重点文物保护单位。

现在的北海公园占地 69 万平方米（其中水面 39 万平方米），主要由琼华岛，东岸、北岸景区组成。琼华岛上树木苍郁，殿宇栉比，亭台楼阁错落有致，白塔耸立山巅成为公园的标志，环湖垂柳掩映着濠濮间、画舫斋、静心斋、天王殿、快雪堂、九龙壁、五龙亭、小西天等众多著名景点，北海园林博采众长，有北方园林的宏阔气势和江南私家园林婉约多姿的风韵，并蓄帝王宫苑的富丽堂皇及宗教寺院的庄严肃穆，气象万千而又浑然一体，是中国园林艺术的瑰宝。

二、北京主要皇家园林的挑战

（一）意境空间受到的挑战

园林是空间的艺术。但随着近几年城市风貌变整齐了，千姿百态的地区性历史风貌逐渐被同质化的、标准化的火柴盒大楼所湮没，正在蚕食着古典园林的发展空间。在北京市"十二五"规划发展阶段，人们已经开始注意到了对个体有形建筑的保护，但对于建筑理念保护的忽视，导致依附于园林的非物质部分保护面临诸多挑战。

北京皇家园林作为北京历史文化名城中的一部分，是珍贵、不可复制的。然而，人们更多地将注意力主要放在了如何将这些资源转化成旅游资源，忽视了皇家园林修建理念，导致皇家园林所依存的意境空间不断受到"城市化、商业化、人工化"的侵蚀，真实性和完整性受到了不同程度的破坏。

这一方面是由过度旅游开发造成的，盲目开发利用的功利心态，使一些建筑的功能发生改变，以迎合人们的现代生活方式，比如曾经在故宫中开咖啡馆，在北海里开快餐店的做法。

这种破坏既有物质部分，又有非物质部分。物质部分包括视觉可接触到的建筑群落、山形水系等有形事物，而非物质部分则是文物与文化有机结合所创造的精神境界。

另一方面，封建王朝早已消亡，这些皇家园林建筑的使用功能和所依存的时代背景已经消失，这些遗产已经从最初封建帝王所独有的山水空间变成了大众共有的公共园林，其所依存的空间也在现代社会城市化进程中不断退化。

皇家园林所代表的封建时代的农业文明，已经在城市化进程中被逐渐边缘化，像西北郊皇家园林集群曾经就有和江南风光一般的一片片稻田，如今根本不见踪影，早已经被房地产商开发成高档住宅。皇家园林如何与时代发展同步，是目前亟须回答的问题。

（二）管理平台受到的挑战

北京皇家园林无疑是首都对外形象的名片，是展示中华文明的窗口，展示首都形象的精品，展示北京发展的舞台，在服务政府、服务行业、服务游人中发挥了重要的示范带头作用。但是北京皇家园林的直接管理机构——北京市公园管理中心的影响力还不够大，社会对中心的整体认知度还不够高。如何准确定位，把握发展机遇，认清行业发展趋势，立足公园实际，明确发展目标；如何处理好继承和发展的关系；如何处理好保护与利用的关系；如何集中优势，打造中心品牌，将管理平台的优势延续下去，是北京市公园管理中心面临的挑战，需要进一步解放思想、转变观念、改革创新。同时，在管理机制创新、管理建设理念创新等方面也还存在较大提升空间，制度化、规范化与精细化管理方面还存在差距，事业单位管理模式、人才队伍建设、工资分配制度、人才激励机制等基础工作缺乏创新，各项制度规范、工作机制仍需不断健全完善。

（三）承载能力受到的挑战

北京皇家园林的优势资源每年吸引着大批游客前来观光。由于游客需求和标准的提高，整体服务管理水平的提升滞后于市民游客快速增长的多元需求，导致游览和服务空间不足，基础设施建设、周边环境整治的驱动力不足，对游览容量、秩序维护、服务设施建设等提出了更高标准的要求，硬件设施需要进一步升级改造，服务功能需要进一步完善，资源承载能力需要进一步提高，以解决游客需求与公园服务供给能力之间的矛盾。

（四）文化需求满足受到挑战

作为知名的旅游景点，北京皇家园林目前文化弘扬和展示形式传统、单一，文化与现代科技的结合运用不够，文化创意能力不强，文化产业发展的能力有待进一步增强，因此还不能满足游客对于皇家园林这一类历史名园的文化消费需求。需要通过对现代科技的运用，强化思维方式的转变，增强自主创新能力，对传统文化进行创意包装，打造特色文化产品，在纪念品研发、文化活动、数字名园建设、绿化美化等方面加大文化创意力度。

第三节 让皇家园林"活"起来

经过"十二五"时期的发展建设，我们对于皇家园林应该有所提高。"十二五"时期，北京以西郊清代皇家园林保护区保护为重点，积极推进世界名园建设。初步建立西郊清代皇家园林保护区保护管理体系，编制保护区总体规划，划定保护范围，加大颐和园、圆明园周边环境整治力度。

从历史上看，北京皇家园林的配置范围主要是服务帝王政治，但在客观上也服务到都城的基础功能。

现在，作为北京历史文化名城的一部分，中轴线上的皇家园林并非只是重要的生态结点，而是北京这座皇都文化脉络中最能与当下社会文明融合的有机组成部分，要在继承和发扬中服务好首都发展的城市格局。

过去，为保护而保护的单体保护让皇家园林成为城市中的"孤岛"，而"十三五"时期，结合北京历史文化名城保护和城市疏解与功能布局转化，应将中轴线上的皇家园林作整体保护，再也不能以适应某些社会生活需要为借口改变原有要素的构成、格局、形态、尺度，不能不加分析地模拟再现过去时代的某些功能，也不可作有损总体风貌的任何添加。

一、以古人智慧丰富皇家园林保护理论

皇家园林不是简单的堆积，而是古人智慧的结晶，这种智慧就构成了其最本质的核心，就是"天人合一"的重要理念。

对于皇家园林遗产的可持续保护，时下主流的保护理论都是西方主导的，没有感情色彩和建筑品格，包括很多教科书都是在用西方的建筑理论在阐释。以"天人合一"为核心的古代生态伦理思想曾经指导了北京皇家园林的建造。作为一种思维模式，"天人合一"注重万物的联系，追求宇宙的有机统一。这种文化上的整体思维，为我们思考和解决当前所面临的重大现实问题提供了一笔宝贵的精神财富。

从"天人合一"理念出发，可以重新解读由这一古老哲学思想所引发的一系列文化创造，尤其是中国的皇家园林。这种具有高度综合性特征的整体思维模式，对世界文化有着独特的贡献。

二、积极推进文物保护单位的腾退与合理利用，延续贯穿城市发展的文脉

继承与发展北京传统城市的中轴文脉，需要恢复皇家园林历史范围、环境、格局以及构成要素的完整性；保持与整修好最具特殊历史意义、最具感染与震撼力的遗产风貌的完整性。

目前，结合第三次全国文物普查和成果整理，可以推进具备利用条件的文物保护单位完成修缮腾退工作，比如景山寿皇殿、大高玄殿等文物保护和开放。

三、良好的生态环境是皇家园林发展的根本

北京皇家园林在建造之初就追求"天人感应"的哲学理念，这种古人智慧的结晶需要践行"可持续发展"的环境。以占据真山真水的皇家园林为代表，一般具有很完整的自然山水形态，气势宏大，井然有序，尤其是依托西北郊湿地景观的皇家园林，将蕴含在湖光山色中的自然生态之美充分发挥出来，体现了人与自然充分和谐的关系。

既然皇家园林的人文环境与良好的生态环境分不开。那么就需要我们加紧制定历史名城生态涵养的可行性规划，改善皇家园林周边的生态基础，延续人与自然真正的和谐，这样身居其间的皇家园林才能在山水之间熠熠生辉。

四、意境保护是皇家园林建筑保护的最高标准

园林是中国古代空间最有意境的表达方式。意境中的"境"本身就代表了空间的概念,这个空间既包括了有形的建筑,也包括了无形的"意"。"意"源自古人最初的构思,所谓"意在笔先"。对于整个空间结构的把握,传达出来的信息远不是单体建筑所能完成的。

根据最新的世界遗产保护精神,除了对遗产"原物"保护的最大化存在,也是讲究要对"原初的造园意匠、构图和意境"的保护。具体到保护工作上,在中轴线上的皇家园林中,有很多用比较明确的中轴对称布局或主次分明的多重轴线布局来凸显天人感应以美学的形式具体展现出来。

像作为中国古代等级最高的礼制建筑的皇家祭坛——天坛,在景观布局上采用了"苍璧礼天"(语出《周礼·春官宗伯》"以璧礼苍天")的设计手法,并在祭坛中广植常绿柏树以模拟中国古人祭天的环境,创造了"天人协和"的生态环境。坛墙的造型完全体现了"天圆地方"这一理念。天坛的整个坛域由内外两道坛墙组成,两道坛墙均为北圆南方,方圆的结合,既富于哲理,又表达出变化中求统一的效果。天坛在突出"圆"的象征意义时也纳入"方"的因素,象征着一种"天地境界"。再如,祈年殿四面的墙是方形,这和明初天地合祀有关,取地为方形之意。圜丘是明清两代帝王举行祭天大典的场所,由内圆、外方的两道墙墙包围,寓示着"天圆地方"。

但是,在实际保护工作中,天坛内圆外方的祭坛布局,曾被周边各单位蚕食,现在刚开始恢复。本来天坛坛域面积是 180 公顷,曾有 90 公顷被医院、居民区、体育场占用,承担了不该承担的城市功能,这种破坏比对建筑单体的破坏还要严重。幸好相关部门已认识到遗产布局"完整性"的缺失,会造成文化信息传递的缺失。皇家园林保护规划是城市规划中很重要的一部分,是对传统文化继承,也是发扬。因此,保护遗产布局完整性是城市规划中必须要加以权衡的一个重要因素。

五、让皇家园林文化"活"起来

文化是一个国家和民族的精神命脉，是一个民族的生命记忆和活态的文化基因，蕴含着强大的精神力量，成为弥足珍贵的文化财富。文化有一部分是凝聚于皇家园林之上的。

从这个意义上讲，这些有形的皇家园林是固定的，是不可再生的，是一种物化的时间记忆。而依托有形物质之上的非物质精神理念却是流动的、发展的，它不可能脱离生产者和享用者而独立存在，它是存在于特定群体生活之中的活的内容，是发展着的传统方式。

活态传承，活在当下，是非物质文化遗产最重要的特点。比如，天坛承载和表现了中国古代具有深远影响的敬天文化。

中国的敬天文化已经延续了五千多年。在中国历史上历代统治者曾建设了数以百计的用于祭天祭祀上天神明的祭坛，但完整保存下来的只有今天的北京天坛。1420 年，明永乐皇帝建成北京天坛，从 1421 年至 1912 年共有 22 位明清皇帝在天坛举办了 600 余次祭天大典，表达对天的尊崇，感谢上天的赐予和庇护。

皇帝举行祭天大典虽然反映了统治者的政治要求，但我们应该看到皇帝祭天并不仅仅是他的个人行为，明清两代天坛祭天的礼仪有很多项，而几乎每项祭祀都含有祈求风调雨顺，赐予农业丰收的诉求。我们可以认为皇帝祭天的行为也代表了天下百姓对天的敬仰和崇拜。

自 20 世纪 90 年代起，天坛公园通过发掘天坛历史文化，陆续进行了恢复殿堂原状陈设与专题展览相结合的布展工作。到 2012 年底，先后完成了祈年殿清代祈谷大典原状陈设、皇穹宇神位原状陈设展、斋宫寝宫原状陈设展等系列历史陈设展；祈年殿大展、祭天礼仪展、斋宫"大祀斋戒"展及中国古代皇家音乐展等专题陈展，形成了比较完整的天坛文化展览系列。天坛文化展览通过采用文物结合图片展的形式向游客展示了中国历史几千年的"天人合一"古老哲学的物证，也诠释了天坛建筑中蕴含的中和、崇德利用和天人协调的"天人合一"理念。

除了这种"科普式"的传承，天坛还定期举办祭天文化活动——天坛文化周。天坛公园自 2002 年春节开始举办天坛文化周活动，至 2015 年已举办了 11 届。天坛文化周以展示、传承中国传统祭天文化为主题，主要内容包括祭天仪仗表演和祭天乐舞表演。

祭天反映了中国古人对国家安定和谐的美好愿望，也表达了先人期盼生活幸福美满的心愿。天坛的祭天仪仗和祭天乐舞不仅保留了丰富独特的历史内容和明显的时代特征，也承载了中国古人敬天尊祖的朴素感情和天人合一的哲学思想，体现了中国礼乐文化的精髓。

天坛文化周将中国传统礼乐文化与现代文化进行有机结合，在祭天仪仗表演、祭天乐舞表演项目上特别强调历史原真性。根据典籍记载把昔日皇家祭典的服饰、仪仗进行精确真实的复制，突出现场真实感和历史原真性，撷取祭天仪程的部分片段进行提炼和加工，再现了传统祭天礼仪的文化精髓，把恢宏盛大的祭天场景进行了真实的艺术呈现，让游客亲身体验中国传统祭天盛典的气势恢宏，聆听被誉为华夏正声"中和韶乐"的庄重和谐，领略中国古代祭天文化的博大精深。

从非遗传承的角度看，入选《第三批国家级非物质文化遗产名录》的"天坛传说"在北京地区已经传承几百年了。"天坛传说"之所以能在古都北京的市井、坊间中流传，究其原因，这是一种民间特有的精神活动，它的文化核心离不开"天人合一"宇宙观的天坛建筑群和历代帝王的祭天活动，是特殊的民族生活生产方式，是民族文化个性、民族文化审美"活"的显现，是农耕文明条件下皇帝举行的祭天仪式、祈雨仪式、祈谷仪式所衍生出的精神产品。

总之，在北京皇家园林保护工作中，除了要对本体进行保护，还要对布局"完整性"进行保护，否则会造成文化信息传递的缺失。除此之外，要完整保护北京皇家园林所传承的"天人合一"理念的精髓，还要结合民俗文化活动，让文脉传承鲜活起来，融入城市生活。

附录 专家学者谈文脉

导 语

北京史研究会会长李建平研究员主持的北京市社科联重点决策咨询项目——"北京城市历史文脉传承的现状、挑战与对策研究"于 2015 年 6 月 3 日举行了开题会，首席专家李建平介绍课题研究内容和研究计划，北京市社科联委托的五位专家对课题的研究提出了许多建设性的意见，社科联科研工作部程文进主任对课题研究和具体工作提出指导性意见。会后，项目组成员按照分工展开了调研和资料搜集工作。其间，项目组召开了四次专题调研和写作大纲讨论会，并与 12 月 31 日召开了项目中期研讨会，与会专家肯定了项目组已有的研究成果，并提出了中肯的修改意见。根据录音整理的专家意见如下。

2015 年 6 月 3 日

主持人：

《北京城市历史文脉传承的现状、挑战与对策研究》是北京史研究会承担的市社科联社会组织重点资助项目的决策咨询课题。按照社科联的要求，北京史研究会和社科联共同聘请以下五位专家对课题的研究进行指导：北京大学艺术学院院长王一川教授、北京师范大学北京文化发展研究院院长刘勇教授、北京市文物研究所所长宋大川研究员、北京市文化局研究室主任常林、北京历史文化名城保护委员会办公室秘书处副处长、调研员刘静。

课题组成员有：北京市研究会会长、北京市哲学社会科学规划办公室主任、研究员、首席专家李建平，北京市地方志编委会办公室副主任谭烈飞，中国文物交流中心副主任姚安，北京市公安管理中心、教授高大伟，北京联合大学应用文理学院教授张宝秀，北京市文物局图书资料中心主任陈晓苏，当代中国研究史编辑部编审郑珺，当代中国研究所学术处副处长狄飞。

李建平：

各位专家、社科联领导、课题组成员，我来介绍一下本课题的研究思路。这是一项短平快（半年时间）理论联系实际的应用性研究课题，完成这个课题需要有前期扎实的学术积累和占有大量资料，还要有一支志同道合又能承担任务的专业队伍。在本次会议上，选题意义我不再赘述，主要讲讲关于本课题的研究思路。以往的研究往往做得较为具体，或者仅关注北京历史发展众多"文脉"中的一条，而我们需要将有关研究、探讨北京城市历史文脉的研究成果、文献进行分类，做到系统梳理，确保研究成果是在已有的研究基础上有所升华，并重点突出"两轴"（北京旧城中轴线）与长安街新轴线的文化脉络。在基础理论方面，需要梳理北京城市历史文脉传承的来龙去脉，并从山水人脉、城市文脉、帝都龙脉、长安新脉、朝阜文脉等几方面进行系统研究。

来龙去脉。主要解决北京从哪里来到哪里去的问题。根据中华文化发源昆仑说法，探寻中华大地山水的走向，收集有关从昆仑向东北延伸出来的"北龙"山脉河流，探寻北京作为中华民族农耕文化与草原文化交汇带的脉络和战略地位，叙述北京湾如何形成，北京城市如何诞生，北京为什么能成为多民族国家首都的必然性。2049 年北京将迎来新中国成立 100 周年，作为全国政治中心、文化中心，北京更应该展现多民族国家首都的政治风采和文化风采。

山水文脉。探寻北京城市成长的环境，北京古称幽州，左环沧海，右拥太行，北枕居庸，南襟河济，自古就是人居、建城、定都的风水宝地，也是今日京津冀一体化地缘相接、人缘相亲、地域一体、文化一脉的典型区域。要研究梳理大西山、燕山山脉对北京城市的庇护，永定河等河流对北京城市诞生、成长的作用。用侯仁之先生的话，揭示"北京城的生命印记"。

城市纹脉。今日北京城市核心是旧环，即二环路内，旧城的城市街巷格局奠基于元大都城，要梳理大都城市规划和明清北京城市形成的格局。特别是传说中的北京旧城犹如"人"形的骨架等脉络，结合实际街巷进行对照梳理，这对于我们保护北京城市古都风貌，进行城市文脉传承，加强北京历史文化名城整体保护提出对策建议。尤其针对城市自然灾害、恢复城市河流排水功能等提出具体对策建议。

帝都龙脉。研究北京城市中轴线，以往研究比较多的是从永定门到钟楼的线形文化遗产，作为西侧的皇家园林和什刹海水域研究不够，特别是"水"生"金"，也就是旧称中轴线与"六海"水域的关系研究不够，尤其是皇家园林与中轴线的关系揭示不够，对北京旧城形成的传统龙脉研究文献梳理不够，这方面研究将有利于从文化现象上进一步揭示北京旧城中轴线，还有利于加强对北京旧城中轴线保护范围的重新划定，从而有利于加强对北京历史文化名城保护的更深刻认知。还要关注什刹后海、西海城市通风走廊设计与规划，这也是北京古代城市水脉与北京城市规划建设的神来之笔。

长安新脉。从皇城内长安左门到长安右门之间最短的长安街到新中国十里长街、百里长街形成的北京城市新脉，见证了北京城市的发展变迁，尤其是天安门广场改造，人民英雄纪念碑、国家博物馆、人民大会堂、民族文化宫等一批新中国政治文化重心的标志性建筑形成，太多的历史经验教训值得汲取。如何不让北京成为西方或后现代主义建筑的试验场地，如何展示北京是多民族国家首都的政治中心和文化中心，也就是如何建构百里长街新建筑面貌，可以直接提出对策建议。

朝阜文脉。从北京西城区率先提出"景阜文脉"到以景山为中心，东连朝阳门，西到阜成门形成朝阜文脉。因沿线历史文化遗迹众多，文化遗产保护问题突出，需要认真进行文化遗存的梳理、揭示，从而加强对北京历史文化的传承和保护提出具体的对策建议。

北京历史文化名城整体保护面临的挑战主要有．整体保护意识不强，文化传承突出表现在何处，胡同（城市肌理）四合院的改建、旅游过度开发和利用等问题突出。如何面对挑战，可以锣鼓巷旅游开发和史家胡同博物馆建设为例，分析旅游开发与街巷胡同文化传承的经验教训，提出进一步的应对措施和建议。

在对策研究方面：（1）从北京城市历史文脉视角加强对北京历史文化名城的保护；（2）加强对北京旧城中轴线的保护、修复、文化内涵挖掘的对策建议；（3）对长安新脉构建多民族国家首都的建议；（4）对朝阜文脉保护、开发、利用的建议；（5）对北京如何建设国家文化中心提出若干对策建议。

最终我们将形成研究报告《北京城市历史文脉传承的现状、挑战与对策研究》，同时还将配套出版文集或者专著《北京文脉》，并预期在核心刊物发表1～2篇有关研究论文。

在研究分工方面：李建平负责总报告写作，狄飞负责有关资料摘选和提供。李建平和郑珺负责《北京文脉》编辑工作。参加编写的人员有李建平（侧重北京城市历史文脉的来龙去脉、山水人脉等）、谭烈飞（北京城市历史文脉朝阜路文化遗产建设等）、张宝秀（北京旧城中轴线的文化空间、格局等）、郑珺（北京长安新脉——长安街沿线文化建筑等）、姚安（北京城市文脉与国际大都市文脉比较等）、高大伟（北海、京山以及中山公园、天坛等皇家园林、祭坛与中轴线、北京城市纹理关系等）、陈晓苏（北京街巷胡同与城市机理等）以及各位导师所带博士生、研究生。本次开题会后，还会聘请一些有专业特长的人员参加撰写文献，撰写人员根据实际需求酌情增减，增减情况会及时通报。

有关学术论文方面的成果，可由课题组成员根据各自研究灵感负责撰写。本课题接受市社科联指导和检查。项目负责人李建平为课题负责人负总责，张蒙作为研究会秘书长负责课题研究工作组织、协调，包括最终成果和阶段成果编辑、打印，研讨会组织等工作。根据工作需要，聘请科研助理一名（狄飞，当代中国研究所学术处副处长）。科研助理负责每次会议记录、撰写纪要、整理资料等。

技术路线：首先做好案头工作，各位专家可分专题进行文献梳理，做到文献的真实性和准确性，然后汇总提交课题组筛选。对提交者署名并支付资料费，出版后按照出版社标准支付稿酬。

根据科研工作需要，以小分队形式组织有关北京城市文脉学习和考察。注意收集有价值的文献和照片。

定期召开研讨会，对疑难问题，特别是针对挑战和对策的专题进行"头脑风暴"，每个专题每次邀请1～3名专家参与，课题组有关人员参加。每次研讨会后形成座谈会纪要。

刘勇：

有关北京城市历史文脉的传承是一个非常重要的课题。北京文脉传承课题是理论与实践相结合的课题，研究支点非常明显，那就是对基础理论的系统、深度挖掘。北京作为文化之都，历史文脉的研究尤为重要，这是北京文化之都的家底。我对课题简单谈谈想法和建议。这个课题的研究成果可分为两个不同层面的成果，其中一个是本课题最终的研究报告，另一个是在研究过程中形成的阶段成果。年底要交的研究报告首先内容要非常丰富，但同时内容要凝练一些，寻找突破点，寻找亮点，来寻找加强对北京历史文化梳理的新思路。此外，围绕北京中轴线的拓展和延伸，报告中对成果的要求可以更为清晰的罗列出来。

如何呈现北京的文脉，我认为有两个方面可做工作。第一方面，从北京文化宣传介绍着手。按照历史文脉来介绍、宣传北京文化。第二方面，从具体的文化制度的建设中呈现北京文脉，北京历史文脉中哪些是可以具体落实在制度中形成一种产品的。本研究报告的另一个作用，就是为北京文化建设提供一个实实在在的、有效的建设思路，如尽可能保留古都面貌，如新城、新校区缺少文化气息，缺乏文化建设，如何将新城、新校区与北京古都文化相连，古老的文脉如何与当前的新城、新区相连接，这些是一脉相承的，是需要当前思考的长远问题。

目前最大的问题是历史文化的传承如何抵挡经济建设的步伐？这需要硬性保护，需要国家制定政策，我们在报告中也要提出来这个问题的重要性。希望我们的报告能够引起各方的注意，引起领导的重视。

王一川：

很荣幸有机会来参加这样一个会议。这个开题报告会质量很高，有一流的学术团队，一流的学术成果作为支撑，在北京文化研究上已经取得了丰收成果。课题的设计很好，有理念，有措施，有具体成果去向，有报告，有著作，有核心文章。我简单谈谈我的思路以供参考，请各位指正。我想谈的共涉及以下几方面：

首先，我认为，北京文脉有显轴和隐轴两个方面，可以加以区分。显轴是古代元素和现代元素的结合，北京文脉体现了丰厚的中国古代文化和近现代元素这方面，这是显轴的第一组关系。显轴的第二组关系是全球元素与中国元素的融合。第三组关系是首都元素与地方元素（即外地元素）的交汇。

其次，文脉的隐轴是不可直观的。从资源来说，北京资源可分为多层次、多类别，如政治与文化资源的组合关系；历史和现实资源组合关系；社会资源（如人口）与生态资源的组合关系（自然景观、环境污染等）等。

最后，这个课题将推出一本关于北京文脉的书。其中应该将北京的文化形象描绘清楚，需要标明北京的独特文化特征，这就需要跟国内及国际有特点的地域进行比较。概括起来，就国内而言，应与现代开放城市上海比较，与较早开放的广州比较，与六朝古都南京比较。就国际而言，应与首尔、东京、巴黎、华盛顿比较，从而形成一个总的关于北京文脉特征的描绘。这将是课题成果的一个新的突破点。对此，有关北京文化形象的概括，我想到三句话：包容蕴藉、守正开新、近悦远交（或政文悦交）。这是从艺术的角度来概括的三个特点。以上是我的一点思考，请指正。

常林：

我谈点感想。首先选题很好，研究这个选题对全国文化中心建设有很好借鉴与指导意义。其次，研究方案思路很明确、清晰，研究基础已经奠定好，可以进一步细化深入了。

我主要从事文化研究，就此谈几点想法供参考。我们需要思考北京文化的魂是什么？历史传承的文化的魂是什么？通过这个课题可以对此进行系统整理。

第一个要解决的问题是文脉的概念，给予文脉一个规范的定义，其次还要界定清楚北京文脉是什么，即北京文脉的特殊性。文化是人类在社会历史发展过程中所创造的物质财富和精神财富的综合，北京文化就是北京这个区域从历史上留下的历史和精神的综合，文脉就是文化的精华，最具代表性的东西。

解决好概念的问题，还要研究清楚北京文脉的形成过程。本课题的研究方案中对此已经有了较清晰的规划。在梳理文脉形成过程中探究存在的问题和挑战之后，针对历史问题和经验，思考如果发挥北京文化中心的示范作用。北京文化非常丰厚，我们提炼出来的文脉是重点。

我们国家目前在发展中强调五位一体，政治、经济、文化、社会、生态的五位一体。这五个方面是相互联系，相互作用的，文化与政治、经济、社会、生态的关系需要进行思考。文化形成不是孤立的，与其余四者有密切关系。以生态为例，清末时期，北京城外多湿地，与人口总量少虽然有很大关系，但总的来说还是生态环境处理得好。但自民国起，人口增多，对生态破坏极大，皇家园林中树木都变少了。我想说的是，以前的文化是与生态文化的形成连接十分紧密的。不能将文脉理解得太窄，要扩大视野。

我们国家对北京四个中心的定位是政治中心、文化中心、对外交往中心、科技创新中心。国家还强调京津冀一体化，这个过程中都需要注意文化传承与融合、认同。

刘静：

从目标定位来看，这个课题可落脚在新的研究方法上。目前研究名城的课题很多，因此我们应该对什么是名城做一个界定，从而能从资源梳理、要素的归纳来总结北京文脉，进而提供一个科学的方法论。很多人说历史文化传承是一个实践工作，不是理论工作，这是不对的，我们可以从这个点上作出突破。

在课题结构上也可做点调整，把方法论放在首位，从梳理历史文脉的要素起步。如对旧城、对 CBD 等不同地域的特征进行归纳，最后还可以对长城文化和传统村落保护进行系统梳理。像这样以某某特征的地域为例来梳理，显得更为清晰和有条理。

就研究成果而言，如果能出类似历史文化名城保护的百科书是非常好的。以重庆为例，在重庆，对于各具特色的区域往往是根据其特色进行有区别的保护，这是十分好的做法。

最后，就具体问题来讲，北京来龙去脉的提法、城市文脉从什么时候计算、加强中线保护范围重新划定问题、长安新脉中的"轴"的提法等问题还可以再斟酌。

宋大川：

我认为，从地理空间上来对定都北京的文化历史做一个梳理是很好的。城市文脉、长安新脉、朝阜文脉的提法非常好。帝都龙脉和城市文脉的顺序调换一下。

我提两点建议，第一，应该将隋代大运河到清代的文化历史介绍清楚，这是历史上在北京建都的重要前提准备。第二，作为首都，北京市是全国所有资源的汇集之地，这其中包括交通，建议把元、明、清三代驿站介绍详细。北京吞吐、吸纳、辐射全国资源，这一过程是如何实现的，如何汇集全国资源的过程也可作为文脉梳理的一个线索。

张宝秀：

有关文脉我们之前讨论过，是文化随着时间发展的一种传承，最后传承下来的是文化基因。文化基因到底是哪些，这需要我们来概括、总结。就文脉而言，我认为既是时间的传承，也是空间上的一种表现。北京文化是分层次的，既是东方文化代表，也是中国文化的代表，同时还有北京文化的特色，所以我们要从不同方面来概括，北京的历史文化传承有实体、空间脉络的传承，这与文化内涵意义方面的传承是相结合的，是不离不弃的，不能仅重视其中一面。我们还需要考虑哪些是主线，哪些需要扬弃。北京的历史文化保护现在已经提出了全视域的保护概念，但还需细分类别，需要分宏观、微观，需要有中外文化、南北文化、帝王与平民文化等之分。首都的文化特色可以辐射周边、辐射全国，它到底在世界上发挥什么作用，文化辐射如何立得住呢？我们现遗存哪些文化，如何利用这些文化，如何整合、优化、重构，乃至复建，这些都是文脉传承的必要动作。

在梳理、对比、分析现状研究后才能更好提出对策。总的来说这不仅是方法论，更是对历史文化的认识论，是对世界历史文化传承的指导。文脉是方法论和认识论的结合。在研究中还要加强点线面的结合。

高大伟：

北京文脉研究是个难题，举例来说，我们在研究中国园林时，在分类时要先提标准。按园林财产所有者分皇家园林、私家园林等，但如果按景观类型分又有所不同。所以针对北京历史文脉来讲，从上述讲到的方法论来说，我们到底需要哪种方法论？此外，还需更多的其他的方法论来拓展。这在研究中是有难度的。

北京文脉最核心的点是什么？北京是中国多民族统一国家的首都，作为首都，就有一个最核心的地方，那就是皇城、内城、外城。这种北京文化通过什么延展？我们现在已经设定了一些点来延展，如按产生的不同时期，按发挥的不同作用来延展。但是还需要继续延展，从而形成与中国各地文化的连接，从而形成北京文化是中国最核心的地点。如从水脉来讲，如果没有京杭大运河，北京文化将何去何从。从这条水脉来追踪，就可以对北京、开封等地的生态文化、经济文化进行整合。尽管我们是针对北京文脉进行研究，但是也应尽量连接起更多的区域。

关于驿站，北京历史上是重要的交通枢纽，因此对北京来讲，对交通、信息的运送和控制是文脉的一个极为重要的方面，我们需要把北京与外界的连接讲清楚。

程文进：

本课题题目是《北京城市历史文脉传承的现状、挑战与对策研究》，刚刚专家们已对北京城市历史文化传承的内涵、相关学术梳理作了很多论述。我认为，这个课题需要在对北京城市历史文脉作出明确界定的基础上，重点介绍挑战和对策是什么。对北京历史文脉的认识是多种多样的，有人认为大气融合，有人则提出"稳"，我们课题组应该提出自己理解的一个关于北京文脉的界定，在此基础上提出相应对策。

到底北京历史文化传承到现在是个什么样子？截至目前，到底传承了什么，对此进行梳理后，就可以对挑战和对策进行研究。关于挑战，从学术层面讲，在城市历史文脉传承理念方面有没有挑战，如传承的立法意识强不强、当前北京城市规划的制定中是否具有强烈的传承意识、城市历史文脉传承当前是否有科学标准。据我所知，如首都市民能否从城市找到记忆，能否品味到新北京中的老味道，能否感受到新北京与老北京的融合，已被视为一种标准。还有历史与现实发展间的冲突带来的挑战，如发展经济对南锣鼓巷的历史文化传承造成的影响。城市发展总是要日新月异的，光讲文脉的保持与研究是不够的，在发展中面对挑战，进而如何传承是值得深思的。

关于对策，一定要与面临的挑战相匹配。这个报告中应该可以提炼出一些适用性的、思路性强的对策和建议，能够帮助相关部门进行此类方面的工作。从现在的结构来看，对历史文脉的梳理和总结较多，对挑战和对策的侧重还可以加强。

2015 年 6 月 17 日

李建平：

这次会议主要是根据上次开题会专家提出的建议以及北京市社科联提出的要求，我们把其中在理的地方好好消化一下、落实下来，从而确定下一步我们应该怎么干。我先把我考虑的下一步工作的思路要点说一下：

专家开题会提出的建议我认为有两个地方可取：第一，课题组把文脉想得过大，要压缩一下，即把文脉主要的框架说一下。专家对两条文脉不太感兴趣：长安新脉和朝阜文脉。长安新脉是新中国成立以后在打通长安街之后才有的；朝阜文脉在古代年间是不通的。之所以之前在内容上有他们，是因为咱们认为这两条文脉比较重要。但是，听取专家的建议，我们要把这两个方面弱化一点，要更突出主脉，总而言之要压缩内容。第二，听取北京社科联领导的意见：调研报告要扣题。在简单介绍文脉之后，要突出传承和现状以及挑战和对策，这些是咱们之前忽略的，比较薄弱的部分。

根据上次开题会的讨论情况以及对专家意见的整理，我认为调研报告的框架是：

一、北京城市历史文脉

1. 什么是文脉？可以参见张宝秀在 2014 年 5 月 5 日《北京日报》发表文章中的相关论述：文脉，就是文化脉络，既包括文化的时间脉络，也包括文化的空间脉络。城市是人类文明的产物，文化是城市发展的重要推动力，文化是城市的精气神儿，是城市的灵魂和魅力所在。城市文脉就是城市文化要素在时间上的历史传承关系和在空间上文化要素之间及其与环境要素之间的网络系统关系，是城市赖以生存、发展的有机时空背景。我认为咱们不能直接引用张宝秀的定义。

此外，还有其他学者对文脉的定义，比如：

刘绮菲认为：所谓文脉，是历史的、现在的文化的实物表象及其产生并涵养的生态、环境、风貌等一脉相传的文化传统，凝聚了以往社会人们生产、生活的丰富信息，形成的文化记忆与文化传承，承载着人们的精神、灵魂、品质、审美、追求、习惯、价值取向等。对于一座城市来说，城市过去的文化与现代的文化相承接而成为传统，传统代代延续成为城市文脉。城市文脉是一座城市生命力的体现，只有形成了自己的文脉，并且得到延续，城市的功能才能得到充分的发挥，才可持续发展。

金元浦认为：对于一个城市，历史文脉的意义可以这样形容，它是体现城市独一无二、卓尔不群的性格特质。如果说文化是一个城市的精神灵魂，那么文脉就是一个城市精神传承的遗存，这种遗存是由这个城市的历史积淀形成的。历史学家怀特将人类文化结构划分为三个层次：哲学层次是上层、社会学层次是中层、技术层次是下层。按怀特的这种划分，城市文化结构系统可以相应地划分为：精神文化、制度文化和物质文化三个层次。其中精神文化或文脉是城市文化结构系统中的最高层次，是城市文化的内核或深层结构。

以上是有关报纸对文脉的解释，我本人对文脉也有一个定义：文脉是指人类文化活动发展的脉络，既包括文化的时间脉络，也包括文化的空间脉络。城市是人类文明的产物。城市文化是城市发展的精气神，也是城市的特色、灵魂、魅力所在。城市历史文脉就是城市在历史中不断传承、延续的文化。这是我根据以上三人的描述对文化的定义。

如果调研报告需要，可以把以上三人的定义作为注，说明我们的定义是在吸收以上三人定义的基础上总结而来。

另外，词典上对文脉有三种解释：文章的线索；城市记忆的延续；在风水学上，"文脉"为龙脉的一种。（张蒙插话：在进行文脉的定义部分的写作中，可以先提出词典中的论述以及社会上对文脉的论述，然后提出我们自己的定义。）

2. 北京城市历史文脉。关于北京城市历史文脉众说纷纭，本课题组认为主要有两个方面：北京帝都龙脉。主要指旧城中轴线和依附于其周边的六海水域。这部分在我的书里有描述。北京城市纹理，也就是城市肌理。这里附一个北京明清旧城全图。二者融为一体，谁也离不开谁。北京的城市肌理由胡同和四合院组成。按照明代创设、清朝沿用的规制，北京全城分为三十六坊，坊下分牌，牌下设铺，铺下才是胡同。这种城市社会生活和居民管理一层层辖制的组织形式，表现出中华民族周详缜密的创造力和城市的管理能力。作为老北京城的"毛细血管"，胡同连接、串通着城市的脉络，而胡同数量的变化体现了各朝代北京城市和社会生活的发展变化。据统计，元代北京约有胡同四五百条；明代增至上千条；清代北京有名称的胡同达2000多条；新中国成立初期胡同数量为7000多条，现在只剩下不足1000条。

二、北京城市历史文脉的传承现状（现状和传承的程度）

北京城市的文脉形成实际上是从元明清三代积累而成。传承应该从民国之后算起，从封建制度结束开始说。现状从民国开始说，但是重在新中国成立以后。

本课题主要是指北京旧城中轴线（龙脉）的传承现状，有以下方面：

1. 民国初年正阳门改造、天桥和地安门的拆除（出现天、地文化各缺一的现状），这是对龙脉的一次改造和传承。这次传承是北京城第一次从古代城市向现代城市转变。

民国年间改造了正阳门的城楼箭楼，清除了瓮城，利于交通。这次改造最大的益处就是有利于城市交通的疏解、中西文化的交流、北京城市开始向现代城市转型。从文化方面讲，就是皇权退却，人权上升。不利之处在于打破了之前的龙脉。

以上内容在我在去韩国的讲稿中有提及。还有《巍巍正阳》这本书中也就提及。

2. 天安门广场改造。这次传承彻底实现了人民当家做主。

本部分重点谈1949年天安门广场的改造，在传承中突出了人民至上、人民当家做主，取消了中央六部，建立了人民英雄纪念碑和历史博物馆、人民大会堂、天安门广场改造、一直到毛主席纪念堂建造。这是继正阳门改造以后，皇权完全退却，实现了人民当家做主的新的城市主题。这部分是郑珺的研究专长。

3. 新中国成立后北京城市规划注重中轴线的保护。新中国成立之后历次总体规划都注意加强中轴线的保护。本部分的传承即是每次总体规划都将中轴线的保护内容写进《北京城市总体规划》。

4. 国家奥林匹克公园的规划建设是对中轴线文化的传承。这在李建平老师关于中轴线的专著最后一章中有记录。

5. 围绕龙脉长安街两侧的改造，实现了从十里长安街到百里长街的跨越。这是在中轴线两侧的文化的传承。

另外，在北京旧城的建设当中，打通平安街的时候发现了朝阜路，这是一个潜在的文脉，以前是没有的。因为文物众多，所以在此处简单说一下。

古书记载，南长街和北长街也是古代的龙脉，但是是小的文脉。咱们课题主要是强调大的龙脉，中轴线这个龙脉。

此外，北京旧城改造对北京纹理的破坏比较严重。比如金象胡同的改造。在传承部分不要说太多的问题，我们把问题放到挑战中去说；传承应该是可以继承的，是正面的、能实现的、能站得住脚的。

三、北京城市历史文脉传承中面临的挑战

1. 在中轴线申遗过程中发现对旧城中轴线文化内涵揭示不够、对它的文化认识不够。

2. 中轴线上对文脉的修复。从新中国成立到 2001 年之前，中轴线上缺失了很多的建筑，如没有了永定门、天桥、正阳桥（正阳桥假文物的修建）、地安门。在修复的过程中我们发现很多文物都遗失了。新修建的正阳桥、天桥都是景观桥，和昔日的建筑差距都比较大，这个有照片为证。正阳桥只修复了牌楼，桥还没有修复，因为河没有了。（假牌楼可以附上照片）。此外，地安门的修复还在争吵中。中轴线上的天地文化都有缺失，比如有天桥，没有地桥，影响到了文化的完整性和和谐性。对文化标记的忽视（门墩作垃圾桶），文脉核心文化的缺失（中心明显、左右对称），建筑的和谐文化展现不够。以上所述都还是对其内涵认识不够，面临巨大的挑战。

3. 中轴线的延伸过程中对国家奥林匹克公园修建中的文化困惑。这涉及文物古迹和现实发展之间的关系，即文脉在延伸过程中在如何创新方面的困惑。比如仰山顶的处理与景山顶、英雄林搁浅等。我们应该从北京城市历史文脉中去寻找文化特点、规律。这也是北京城市现代化建设中要想展现文化传承必须正视的问题。

4. 对北京旧城古都风貌认识上不统一、整体保护不够。北京现代化的城市改造，包括胡同、四合院的改造破坏了原有的城市纹理。

四、北京城市历史文脉传承的对策建议

对策方面需要群策群力。我们现提出纲目后再请专家讨论，提出建议。

1. 积极推进中轴线传统文脉的申遗。通过申遗加强对中轴线文化的

保护。

2. 加强对北京历史文化名城整体的保护。这部分结合京津冀一体化发展的政策，对北京旧城进行整体保护。从保护龙脉开始保护纹理，然后在保护中如何实现四个服务。我认为可以设立北京中心城区（原来的东城区、西城区、崇文区、宣武区），中心城区由市委常委挂帅，比其他区级别要高，主要就是为中央的四个中心服务，即为政治中心服务、为文化中心服务、为中央举行重大活动服务，为旅游发展服务。好比国外的一些大城市的做法，比如伦敦的白金汉宫。这方面可以请谭烈飞重点就对策进行一次研讨。此外，还有一些具体的对策需要进一步的研讨，比如：

（1）姚安提出：北京旧城作为一个整体要建一个没有围墙的博物馆。仿照罗马，这样就需要一个罗马和北京的对照。可以请专家来就具体的对策说得具体一点。

（2）北京金象胡同如何保护？郭金龙联系四条胡同改造，主要是听老百姓要怎么改？然后再制定方案。加强老百姓的决策权。

总之，文脉就是中轴线这个帝都的主脉。中轴线和六海水域又是相辅相成的。先有的水后有的中轴线。水往上倒就是从西山出来的，再倒就是从太行山流出，从昆仑山下来的。

2015 年 7 月 30 日

谭烈飞：

此前的一次会议上，我曾谈过一些文脉的事情，但与会的一些专家提出不同意见。他们认为，长安新脉及朝阜路属于新的发现，其与北京主脉的关系及北京主脉到底是什么，还需再斟酌。但我认为，我们关于文脉的看法还应继续保留，因为一切都是在发展变化中的，如朝阜路的问题目前已经得到很多关注，已经成为舆论讨论的一个热点问题，在北京文脉研究中不应回避，要重视其在传承方面的意义与价值。而有关水脉问题，目前也已达成一定的共识。

高大伟：

三山五园是自然形成的文脉，在北京历史中有一定地位，并产生过深远影响。而且所有文脉都是建立在政治基础上，相互联系的。从康熙年开始，很多政令都是从三山五园发出的，政治上的行为带来了文化上、经济上的影响，这是十分重要的，需要关注的。此外，中轴线看似一条线而已，但它却是文化凝聚力的体现，是文化的结晶，在这方面我认为可以进一步挖掘。

李建平：

最近与社科联的同志开会，他们提出需要我们提供一个对策性的研究报告，即主报告。在主报告之后，我们可以附上若干分报告，以及相关的考察报告，其中主报告应该是对策性的，重点就传承、传承中遇到的问题及遭遇的挑战进行充分论述。首先，说明什么是文脉，哪些属于文脉。其次，就传承问题进行论述，包括百里长街、朝阜路等。再者，着重论述传承中遇到的挑战。最后，提出相应的对策建议。近期，我曾参加一个有关京津冀发展的会议，会上探讨了大首都的发展与政治、经济建设的关系。京津冀地区的发展决策权在中央，北京市则管理市属单位。围绕首都、大北京的发展，中央会有相应决策。从历史上看，中国古代有五服制度，每服就是一个功能区，越靠近中心服务功能越强。我们可以从古代的五服制度来看中央和大北京：第一，文脉是根还是本呢？文脉应当是首都的根和本，因为我们的标志性建筑在这里，像天安门、国旗等都是不可以动的；第二，中南海、党中央不能动。中央应当在文脉上、龙脉上，这是根和本，我们不需要在这方面学西洋，这就是中华文化。中轴线加上城市的旧城机理才能彰显这就是首都，这不是根据大巴黎、大东京、大伦敦的计划发展起来的。翻看历史可见，中央直管北京可以迅速实现核心功能区的整合。而核心功能区就是旧城区，或者扩大一些，向三环、四环扩展。但核心应当是旧城，应当在龙脉上，不能动，这是中华文化，这就是首都。

下面说说大北京。大北京就是五幅，一环接一环地拓展开来，现在到六环了，七环实际上就是五幅当中的最后一幅，就是北京与周边城市，这个范围以内就是大北京。大北京是要区分功能的，划分具有不同功能的区域像生态保护区、发展旅游区、经济会展区、外贸区等。因此，第一步是撤掉东城区、西城区，第二步是撤掉北京市、天津市，两市合并都放在大北京区里。至于卫戍工作，考察历史可知，清朝时都是设在保定的直隶总督来担负戍卫工作。目前，对于行政副中心设在通州的问题，遭到很多规划专家的反对。这些专家认为，行政副中心距离旧城太近，并没有起到疏解首都功能的作用。但是，北京市委需要从自身利益出发进行考量。事实上，北京市委、市政府无权决定迁到哪里，决策权在中央，中央将会根据事态来决定。在没有撤销北京、天津两市之前，北京市应该表示出搬迁的意愿。目前北京市多次明确表示四部门搬迁：第一，市内的制造业迁出；第二，批发市场，尤其是服装市场迁走；第三，学校和医院迁出，其中高校本科生迁走，高校只留研发机构，但北京大学、清华大学不能动，但要保留的是其学风、校风与文化，这属于整建制的事业单位的搬迁；第四，为上述单位服务的管理机构与管理部门迁走，这也属于整建制的事业单位搬迁。至于如何搬迁，则要运用两只手。第一只手是靠市场吸引，像动物园服装批发市场一类的搬迁；第二只手是政府推力。目前所有搬迁工作还仅限于北京市委、市政府所管辖的单位，中央的部门还没有相应动作。中央什么部门迁需要中央的决策与规划。北京市与京津冀的发展是联系在一起的，而中央的规划又与全国各省的情况要联系在一起，因此需要一个过程。而且搬迁这么大的一个动作，实际上也是出自政治考量，是一次大考。目前的搬迁工作实际上是应当走法律程序，需要经过人大讨论的。

宋大川：

法律应该是一个总体的准绳。比如说，城市搬迁和非首都功能疏解，不是一个短期可以完成的工作，即便很快完成搬迁工作，但遗留下来的后续问题也会持续相当长时间。所以一定要有一个最终疏解方法，把大的原则定下来有助于政策的延续性，从而保证一定程度上的公平性，保证相应的政策和市场机制的可持续性。这不仅仅是一个程序问题，是应吸取历史教训的，就是应有一个大的法，这个法反过来影响政府的政策和市场的机制。因为政府的政策今年和明年可能不同，市场的机制也可能出现变动，但如果有一个大的法律框架，就会对政府政策进行限制，保证市场机制的可持续性，保证程序的合法性、合理性、公平性，保证相关参与者的各项利益。就像以前，如果在拆迁工作中能有一个大的原则，就不会出现现在这么多的问题。光靠市场还是不够的，以前如果有较为完善的制度规章，那就可以尽可能地避免、消解矛盾。但是，以往是计划经济占主导，相对较容易处理问题，而现在大家变成利益个体后，如果缺乏一个大的法律规定，就会激化矛盾、制造问题。因此，需要一个大的法，一个稳定的标准。

杨文利：

目前正在做"十三五"规划。"十三五"规划和北京市城市总体规划的修编两个规划出来后，大体格局就差不多，规划要先行。我考虑的是，目前经济下行压力太大，全面实现小康是必须实现的，两个一百年必须实现，但经济下滑压力大，在胡锦涛执政的时候选择了一个经济突破口，效果现在显现出来了。现在习近平执政时期，经济上能不能有突破，能不能找到支点呢？京津冀一体化、环渤海经济区的建设及一带一路、亚投行能不能见成效目前尚不清楚，至于搬迁这个工作是不是可以理解为中央实现经济突破的一个动作、缓解经济下行压力的一个对策呢。

谭烈飞：

需要推动经济的一整套政策。如果所有的举动都是不计经济成本的，那将是不可持续的。如何从中找到一个经济落脚点呢？以首钢搬迁为例，首钢搬到新地方是不是能找到经济增长的环境？需要算经济账，仅仅考虑生态宜居性、环境合理性是不够的。新产生的组合要能把经济成本降下来，把各方面资源利用起来，能提高效率，能创造一个大的市场，这应当是京津冀发展的一个重点，不能单就功能疏解谈疏解，那样不具有可持续性。京津冀地区在经济上获得一定的成效是非常重要的，京津冀地区调整后能产生什么样的经济效益？怎么促进这个地区的发展？这都是核心问题，这也能验证疏解非首都功能工作是否正确。促进这一地区经济的可持续发展，那么经济的发展将反哺这一地区，这才是真正实现疏解。当前城市病的一个回报就是经济发展，北京地区的经济发展确实是畸形了，挤压了别的地区的经济发展空间，但北京地区经济毕竟是壮大了，现在需要重新调整，京津冀地区的疏解问题，如果不能把经济问题解决了，那就会影响大局。

李建平：

有关副中心的搬迁，此前社科院的一个专家谈到，现在一味向东发展，有点一边倒了，忽略了向南发展，即沿文脉发展，即南中轴、第二机场到固安一线。这条线已经描绘出来，但是没有行动，没有得到关注。其实，通州原来定位为北京市的商贸中心，已经有点拥挤了，现在又升格为副中心。至于向西、向北发展到了山前，空间受限。新中国刚成立时，也曾研究过沿着文脉向西发展，在公主坟那一带展开一个新北京，然而中央向西、北京市向东发展的观点现在很少提及了。事实上，北京向南的发展空间是极大的。因此，我认为这可以视为文脉发展的一个挑战。

谭烈飞：

目前是自主选择发展方向。作为政治的行政中心到底和经济中心是什么关系呢？原来的经济中心和政治中心都是裹在一起的，各省情况也如此。这里存在一个政府职能的问题。目前政府职能是抓经济，于是政府靠近经济发展的最前端，直接充分调动资源发展经济，这是改革开放以来的一个模式，所有省会都是当地经济中心，所有市政府所在地都是当地经济中心。但今后中国政治格局的一个发展方向，包括今后政府到底起到一个什么样的作用呢？现在如果北京市政府迁到昌平、房山等地去，北京政府会感到很失落，迁过去管理什么呢？这都是上述既定思维的结果。现在往东是一个新的发展福地，从政府角度讲，靠经济中心越近越好。但从更长远角度看，这是否合适？还要考虑别的因素，如以后未来的交通、信息化因素。那未来管理的手段、方式要不要发生变化，政府在未来充当什么角色？这些定位如果不尽快考虑，还只坚持当前的政府职能不变，我会认为政府迁到通州是合适的。但如果未来行政体制改革以后，政府定位及职能进行改良的话，那往西、往南、往北迁移都是完全值得考虑的。

郑珺：

我谈谈长安街内涵问题。长安街是两轴中的一轴，具有与时俱进的意义，尤其是天安门与天安门广场是中国政治文化的形象代表。内涵可总结为八个部分：第一，长安街是北京走向国际大都市的象征。第二，长安街是与时俱进的一个东西轴线，突破了紫禁城的旧格局，从单一的中轴线变成十字交叉、综合交错式的结构。第三，长安街演绎了中国开放、全球化的印记，这部分我着重写了新中国成立以后的内容，像一礼堂（人民大会堂）、一商店（友谊商店），一城楼（天安门城楼）的先后开放，诠释了国家的改革与开放。第四，长安街是政治长街，这条街上发生了无数的大事。第五，长安街是文化长街，长安街上聚集了国家首都博物馆、首都博物馆、国家大剧院、音乐厅、长安大戏院等。第六，长安街是经济长街，这里有金融街、中央商务区 CBD、东单、西单、王府井等大的商圈。第七，长安街是交通大动脉，长安街称得上是四通八达、路网密集，多条城市干道纵贯。第八，长安街为首都功能的提升提供了一个延伸的空间，东西轴线肩负着城市宜居的功能，不断延伸的长安街从空间上拓展了首都功能，从政治、经济、文化多方面强化了首都功能，带动了首都的发展。目前对策方面的部分还没有理清头绪。

谭烈飞：

天安门是一横一纵的交叉点，值得更为关注，在政治大街里把天安门讲透很重要。在文化长街方面，我认为目前长安街建设得不好，虽然个体建筑都很好，但整体上规划不好，没有体现出社会主义中国首都的特色，没有体现出多民族国家首都的特色，应当多一些多民族、多宗教的建筑，这样才有凝聚力，而现在的建设比较散落，缺乏整体规划。像国际饭店是白色的，非常好看，但旁边挨着棕色的交通部大楼，两个建筑单独看都很好，放在一块就不好看了。像大剧院也非常好，但是放在大会堂后面就不好看，整体规划差。新华门对面原有回回营和伊斯兰教堂等建筑，是应当保留的，不应当拆掉的，这属于历史遗迹，应当多一些像民族文化宫类的民族建筑。

陈晓苏：

长安街从20世纪50年代规划时就是政治大街，其核心就是国家所有主要部委全放在长安街上，不允许有商业气息，不允许有商业广告，到现在也是如此。但实施过程中，国防部、外交部、文化部等有代表性的部委都不在长安街，没有体现出政治大街的特点。作为统一的多民族的政治文化中心，主要应体现在长安街上。但是在新的体现里面，统一的多民族的特点也并没有体现出来，像民族文化宫的建设就是为了体现这一特点，但是很显然，现在体现得不够充分。另外，新的规划里还涉及过一些文化点，如西单的文化广场，但这个文化广场设计的不伦不类呀，西单广场不像广场。另外，经济中心也试图有过，但还是没成行，基本上长安街的政治大街理念是没变的。

李建平：

新中国成立后，天安门广场被定位为人民的广场，即从皇权的广场演变成人民当家做主的广场。人民广场建设过程中，如何突出人民性，光有人民英雄纪念碑、人民大会堂还不够。人民广场的存在是一个城市进步的体现，西方从宗教转到罗马市民社会，其中一个标志就是有一个人民的广场。还有，经济中心或不必多说，首都是个消费城市，东单、西单、金街、银街多说说可以，因为它们都是为城市服务的。

宋大川：

我思考的是北京南中轴还能不能延伸的问题。按照中国的龙脉讲，从昆仑山出来，有中间龙脉，南部龙脉，北干龙三条龙脉。从北干龙龙脉延伸至天寿山、少乳山，再往下紫禁城就在龙脉上。从大的历史龙脉看，北京不迁城是对的。但如果不压着北京南边的中轴线上，向南在中轴线的东侧或西侧发展副中心是否可行？原来设计紫禁城的时候，紫禁城被视为礼仪的殿堂，其文臣武士办公就是在两侧的朝房中，据此并根据文东武西的传统，把北京的行政副都设在南中轴偏东的位置是否合适？

北京的南北中轴是国家文化礼仪大道。在现有北京的中轴线上，所有古代建筑都是天人合一的政治遗迹，包括钟鼓楼、正阳门、天坛、先农坛等不完全是军事设施，都兼有礼仪之意，代表一个国家的形象。但是长安街不是这样的设定，长安街是延续原来的历史文脉的。我在想，历史文脉是不是要保持原地、原地址、原文化呢？谈及历史文脉的延续，就不一定完全是原地、原址，更多是文化上的延续。以往我们的政治中心是紫禁城，在天安门广场两侧分布重要部委。后来国家发展了，紫禁城变成二环以里的首都核心功能区，在此条件下，东西长安街承担辅助的政治功能和文化功能向两侧展开，这和以往历史上古都的规划不矛盾，而是空间比例上的放大而已。所以长安街向两边延续是对的。而且长安街本身是个主干轴，在主干轴上出现平行与主干轴的若干条新的脉络，新的脉络会与长安街有交叉，如金融街，它与长安街是交叉的，但它并不是长安街的主线，而是分支、支脉。长安街延伸后又串联了其他的新的脉络。所以，如果把所有结点都算在长安街上，就有些扩大化了。长安街构成了北京脉络的东、西之纲，把北京大的功能连接起来了，构成了诸多重要节点的主线，在这方面值得强调。但如果仅因为它与金融街串联起来，就说长安街是金融之街似乎不够准确，与文脉本意不够契合。我们要用一个合理的总的结把分结点、各支脉统合起来。

文脉的形成需要先分析其大的形成背景。第一，讲清传承因素。明确北京的历史地位、北京的正统性，如帝王庙；第二，地理环境因素；第三，政治因素，像明清中轴线是政治因素推动形成的，而且是逐步形成的；第四，经济因素要强调。所有政治都是建立在经济基础上，经济的互通作用是文脉的一个基础，也应强调。上面四个基本的因素，大致上奠定了文脉的基础，在此基础上再探讨形成了几个文脉，如九经九纬、南北轴线、东西轴线以及放射形成的如朝阜路等文脉。这些文脉就构成北京的特点，在这个基础上提出新的挑战，包括在政治的、文化的、经济发展方面的挑战。其中，对政治的挑战就是功能区的形成及对首都核心功能区的挑战；文化现象的挑战则包括文化的破坏、对文化的再认识、对城市功能的挑战、对首都经济的挑战等。现在经济建设是工作重心，所以首都即便不提经济中心地位，但是她的经济中心的功能仍是不容忽视的，应当在大报告中有所提及。

谭烈飞：

针对郑珺的专题报告，我建议增加长安街形成的历史情况介绍，像增加长安街有关长治久安的文化核心点的介绍，有关文化的比重可以再增加一些。此外，还应明确，长安左门到右门是最初的长安街，东单到西单之间是东长安街和西长安街，东单和西单以外是长安街的延长线，所以说长安街并不是到复兴门、建国门一带的。

李建平：

目前还有一些不同看法，有依据民国时期的地图认为是从左门到右门之间是长安街，从左门到东单是西长安街，从右门到西单是西长安街的观点。即东西长安街的区分是以长安左右门为标志，不是以天安门中间点为基准的。对于此类不同的说法，我们需要继续考证。另外，长安街长治久安的文化，体现在包含太和殿、中和殿、保和殿的"内和"，及天安门、地安门、北安门（承天门）、东安门、西安门五个门组成"外安"。长安街如何一步一步变成百里长街的，要翔实介绍，历史追述要翔实清晰。

陈晓苏：

国之重器即对于国家长治久安有重要影响的部门机构等建筑群放在长安街两侧，这是长治久安的一个表现，历史上如此，现在是否也遵循这样的设计呢？如何看待当前长安街两边的建筑？是依据长治久安的理念设计，还是依据长安街是政治大街、经济大街、文化大街的设计来放置建筑，这二者是有区别的。

李建平：

早期，天安门居中，两边是太庙和社稷坛，南边是六部衙门，左文右武。新中国成立后，我们还是围绕长治久安来设计，像人民大会堂，国家博物馆等。其中国家博物馆对应的是太庙，太庙讲宗族血脉，国家博物馆讲中华民族历史；西边，人民大会堂对应的是社稷坛，社稷坛就是谈江山社稷，人民大会堂也是讨论大事的。至于六部衙门，我们原先设计的也是各个部委，各个大的部委和单位都安置在长安街两侧。所以，在写作中要使脉络清晰，要注重从文脉入手，切中主题。长安街范围和发展延伸应当介绍清楚。

陈晓苏：

应当考虑如何诠释文脉。当前关于文脉和龙脉的说法还是有不同说法的，有一种说法是从20世纪城市规划的角度提及文脉的，当时大批新建筑的出现对传统建筑构成了冲击。我所理解的文脉就是北京城的文化血脉和脉络，从历史文化角度挖掘文脉比较好。我在文工局工作多年，更多是从文物角度解读文脉。北京这个城市总的来讲是传承有序的，是城市文明不断发展和递增的一个累积。北京历史所已有很多老专家有相应著述，从北京历史文化角度阐释北京历史发展，这是一个线索。我认为可以从文物角度入手，文物是文明具象的表现，从文物的角度完全可以梳理出北京文脉从古到今发展的轨迹。北京发源很早，是具有文明曙光之地，这是其他历史城市不一定具备的特质，所以，我认为从这个角度阐释是可以的，即从北京地上地下的文物来阐释北京历史文化的脉络。我谈过很多关于文化遗产的问题，很多遗址能够很好地解释北京的历史发展进程。如果把这些文化遗产串起来是很有价值的。城市发展的历史、都城发展的历史、经济文化发展的历史都能通过文化遗产表现出来。

李建平：

我们需要确定文脉的一个比较权威的定义，一说是文章的延续，一说龙脉就是文脉，一说是文化的传承。目前关于文脉定义众说纷纭，观点相差甚远，各持己见。我们课题需要从北京历史来说，主报告中确定一个以中轴线为重点的文脉，并据此追述过往历史，从昆仑山、太行山、燕山继而论及蓟城、燕等历史，以及其间人的各种活动。

元代的圣山是西山，明代的圣山是天寿山，元和明的中轴线是否重合曾是学界的一个争论点，目前考证结果证实二者在同一条线上。进入现代社会以后，中轴线传承的最大特点，第一是皇权退让、人权上升，如正阳门改造方便人民出行。第二，体现人民当家做主，如天安门广场的建设、紫禁城转变为故宫等，这方面我们可以主要讲述传承问题。我们在主报告后面还需要附上各专题报告，像长安新脉、水脉等报告。关于水脉，我们在报告开头提到"来龙去脉"，其中这个"来龙"就是指山势，像昆仑山等，这个"去脉"就是指水脉，需要给予重点关注。老北京流传的还有一个小龙脉，是从南池子说起的，这个我们也要提及，力争使总报告内容尽可能全面。此外，有关平安大街的建设是不是一个挑战呢，是不是破坏了文脉呢？原来的设想是打通几个东西横路，如打通平安大街、两广路等，现在回看，这对文脉是否是一种破坏呢？关于四合院整体拆迁，对胡同的破坏也应当列入挑战之中。在拆迁问题上，异地拆迁同样是一种破坏，因为建筑离开了原来的环境。另外，残墙旧楼的存在也是有意义的，是有对比性的，像故宫需要别的平房对比一样，不能把残墙旧楼统统作为危房处理。还有，有些建筑的沧桑感也应该保存，不应一刀切全部重新装修一新。因此，在这方面，我们要把四合院的来龙去脉说清，尤其是挂牌保护的较好的四合院有哪些？情况如何？已经失去的四合院有哪些？也要将情况介绍一下。

高大伟：

关于水脉，我设想从北海开始写，然后进行历史追述。水脉是作为政治制度、经济发展的支脉存在的，可以说没有大运河，就不会有北京城的存在。以北京自身的经济资源，其实是不足以支撑上百万人口的经济需求的。正是因为有了大运河的存在，北京城才能得以支撑起来。还有，历史上关中地区最早是中心地带，随后中心开始由西向东迁移，经济中心自然也由西向东调整，在这样的背景下，北京的位置才逐渐凸显。在古代，北京城是一个消费城市，因此我们谈北京文脉自然不能略过经济文化之脉，其中可以重点谈及通州的发展，从通州开始沿着大运河河道，粮库、粮仓开始逐渐设立，并由此逐步形成了北京的经济中心地位。再者，还应谈一下水脉上的皇家园林。从文化娱乐、水脉及水资源的保护角度来看，园林是最适合的方式，是最能体现水功能的设计。从积水潭到通州沿线有很多园林，这些园林主要服务于商家、商业船运的需要，抑或是供皇帝出巡所用，在河道上游也还有一些大的园林，且上游和下游的园林有较多差异，这在水脉这一部分是要讲清楚的。

2015 年 11 月 20 日

李建平：

我谈谈北京城市历史文脉的传承这一部分，总的来说没有大的问题，只有一点儿需要适当补充的，像零公里标志。现在研究中谈零公里标志主要说的是铁路，但实际上公路也可列入北京文脉零公里标志的内容中。现在有九条高速公路从北京出发，延伸出去连接全国各地。这九条高速公路的零点都在北京，所以零公里标志不必仅限于铁路，可以把公路也列入北京文脉零公里标志中，体现首都北京核心交通枢纽的重要地位。另一个问题是关于中轴线的，现在讲的中轴线是从永定门到奥林匹克公园，但按照 2004 年的北京城市规划修编看，北京在城市的东南西北四个方面都规划了公园集团群，如南面是南海公园，面积大约有 8～9 平方公里，北面是从奥林匹克公园到八达岭，这一南一北两个公园群就构成了中轴线的两端，即用绿肺来保障城市，更利于整个城市发展。现在还没有专家来谈及这个问题，但是总体生态规划是如此的。东边，在通州、顺义一带有大约 20～30 平方公里的公园集团群，目前已经完成十几平方公里的建设，西北方面的大西山历史文化区也是一个公园集团群。从这个角度讲，我认为可以写进文脉中，四个公园集团群已经部分实现了，可以作为城市的新边界；从城市规划里看，也是一种生态隔离，避免了城市"摊大饼"现象；从文脉延续上看，这就是城市通向自然的表现。此外，过了南海公园就是未来的新机场地区，新机场的规划是很重要的，建成后将有 9 条跑道，它将会是世界上吞吐量最大的机场，中轴线或许可以适当延伸到那里。文脉的研究也是要服务于城市建设的，我认为从文脉角度看是可以接受现有的规划的，在北京文脉的研究中可以对现有规划进行肯定。另外，报告中的部分措辞还可再斟酌，对于民俗的一些说辞的引用应慎重。别的问题没有了，报告的整体框架没有问题。

高大伟：

报告里写，北京旧城古都风貌主要体现在城墙、城门、胡同、四合院、商铺上。我认为，北京作为帝都具有政治中心的特征，如果仅说体现在城墙、城门等方面，更多是与百姓生活、经济联系起来，将其政治功能弱化了。我认为，把帝都政权的象征物如宫殿、坛、庙补充进去更能突出中轴线，实际上，中轴线也恰好把帝王之家、百姓之家、祭祀能够贯穿起来。有关中轴线上的建筑，我认为应该把千步廊补充进去，这个区域是很重要的。

谭烈飞：

整体结构没有大问题，从总体到单体到细节都没有大问题。存在一些小问题：文字逻辑关系要稍微捋顺一些，尤其是序言、篇前序的语言逻辑要更清晰一些；在北京城市历史文脉的来龙去脉这部分，对写大山大川的论述比较像风水学的形势派理论。古代风水学的派别有注重来龙去脉的形势派和注重阴阳调和、天人合一的理气派，在古代作规划时，应该是两者兼而有之、综合运用的。古代都城重要的一个规划理论是象天法地，就是说要分析天象，紫禁城也由此得名。象天是说天上有28星宿，每7个星宿组成星源，如南方朱雀、北方玄武、东方苍龙、西方白虎。北京属于东方苍龙这个系列，它包含角、亢、氐、房、心、尾、箕7宿，北京就在尾的位置。尾这个位置的星座是天蝎座，北京在天蝎座尾部的位置。古人规划都城时特别注重天象，重视天象位置和星座。讲北京如果借助形势派，那就只看地，借助理气派就会看到天。古人规划都城，不论洛阳、南京、杭州、北京都要观天象的，象天法地是都城规划理论的重要参考，当然也不能只象天，加上法地部分更好。此外还有规划理论中的礼制也很重要，地方选好、山水形势选好后，剩下的就是该如何放置东西了。有关北京绿色、绿植，古人也有考虑，像天坛、先农坛是北京放置在城外的两个"绿肺"，当夏天刮起东南风时可以起到净化、湿润空气的作用，像日坛、月坛、地坛、十三陵也有相似作用。天人合一、负阴抱阳等风水是不是也属于城市文脉的一部分？将来北京如何实现绿色北京，古人其实已经给出了一定的历史经验。另外，报告中对单体建筑介绍得特别详细，我认为，作为文脉传承的课题，对小的建筑形式的详细介绍没有太大的必要，把一个类型的建筑形式作为介绍点是最好的，如皇城的红砖黄瓦。在文脉中，还要清楚的提出具体的文脉分哪几部分，比如都城规划思想、布局思想、街巷布局思想，每个层次空间尺度是多少，以及文脉的基础特色，像建筑上的文脉是有尺度、色彩、形式等基础特色的，现在要不要对这些基础特色进行传承、要不要变革，如果要变革，哪些要变，如何变呢？都应该介绍清楚。

李建平：

这个可以放在分报告里。目前关于龙脉的说法众说纷纭，我们的主报告是将中轴线认定为龙脉的，所以在报告中就会突出中轴线。但光讲中轴线还不够，中轴线是主脉，我们还把街巷胡同这个网络状的分布格局呈现出来，衬托中轴线，形成一个整体。北京最大的特点在于它是都城，都城的脉络在中国古代来看就是和龙脉融合在一体的。无论是象天法地还是形势派，都是一种文化上的依据。我们要把都城讲清楚，北京作为都城在历史上是一脉相传的，现在说北京有860年都城历史，大家对这个时间长度不是十分认可。事实上，在北京被定为都城之前，就有燕都蓟城的存在了。燕都分上都、下都两处，上都在北京，下都在河北境内，其中上都是最重要的，从蓟城算起，这时的北京已经是一个区域的都城。此后，北京作为辽的陪都、金的中都、元的大都，又经历了一个由多民族选择地区、选择龙脉的过程，在这个过程中北京都城的地位是呈现为节节上升的。到明朝朱棣时，长治久安的作用也移到了这个位置，甚至建了紫禁城。到清朝的时候，还是如此，并有所扩大。由此可见，龙脉就是都城的脉。毛主席从政治、从阶级基础说起，也选择了北京，因为南京四大家族，北方对应的有工农力量的存在。因此要把脉络说清楚。另外，中轴线还有一个水的问题，水也是一条龙，从西山来的水奔东南而走，水与建筑是相依的，所以说这是一条金龙，一条水龙，二龙并落京城，也算是北京城一大奇观。关于长安街、朝阜路的问题，原来有建议说不应该将这两点列入报告，但分析后我们还是认为，应该考虑进来。这是因为，早在明朱元璋时期，就否定了西安作为都城的地位，到朱棣时候把承天门移过来，完成了北京都城长治久安地位的确定。此外，我也在考虑如何把三山五园那部分中的风水内容与封建迷信划清界限，同时把比较俗的东西去掉。

谭烈飞：

中轴线上的各个单体建筑是不是也能归类介绍？比如，建筑形式类似的城门归为一类，宫殿归为一类，商铺、街道、桥也都按类别介绍。中轴线还有一个更大的特点，它把帝都北京作为帝王之家和寻常百姓之家给串联起来了，从这个角度是不是也可以分类，这样写还可以把缺失的礼制建筑、各宫殿建筑通过一条线穿起来，还能突出中轴线的龙脉特色。另外，建筑术语应该规范一下。

高大伟：

有些对策建议操作起来应该比较困难，是不是可以调整一下说法，例如关于中南海对外开放问题，关于人文生态北京的习俗、语言等非物质文化遗产的保护问题，有些内容保护起来是很有困难的，操作上应该不是很可行。另外，有些内容在前后表述中存在语言上的冲突，我们可以把关于旅游的内容整合成一条，这样就避免分条表述造成的语言冲突问题。

陈晓苏：

我们现在谈论科学思路，作学术研究，研究报告的对策建议并不是立即列入决策。关于你的景阜文脉的分报告，第一，要讲清楚谁最早提出了景阜文脉的概念。第二，要把景阜文脉的来龙去脉讲清楚。对朝阳门到景山的文脉也要介绍清楚。很多文章提到朝阳门外的东岳庙、日坛以及阜成门外的月坛一带，这属于外延部分，要一并介绍清楚。东四、西四都在景阜文化街上，介绍这个部分时候要加上东四、西四牌楼的照片。这个分报告要重点讲文化，商业部分不用讲述太多，主要是让读者了解这一地区的变化过程。

关于长安新脉这个分报告，要主要讲传承、现状、发展或挑战。有关长安街，明朝时迁都北京，重建了紫禁城，把承天门移过来改为天安门，天安门前面就称为长安街。朱元璋把长安改为西安，长治久安的任务就从西安挪到北京，政治中心也挪到北京，即天下安定，长治久安。因此，不用讲北京三千年建城史，那和我们的关系有些远了。分报告内容和主报告内容要核对下，确保内容一致，主报告中缺少的部分在分报告中可以适当加一点。有关长安街长度问题需要说清楚，百里长街的叫法容易让人混淆，其实长安街最多只有 5 公里，即十里。长安街一般地说是从东单到西单，东单到建国门之间是建内大街，西单到复兴门之间叫复兴门内大街，因此能称为长安街的只有从东单到西单这一段，这一段的正式名字就是长安街，现在街牌也是这样写的，其余的算延长线。如果我们研究范围扩大一些，可将建国门到复兴门列入研究视野，其他的地方就不是本专题研究的重点了。

李建平：

我再介绍一下我们这个项目。这个项目是社科联交付的关于北京城市历史文脉传承的现状、挑战与对策的一项课题。这个课题交给北京史研究会，是因为我之前做过魅力北京的一个项目。关于文脉的说法众说纷纭，《北京日报》上就曾刊登过多位专家关于北京文脉的看法。我们讲述的文脉主要是从文化的角度切入，关于文脉大致可有三种说法，一是文章的线索，一是城市记忆的延续，一是从风水学上讲，文脉就是龙脉。我们的研究与文章的线索无关，而与城市记忆和龙脉有关。城市的记忆是城市的不断发展与变化，文脉就是突出首都北京的城市特色。关于龙脉的讨论也很多，比如有南长街是一条小龙脉的说法，但论及龙脉，更多是说中轴线是龙脉，是城市的脊梁。北京有两龙并落，其中水系属于一条龙，有六海龙形水系。目前，中轴线面临申遗，它是一个实体建筑的脉络，47.95 米高的钟楼是中轴线上最高的建筑，是龙的翘起来的尾部，天桥是龙的鼻子，再往前就是龙须沟。有研究认为故宫是龙的心脏，交泰殿是龙的风水穴、肚脐眼位置。说中轴线是龙脉，比其他说法更具说服力，更能描述这个城市，因此我们这个课题就选择以中轴线作为重点。还有一个原因，论及中轴线如何产生出来的，那就要增加街、巷、胡同、四合院的内容，中轴线规定了城市的骨架，街、巷组成了城市的机理。因此，把城市肌理布局说清楚，但前提是把中轴线讲清楚，要突出中轴线。街巷是分三个等级的，街是最大的，如长安街，其次是巷，如锣鼓巷，胡同是最小的。原来对着城门的路都称为大街，在北京城里，南北向的大街比较多，东西向的街很少。新中国成立以后，为了方便人们出行，先后打通了长安街、平安大街、两广路等东西向的街，城市就发生巨大变化。现在回看，要打通很多东西向的街是不是有必要呢？目前的看法是不建议再继续打通东西向的街了，再打通下去旧城就面目全非了，打通的利弊要在报告中分析清楚。

2015 年 12 月 31 日

李建平：

我们提交的报告内容分为四部分，第一部分讲述北京城市历史文脉，即何为文脉。目前关于文脉有很多不同的说法，有将文脉从文学角度解释为文章的线索，或城市记忆的延续，或从风水学角度将其视为龙脉。根据上次会议听取专家的意见，我们集体学习了《北京日报》2014 年 5 月 5 日理论版刊登的三位大学教授有关北京文脉的意见与看法。我们在报告中吸收了他们的观点与看法。此外，高大伟提出，文脉不应被视为是静止不动的，而是一直处于传承发展过程中的。他提出的这一看法使一直以来困扰我们的长安新脉、景阜新脉是否应该收入报告的疑惑有了很好的解释。另外，陈小苏提出，除北京市中轴线这条主脉以外，还应该将整体城市的纹理如城墙、城门、四合院等列入文脉之中。综合以上观点，我们从北京史研究会的角度，对何为文脉作了概括。简言之，北京的文脉是北京城市的中轴线以及围绕中轴线形成的北京城市的格局，包括城墙、城门、胡同、河流、水系等。其次，关于本课题时间、空间的起点问题，我们吸收了宋大川教授的观点，即从整个中华的地形地脉来认识和分析北京作为帝都的地形与地脉。我们在研讨中发现，北京的地势与中国整体地势是保持一致的：东北高、西南低。从大文化来讲，中华文化是以昆仑为主，在调研中我们发现，历代帝王都强调自己是正宗并重视文化的脉络，像北京北海公园内、圆明园内都存有昆仑石，说明北京在文脉上与中华的昆仑文化是一脉相承的，对此我们进行了专门论述。除地形地势外，我们还从中华民族历代选择都城的依据着手，对从西安沿着太行山北上直至燕山，最终将都城定址于北京的地理、地脉因素进行了说明。这对于我们研究京津冀地区的文脉都是有意义的。宋代地理学家就曾提出冀都是天地间好大的风水、冀州是九州之首等论述。根据山形、水脉，我们引申到北京的人类活动，燕、冀等最早的城市的形成与山脉、水脉是都有关联的。关于北京都城的形成，在本章第三部分进行了专门论述。依我们原本的设想是从元大都开始写起，因为今日北京中轴线的形成奠基于元大都。然而，通过研讨，大家提出元大都之前的北京城对于今日北京格局的形成也是有重要意义的，特别是辽金时期，而且金代形成的中轴线至今还存在。因此，我们在报告中也将元大都以前的情况作了叙述，在此基础上，就元代对北京城市的奠定作用、明代对城市进行的延展、清代对城市的贡献做了简要介绍。此外，我们还特别强调指出北京是多民族融合的地带，是多民族共同选择的一个结果。除了中轴线以外，对于街道、胡同，我们也给予了一定的关注。另有一个问题尚在思考中，就是我们想将五坛八庙与文脉的关系进行分析，北京城南有天坛、北有地坛、东有日坛、西有月坛，城市处于天地日月之间，在皇宫之内，坤宁门在北，乾清门在前，日精门在东，月华门在西，也是天地日月间的意思。在价值观方面，我们也做了一些概括，如中正、和谐、包容、厚德等，是否准确，还希望能够听取专家的意见与建议。第一部分就是如此，讲文脉的形成及其文化内涵。

　　第二部分讲北京城市历史文脉的传承，主要从清末开始论起，北京是从1860年进入近代社会的。在内容上，我们重点论述中轴线受到的影响与破坏，主要讲两点，其一是改造正阳门。民国初期对正阳门进行改造，其重要标志是皇权下落，民权上升，在前门设立东西车站，拆除瓮城，加大人流，为市民服务。其二是1949年新中国成立以后，彻底体现人民当家做主，主要是故宫建成为博物馆。再者，长安街的扩宽也是要点，从建国门到复兴门是长安街的核心地段，其外都是延长线，我们从文化角度出发，重点把握旧城中的这一部分长安街。此外，我们还增加了中国公路零公里标志的内容，这是首都意识的重要象征，是传承中创新的部分。谭烈飞承担的朝阜文脉部分，我们也列入其中。关于水系，我们原来设想的比较长远，包含三山五园、京杭大运河，后来考虑到论述重点是集中于旧城之中，所以对运河部分仅做了简要介绍。关于永定门、地安门燕翅楼、天桥景观等北京名城历史标志性建筑恢复工程，我们在调研的基础上也做了一些介绍。关于北京奥林匹克公园的修建问题，虽然它不在北京旧城之中，但它也遵循了北京文化特点，即中轴明显，左右对称，更为重要的是它引入了生态文明的理念。

第三部分讲当前面临的挑战。关于挑战，我们列了几条：第一，目前关于北京文脉的研究数量少，且研究不深入，缺乏系统研究。第二，北京历史文脉受到现代建筑、新建道路的冲击。第三，危旧房改造问题，一些胡同、四合院被列为棚户区、危旧房进行改造进而消失的问题。第四，下挖上盖现象非常普遍。第五，在夺回古都风貌口号下的一些不当行为。关于该口号是否科学还需讨论，在这一口号下一些不当的造假行为值得注意。第六，有机更新问题，如锣鼓巷内的一些胡同改造后反不如从前。第七，旧城外一些建筑的破坏问题，如东岳庙山城的拆除。第八，中轴线上原有建筑缺失，新修复建筑不完整。第九，对于中轴线文化内涵的认识不足。第十，对旧城的格局认识不清导致大拆大建现象的出现。第十一，各自为政问题，各城区对文脉修复各自为政，不能互为补充和呼应。第十二，水系的修复问题难度较大。第十三，旅游过度开发对文脉的破坏。第十四，奥林匹克公园的规划问题。中轴线延长后，修好了路但缺乏景观。最后是法治观念落后带来的挑战。

第四部分讲对规划建设的建议。第一，北京作为首都，进行政治、经济、文化等方面建设时不能偏离文脉。第二，应捋顺管理机制。第三，加强应对现代化挑战，控制新建筑高度，保持新建筑与原有建筑在色彩体量上的协调。第四，关于立法问题，加强法律法规建设。第五，规划问题，加强规划的严肃性与权威性。第六，抓住疏解非首都功能这一契机，加强中心城区的空间留存。第七，建议将北京旧城作为一个整体进行保护。第八，重视中轴线南北延伸规划。第九，中轴线上古代建筑的保护修复力度要加强。第十，加强对北京旧城纹理的修复，如建立旧城修复委员会，设立旧城修复基金等。第十一，加强胡同、四合院的生态保护。第十二，处理好保护区与居民的关系。第十三，大力加大北京旧城生态环境的修复。第十四，要加速通风走廊建设。第十五，协调好旅游与环境保护关系。第十六，重视南城大开发的设计。第十七，讲好北京故事，宣传中轴线与北京多民族国家首都的关系。第十八，充分调动社会资源，加强科普活动。第十九，加大对学生的宣传教育。第二十，对城市文脉进行科学总结。

宋大川：

我认为，这个课题是个很好的选题。课题组首先解决了什么是文脉，从人文、地理、环境、历史等多角度进行阐述，立意好，具有很好的学术价值。其次，课题组的报告，虽然是要点介绍，但是内容非常丰富，抓住了北京文脉的核心，对核心的阐述和展开都是比较准确的。再者，将北京文脉以中轴线为代表，将之与民主、民生、民权的关联，对中轴线的变化进行了分析与表述，可视为是个较好的创新。对北京文脉在共和国时期的变化的梳理，也是一个很好的突破。课题组对于中轴线的论述有新的看法，主要是奥运会后中轴线的延长，在地理空间上对文脉进行拓展，这符合北京城市发展规律。这个报告对文脉的论述十分充分，我个人给予很好评价。研究的课题针对的是当前的现状，对旧城风貌保护面临的困境也提出了自己的解决办法，难能可贵。至于存在的问题，我认为有两处：第一，报告中对辽金以前的论述较少，是否应当增加一些内容，如关于汉代蓟城至隋唐幽州城方面的内容存在语焉不详的情况。其二，应注意到，从历史上看中轴线存在一个东移的趋势，是一个动态的线。中轴线是一个天象的黄道与赤道在首都的一个表象，如果从这个角度对报告作些补充，将更出彩。

常林：

这个报告作为一个中期报告，内容非常丰富，质量很好，报告的优点我就不赘述了。我认为，后期需要做的首先是提炼，更多地考虑报告内容的应用问题，对研究政府层面的操作可能性进行一定分析，这有助于对报告中提到的问题的最终解决。其次，文脉传承是个综合型的问题，报告中涉及物质性的文化传承很丰富，非物质文化方面的传承可以给予更多重视，像习俗、民俗、戏曲、小说、节俗对文脉传承的作用，这应该占据一定的篇幅与比例。报告中在对策部分上，如有关教育与宣传的对策方面有些有所涉及，但可以再继续加强，尤其是与社会主义核心价值观进行衔接与融合。

刘静：

这个报告非常完整地表述了北京城市历史文脉的相关内容，好的地方我也不再赘述了。我很同意有关文脉的相关表述，有物质的、非物质的，有时间的、有空间的，是个活的动态的过程。本课题报告的提法非常好，即中轴线及围绕中轴线的城市整体布局。我考虑，如果有可能，是不是在课题的表现形式上，能否转化成图？这样更为形象，也便于进入领导决策层的视野。在如何传承的问题上，我认为稍显不足，有些部分的纠错存在矫枉过正倾向。比如，天安门广场改造、龙须沟改造是不是成功的？在当时的历史背景和条件下，北京的发展有哪些可圈可点的优秀地方，又存在什么样的问题，这些问题是历史发展过程中必然出现的，是不可避免的，把背景交代清楚，把这些问题说清楚了才能有助于以后不犯相同的错误，有助于以后更好地发展与传承。课题第37页变成没有围墙的博物馆的表述，我个人不是十分认为，博物馆是静止的，北京的发展是动态，要持续不断传承发展的，北京是一个又古老又年轻的城市，建议在报告前面点题，课题研究的目的是为了更好地传承与发展，是为了把北京建设得更好。如果有可能，把新中国成立以后的这段历史描述清楚，不要过于虚无，要有民族自信，将问题与成绩都说清楚。

张娇娇：

讲传承应当围绕三个方面：传承的主体、传承的内容、传承的方法。报告中对传承的内容和方法有了较好论述，但对传承主体的表述不够明确和清晰，建议对这一问题再进行归纳和梳理。

李建平：

刚刚请专家对课题报告提了意见，我们计划出版北京文脉研究报告集，有主报告加上分报告，请各位将报告交上来并及时出版。报告要有资料性和知识性，报告的字数和配图情况由分报告撰写人自行掌握。

张宝秀：

我对于主报告有一点想法。刚刚专家提的大部分意见我都是赞成的。就如何提炼的问题，我认为在现状的表述部分应当加入一段评价，即对当前的现状作出一个肯定，当前文脉的现状在传承方面是有所体现的，只是不够充分而已。当前在传承上问题主要是认识不足，研究不深，提炼不够，传承不成体系、不成系统，呈现出碎片化，就修复而修复。在对策上，我认为要进一步系统表述，文脉是分尺度、分方面、分要素的，我们的报告构建了一个框架体系，以后还需更加深入地挖掘。我们要说清楚北京文脉是什么。我认为，北京文脉就是文化脉络，就是中国五千年文明中的优秀文化脉络，这应当和社会主义核心价值观挂钩；其次是首都文化，如刚刚大伟所言代表国家文化；再者就是地方文化，如老北京的地方文化，这是文脉的三个不同层次。在对策上，极为重要的是提高认识，培训干部。再者，文脉传承的表现应当是分尺度的，有宏观的、微观的、物质的、非物质的，我们可以建设一个框架。文脉的传承会影响京津冀地区文化发展、影响国家文化传承，要多体现多民族建筑、多民族特色。

参考文献

1. 北京地方志办公室：《北京年鉴》系列，北京年鉴社出版。

2. 北京地方志办公室：《北京志》系列，北京出版社出版。

3. 北京市城市规划设计研究院：《北京旧城》，北京燕山出版社 2003 年版。

4. 北京市城市建设档案馆：《北京城市建设规划篇》，北京市城市建设档案馆 1998 年。

5. 北京市档案馆：《北京档案史料》系列，新华出版社出版。

6. 北京市规划委员会：《长安街——过去现在未来》，机械工业出版社 2004 年版。

7. 北京市正阳门管理处：《北京正阳门》，北京燕山出版社 2009 年版。

8. 曹子西：《北京通史》，中国书店出版社 1994 年版。

9. 单霁翔：《城市化发展与文化遗产保护》，天津大学出版社 2006 年版。

10. 单霁翔：《从"文物保护"走向"文化遗产保护"》，天津大学出版社 2008 年版。

11. 当代中国丛书编委会：《当代中国的北京》，中国社会科学出版社 1989 年版。

12. 凡平：《长安街的变迁》，载《城建档案》1994 年第 4 期。

13. 费尔登、刘永孜等：《世界文化遗产地管理指南》，同济大学出版社 2008 年版。

14. 郭欣著：《当代北京道路史话》，当代中国出版社 2013 年版。

15. 侯仁之：《北京历史地图集》，北京出版社 1988 年版。

16. 黄柏青：《长安街：中国现代都市的文化符号》，载《长沙理工大学学报》2007 年第 3 期。

17. 贾英廷：《天安门》，中国商业出版社 1998 年版。

18. 金磊：《中国建筑文化遗产》，天津大学出版社 2011 年版。

19. 李洪波：《长安街历史变迁及发展方向》，载《北京规划建设》2006 年第 5 期。

20. 李翔：《长安街：规划之争》，载《民主与法制》2001 年第 21 期。

21. 林志宏、伍江：《世界文化遗产与城市》，同济大学出版社 2012 年版。

22. 刘鹏：《建国初期的北京东西长安街》，载《北京档案》2007 年第 7 期。

23. 刘世锦：《中国非物质文化遗产保护发展报告》系列，社会科学文献出版社出版。

24. 刘晓东：《亮阵——共和国大阅兵》，中央文献出版社 2009 年版。

25. 龙霄飞：《北京皇宫御苑的佛寺与佛堂》，华文出版社 2004 年版。

26. 彭兆荣：《文化遗产学十讲》，云南教育出版社 2012 年版。

27. 沈芳、张富强：《北京中轴线历史文脉》，金城出版社 2011 年版。

28. 石雷：《神州第一街》，世界知识出版社 1992 年版。

29. 首都博物馆：《元大都》，北京燕山出版社 1989 年版。

30. 树军：《天安门广场历史档案》，中共中央党校出版社 1998 年版。

31. 谭烈飞、张宁：《北京城东西轴线的地位与影响》，载《北京联合大学学报》2013 年第 3 期。

32. 谭伊孝：《北京文物胜迹大全》系列，北京燕山出版社 1991 年版。

33. 王光镐：《人类文明的圣殿——北京》，中国书籍出版社 2015 年版。

34. 王贵祥：《东西方的建筑空间——传统中国与中世纪西方建筑的

文化阐释》，百花文艺出版社 2006 年版。

35. 王文章：《非物质文化遗产保护研究》，文化艺术出版社 2013 年版。

36. 王子林：《紫禁城风水》，紫禁城出版社 2005 年版。

37. 邢国煦：《北京旧城干道改造中的历史风貌问题研究》，清华大学 2004 年硕士论文。

38. 杨树琪：《长安街改造的历史回顾》，载《当代北京研究》2011 年第 1 期。

39. 尹钧科：《侯仁之讲北京》，北京出版社 2003 年版。

40. 于海广、王巨山：《中国文化遗产保护概论》，山东大学出版社 2008 年版。

41. 于海广：《中国的世界非物质文化遗产》，山东画报出版社 2011 年版。

42. 张妙弟、李洵、张帆：《图说北京城》，北京大学出版社 2011 年版。

43. 张莹：《北京东长安街绿地景观研究》，北京林业大学 2012 年硕士论文。

44. 郑光中、邢国煦：《天安门广场——长安街规划思考》，载《北京规划建设》2004 年第 1 期。

45. 郑孝燮：《东长安街是北京最重要的近代历史带》，载《城市发展研究》1995 年第 1 期。

46. 中国社会科学院考古研究所：《中国考古学论丛》系列，科学出版社出版。

47. 祝勇：《北京中轴线上的都城》，辽宁教育出版社 2006 年版。

后　记

　　《北京城市历史文脉研究》是北京史研究会承担的市社科联社会组织重点资助项目的决策咨询课题——"北京城市历史文脉传承的现状、挑战与对策研究"的研究成果。课题组成员有：北京史研究会会长、原北京市哲学社会科学规划办公室副主任李建平研究员，北京市地方志编委会办公室副主任谭烈飞编审，北京市园林绿化局副局长高大伟高级工程师，中国国学研究中心副主任姚安研究员，北京联合大学应用文理学院院长张宝秀教授，北京市文物局图书资料中心主任陈晓苏研究员，当代中国研究所编审郑珺，当代中国研究所翻译狄飞，当代中国研究所博士周红。

　　北京史研究会对这项研究工作非常重视，首先召开了工作会，讲明了科研工作要求，并且指定北京史研究会常务理事、秘书长张蒙为课题研究和开展工作的总协调人，负责具体组织协调工作。研究工作首先从文献梳理开始，郑珺、狄飞、周红等人做了大量工作，先后走访了首都图书馆地方文献部，北京市文物局信息资料中心，北京市公园管理中心，对北京城市历史文脉做了初步了解和梳理，收集到研究所需的基础资料、信息和文献得到课题组全体成员好评。

　　因为是应用对策研究项目，课题组主要工作是从调查研究开始，课题组成员先后走访了北京老城中轴线，北京长安街，北京朝阜路，北京城市大街小巷，然后聚集在一起进行"头脑风暴"，请熟悉北京城市历史文脉的专家就"北京城市历史文脉传承的现状、挑战与对策"进行讨论，各抒己见，开阔思路。在研讨中，课题组提出：要紧密联系北京老城实际，要有问题意识，要有针对性研究问题。这些观点在实践中证明是正确的，也是非常重要的。在研讨中，北京市社科联还邀请了北京市文物研究所宋大川研究员、北京师范大学刘勇教授、北京大学王一川教授、首都图书馆常林馆长、北京市历史文化名城保护委员会办公室秘书处副处长刘静等专家给予具体指导。通过研讨，课题组进一步深化了对北京城市文脉的认知，认识到北京城市文脉不仅是中轴线，还包括城市肌理，也就是北京老城的大街小巷、五坛八庙等城市景观和文化要素。同时认识到加强北京城市文脉保护、传承要做好宣传教育工作，尤其是对北京外来干部、新市民加强对北京城市文脉知识的宣传和普及，对青少年进行北京城市历史文化知识的学习和科学普及。对北京城市文脉保护存在的问题与挑战也有了更加深刻的认识，特别是对老城新与旧建筑的交融、矛盾有了更加深刻的了解，对北京大街小巷，尤其胡同、四合院要加大保护力度，要进行环境治理，对老城非首都功能疏解要加大力度，要坚决拆除违章建筑，特别要注意传统胡同、四合院内出现的"下挖上盖"现象。由此，本项研究一个鲜明的特色就是认知从调研中得来，最后归纳为有针对性的对策和建议。

在本书编写、出版过程中，还得到北京市社会科学界联合会、经济科学出版社有关领导、部门同志和编辑的大力支持，得到课题组参与调研、写作人员的大力支持，包括北京市古代建筑研究所建筑历史研究室主任李卫伟、北京市公园管理中心李妍等人的参加写作和研讨支持。为此，对在本书编写、出版书过程中给予支持的所有单位和个人表示衷心的感谢！

本书各章分工如下：第一章、第四章、第五章为李建平，第二章为李建平和狄飞，第三章为李建平和周红，第六章为郑珺，第七章为谭烈飞，第八章为李卫伟和陈晓苏，第九章为高大伟和李妍，附录为周红。同时，由于本书编写时间紧，又是多人合作，难免存在观点不同、风格不统一的现象，在文字表述上也有不准确的地方，敬请各位读者批评指正。我们将研究成果结集出版，一是完成社科联对课题研究任务的要求，同时也是对这项研究做一个阶段总结，为后人继续研究留下线索和课题研究相对完整的资料。

《北京城市历史文脉传承的现状、挑战与对策研究》课题组
2016 年 12 月

图书在版编目（CIP）数据

北京城市历史文脉研究／李建平主编．—北京：
经济科学出版社，2017.9
ISBN 978－7－5141－8419－8

I.①北… Ⅱ.①李… Ⅲ.①城市建设－现代化建设
－研究－北京 Ⅳ.①F299.271

中国版本图书馆 CIP 数据核字（2017）第 220886 号

责任编辑：侯晓霞
责任校对：徐领柱
责任印制：李　鹏

北京城市历史文脉研究

李建平　主编

经济科学出版社出版、发行　新华书店经销
社址：北京市海淀区阜成路甲 28 号　邮编：100142
教材分社电话：010－88191345　发行部电话：010－88191522
网址：www.esp.com.cn
电子邮件：houxiaoxia@esp.com.cn
天猫网店：经济科学出版社旗舰店
网址：http://jjkxcbs.tmall.com
北京季蜂印刷有限公司印装
710×1000　16 开　17.5 印张　250000 字
2017 年 10 月第 1 版　2017 年 10 月第 1 次印刷
ISBN 978－7－5141－8419－8　定价：52.00 元

图书在版编目（CIP）数据

北京城市历史文脉研究／李建平主编 . —北京：
经济科学出版社，2017.9
ISBN 978－7－5141－8419－8

Ⅰ. ①北…　Ⅱ. ①李…　Ⅲ. ①城市建设－现代化建设
－研究－北京　Ⅳ. ①F299. 271

中国版本图书馆 CIP 数据核字（2017）第 220886 号

责任编辑：侯晓霞
责任校对：徐领柱
责任印制：李　鹏

北京城市历史文脉研究

李建平　主编

经济科学出版社出版、发行　新华书店经销
社址：北京市海淀区阜成路甲 28 号　邮编：100142
教材分社电话：010－88191345　发行部电话：010－88191522
网址：www. esp. com. cn
电子邮件：houxiaoxia@ esp. com. cn
天猫网店：经济科学出版社旗舰店
网址：http：//jjkxcbs. tmall. com
北京季蜂印刷有限公司印装
710×1000　16 开　17.5 印张　250000 字
2017 年 10 月第 1 版　2017 年 10 月第 1 次印刷
ISBN 978－7－5141－8419－8　定价：52.00 元